Joseph Hubert Reinkens

Die Universität zu Breslau von der Vereinigung der Frankfurter Viadrina mit der Leopoldina

Festschrift der katholischtheologischen Fakultät

Joseph Hubert Reinkens

Die Universität zu Breslau von der Vereinigung der Frankfurter Viadrina mit der Leopoldina

Festschrift der katholischtheologischen Fakultät

ISBN/EAN: 9783337197926

Printed in Europe, USA, Canada, Australia, Japan

Cover: Foto ©Paul-Georg Meister /pixelio.de

More available books at **www.hansebooks.com**

Die Universität zu Breslau

vor der Vereinigung

der Frankfurter Viadrina mit der Leopoldina.

Festschrift der katholisch-theologischen Facultät.

Von

Dr. Joseph Reinkens,
o. ö. Professor an der Königlichen Universität zu Breslau.

Tantae molis erat — — —

Breslau, 1861.
Bei Georg Philipp Aderholz.
Druck der Königlichen Universitäts- und Stadt-Buchdruckerei von Graß, Barth u. Comp.
(W. Friedrich.)

Vorrede.

Die Schrift, welche ich hiermit aus Veranlassung der 50jährigen Jubelfeier der Vereinigung der beiden Universitäten zu Frankfurt und zu Breslau an letzterem Orte der Oeffentlichkeit übergebe, bedarf hinsichtlich ihres Stoffes keiner Rechtfertigung. Ihr Umfang, welcher das Maß gewöhnlicher Festprogramme überschreitet, erklärt sich nicht allein aus dem vielfach gefühlten und ausgesprochenen Bedürfnisse, einmal eine genügende Darstellung der Geschichte der Leopoldinischen Universität vorzubereiten, sondern auch aus folgendem näheren Umstande. Der Hochlöbliche Senat beschloß schon im Mai des vorigen Jahres, die bevorstehende Jubelfeier durch **drei größere Festschriften** zu bezeichnen, nämlich durch die Geschichte der Frankfurter Universität, durch die Geschichte der Leopoldina und durch eine Chronik der combinirten Universität. Da ich als Mitglied des Senates gegenwärtig war und schon in der diesem einstimmigen Beschlusse vorausgehenden Sitzung seiner zur allgemeinen Berathung über die festlichen Anordnungen eingesetzten Commission auf Befragen des Vorsitzenden erklärt hatte, ich würde einen Auftrag des Hochlöblichen Senates in Bezug auf die Geschichte der Leopoldina wohl annehmen, so wurde mir in jener Senats-Sitzung, nachdem die Anträge der Commission einstimmig genehmigt waren, durch den damaligen Rector Magnificus der Auftrag, die Geschichte der Leopoldinischen Universität zu schreiben, auf den Wunsch des Senates ertheilt, und ich nahm unter Zustimmung Aller den Auftrag an. Als ich aber in diesem Jahre mit der Hauptarbeit bereits fertig war, erhielt ich ein vom 15. Mai c. datirtes Schreiben Sr. Magnificenz des z. Rectors, worin mir angezeigt wurde, daß der Senat von dem vorigjährigen Beschlusse „Abstand zu nehmen genöthigt sei, weil für die sehr umfangreiche Aufgabe einer Frankfurter Universitätsgeschichte sich kein Bearbeiter finden lassen wollte." Daher „hege der Senat den lebhaften Wunsch", daß meine „Arbeit als Festprogramm der Hochwürdigen katholisch-theologischen Facultät erscheine." Da mir der Wunsch des Hochlöblichen Senates in solchen Dingen maßgebend ist, bin ich auf diese Modification des Erscheinens meiner Schrift eingegangen. Gleichzeitig erfuhr ich, daß der veränderte Senats-Beschluß an die Stelle der drei Festschriften deren sieben gesetzt, nämlich fünf Facultäts-Festprogramme, die Geschichte der Vereinigung der beiden Universitäten, und die Chronik der combinirten Universität. Deshalb schien es mir billig, meine Festschrift, so viel noch thunlich und ohne wesentliche Beeinträchtigung des Stoffes geschehen konnte, abzukürzen. Ich habe daher den zweiten Theil nur skizzirt und mehrere Urkunden, die allerdings noch sehr interessant sind, nicht abdrucken lassen.

Ueber die einschlägige Literatur habe ich im Laufe der Abhandlung hinlängliche Nachweisungen gegeben. Einzelnes, an dem es gleich ersichtlich war, daß den Bearbeitern die Quellen nicht zugänglich gewesen, habe ich nicht besonders hervorgehoben. Bloß handschriftlich vorhandene Werke, in welchen ich nach den mitgetheilten Proben oder Beschreibungen nichts Neues und Eigenthümliches vermuthen konnte, sind gar nicht zu Rathe gezogen worden. Dagegen haben mir alle hier noch erreichbaren Urkunden und zu den Quellen gehörigen Handschriften durch die mit gehorsamstem Danke zu erwähnende bereitwilligste Erlaubniß Sr. Excellenz des Herrn Ober-Präsidenten der Provinz Schlesien und Curators der Universität, Freiherrn von Schleinitz, für die Benutzung der Handschriften der Königlichen Bibliothek und des Provinzial-Archivs, und des Hochlöblichen Magistrats der Residenz-Stadt Breslau für den ungehinderten Gebrauch der Handschriften der St. Bernhardin-Bibliothek, zur unbeschränkten Disposition für meine Arbeit gestanden. Die Handschriften des Rathsarchivs habe ich durch die Güte des Herrn Stadtraths und Syndicus Anders an Ort und Stelle frei benutzen können.

Es befinden sich nämlich die Urkunden zur Gründung der Leopoldinischen Universität, mit Ausnahme der eigentlichen Stiftungs-Urkunde, in dem Provinzial-Archiv (die Akten des früheren Kaiserl. Königl. Ober-Amtes) und in dem Rathsarchive, von welchem letzteren die St. Berhardin-Bibliothek sorgfältige Abschriften besitzt; außerdem aber bewahrt diese noch werthvolle Auszüge aus den Tagebüchern des Raths-Syndicus Dr. John. Die Akten über den Bau des Universitäts-Gebäudes sind ebenfalls in den beiden vorhergenannten Archiven; betreffende Abschriften aus dem Rathsarchiv hat die Rhediger'sche Bibliothek bei St. Elisabeth.

Das vor der Vereinigung der beiden Universitäten in siebenzehn Hauptabtheilungen wohlgeordnete reiche Archiv der Leopoldina existirt nicht mehr. Es ist das ein Verlust für die Culturgeschichte der beiden letzten Jahrhunderte in Schlesien. Die Akten des Jesuiten-Collegiums zu Breslau waren damit vereinigt. Die Jesuiten waren scharfe Beobachter, ihr Archiv enthielt manches vortreffliche Referat über Personen und Zustände. Der Zeitmoment des schwer zu erklärenden Verlustes scheint in das Jahr 1831 zu fallen, in welchem der letzte Archivar des Leopoldinischen Archivs, Professor Jungnitz, starb. Denn als dessen Bibliothek zur Auction kam, hat der Custos des hiesigen Provinzial-Archivs, Herr Beinling, nicht bloß das Repertorium des Leopoldinischen Archivs gekauft, sondern auch einen großen Theil der Prozeßakten. Beides hat derselbe später dem Provinzial-Archiv geschenkt. Der Rest der Leopoldinischen Urkunden wird jetzt in der Königlichen Universitäts-Bibliothek aufbewahrt. Es scheint eine Auslese zu sein, die Einer gehalten, der die

Masse als überflüssig erachtete. In dem Universitätsgebäude befindet sich einzig noch das große schöne Album, zugleich die Matrikel der Professoren und der Studirenden, und überdies das Verzeichniß der Promovirten enthaltend.

Bei der speziellen Benutzung der Urkunden habe ich noch mit besonders herzlichem Danke zu rühmen die freundliche Zuvorkommenheit des Herrn Professors und Ober-Bibliothekars der Königl. Universitäts-Bibliothek, Dr. Elvenich, des Herrn Stadtraths und Syndicus Anders, des Herrn Archivars Dr. Wattenbach und des Herrn Privatdocenten bei der Universität und städtischen Bibliothekars Dr. Pfeiffer.

Es dürfte neben Breslau nicht leicht eine zweite Universitäts-Stadt zu nennen sein, in welcher die Pflanzstätte der Wissenschaften, um Wurzel zu fassen, einen so dauernden, stets von Neuem beginnenden und von verschiedenen Seiten aufgenommenen Kampf mit dem ihr schlechthin feindlichen Boden des materiellen Interesses zu bestehen gehabt hätte. Das macht ihre Geschichte besonders lehrreich. Die Erinnerung an den Kampf mit dem engherzigen Eigennutz kann der Universität nur zum Sporne werden, zu jeglicher Art von Selbstsucht in Gegensatz zu treten. Es giebt aber keine Macht auf Erden, welche den Eigennutz überwindet, als die Gottesfurcht; doch es muß ja die wahre Wissenschaft zu dieser führen und in ihr befestigen; ferne bleibt ihr nur, wer durch den engsten Kreis in seiner Disciplin abgeschlossen der Universität zwar dient, aber nicht auf der Königlichen Höhe des in der Wahrheit frei gewordenen Geistes steht. Das viel gebrauchte Wort: „Wir pflegen die Wissenschaft um ihrer selbst willen", will gewiß nicht bedeuten: die wissenschaftliche Thätigkeit sei Selbstzweck; es schließt nur den Wahn aus, als sei die Wissenschaft eine knechtische Arbeit oder ein Zweig der Industrie, deren Ziel Reichthum und Ehre sei. Ihr Ziel ist vielmehr das Wissen, und zwar das Wissen der Wahrheit. Wir erstreben aber auch die Wahrheit nicht, um bei ihr in Apathie zu versinken und sie wie ein todtes Kapital einzuregistriren, sondern um uns an ihr zu freuen und durch sie weise zu werden. Im Lichte der Wahrheit können wir erst den Weg der Weisheit wandeln. Doch der Schritt von der Erkenntniß der Wahrheit bis zur Weisheit ist nach der noch nicht widerlegten Erfahrung des Königs Salomon nicht möglich ohne Gottesfurcht. „Der Weisheit Anfang ist die Furcht des Herrn". Der Weisheit „Wege sind liebliche Wege, und all' ihre Stege Friede. Ein Baum des Lebens ist sie Allen, die sie erfassen; und wer sich auf sie stützet, der ist der Glückliche."

Mir klingt noch immer das wahrhaft Königliche Wort wohltönend in den Ohren, das unser erhabener König und Herr, Wilhelm I., am 16. October des vorigen Jahres bei der Jubelfeier der Berliner Universität zu deren Senat und zu den Abgeordneten, welche die auswärtigen wissenschaftlichen Corporationen vertraten, sprach, daß Er nur der rechten, wahren Wissenschaft seinen Königlichen Schutz und wirksame Hülfe jederzeit gewähren werde, die zu Gott führe und die Religion in den Herzen aufbaue. — In diesen Tagen, wo alle Herzen bewegt wurden durch die wunderbare Errettung Sr. Majestät aus Todesgefahr, und eine geistige Erhebung zum Danke gegen Gott allgemein war, konnte die Universität zu Berlin nicht umhin, in ihrer Beglückwünschungsadresse zu erklären, daß sie sich von dem Berufe durchdrungen fühle, die Wissenschaft auf dem unzerstörbaren Grunde der Gottesfurcht . . . . zu lehren und zu fördern. Das ist erfreulich. Die Gottesfurcht ist der Weisheit Anfang und unzerstörbarer Grund, und der Siracide hat auch Recht, indem er sagt: „Die Fülle der Weisheit ist die Gottesfurcht" (in ihrer Vollendung als vollkommene Liebe); „Die Furcht des Herrn ist Ehre und Ruhm, Freude und eine festliche Krone."

Auch ich bekenne mich zu „dem unzerstörbaren Grunde" der rechten Wissenschaft und ihrer schönen Frucht, der Weisheit. Wer das bedenkt, wird sich nicht wundern, wenn er findet, daß die vorliegende Schrift weder auf einen Menschen noch auf eine Partei ein erfinderischer Panegyricus ist.

Breslau, den 3. August 1861.

Joseph Reinkens.

Erster Theil.

Entstehung.

I.
Einleitung.

§ 1.
Ursprung der schlesischen Cultur.

Wer den Zug der großen welthistorischen Völkerwanderungen, so weit sie sich geschichtlich verfolgen lassen, in ihrem Drange und Laufe einfach beobachtet, der wird zu der Annahme geführt, daß das Land, welches wir jetzt Schlesien nennen, vor der kriegerischen Einwanderung der Slaven oder Slovenen wenigstens eine Zeit lang von deutschen Stämmen bewohnt gewesen ist. Im zehnten Jahrhundert erscheint die ganze Bevölkerung slavisch; darüber giebt es zuverlässige Nachrichten. Wenn aber auch durch die Polen das Christenthum gegen Ende des zehnten Jahrhunderts, und zwar mit der Gründung des Bisthums Breslau um das Jahr 1000, festen Fuß zu fassen begann, so hatte doch die göttliche Fürsehung die christliche Cultur des Landes den Deutschen vorbehalten.

Seit dem J. 1163 bemerken wir den Anfang einer Rückbewegung der Wanderung einzelner deutscher Familien, welche vorzugsweise auf friedlichem Wege den Polen Wälder, Sümpfe und Wüsten nahmen, um ein schönes reiches Land daraus zu schaffen und zu besitzen. Erst hatten die Deutschen eine ihrer edelsten Frauen, Agnes, die Halbschwester Konrad's III. des Staufen, und Tochter des Herzogs Leopold von Oesterreich, hingegeben, dem Großfürsten Wladislaus II., dem Herzoge von Krakau und Schlesien, zur Gemahlin. Wladislaus verlor freilich, vorzüglich durch das an dem hochherzigen und frommen Peter Wlast verübte Verbrechen, Land und Heimath. Aber gerade dieser Umstand wurde die Veranlassung, daß seine drei Söhne Boleslaus, Mieeislaus und Konrad unter dem Einflusse und Schutze der Hohenstaufen eine völlig deutsche Erziehung erhielten, ganz nach deutscher Fürsten Art. Diese erlangten nach dem Tode ihres Vaters, für den die Deutschen vergebliche Anstrengungen gemacht, durch die Vermittelung ihres mächtigen Verwandten und Schutzherrn, des Kaisers Friedrich I. (Rothbart), von dem Großfürsten Boleslaus IV. Schlesien als ihr Erbtheil zurück im J. 1163, noch in einer Abhängigkeit von Polen, die sie jedoch bald gänzlich lösten, um sich auf die Deutschen zu stützen. Da zogen deutsche Ritter in Schlesien ein, gewannen Güter und Burgen, machten den Hof der Herzoge glänzend und lehrten durch ihr Beispiel deutsche Treue. Aber sie würden allein, zumal da die Herzoge des Geschlechtes der Piasten, wie man sie nennt, einander fast ohne Unterlaß befehdeten und Bruder gegen Bruder, Sohn gegen Vater und Neffe gegen Oheim kämpften und Verwirrung erregten, mit deutscher Bildung nicht durchgedrungen sein.

Es kamen indessen Kolonien anderer Art hinzu, deutsche Klöster, deutsche Dörfer und deutsche Städte. Der älteste Sohn Wladislaus' II., Boleslaus, nannte als selbstständiger schlesischer Herzog sich den Ersten. Er gründete im J. 1175 das Kloster Leubus mit deutscher Pflanzung, indem er Cistergienser aus dem Kloster Pforta bei Naumburg an der Saale hinberief. Nach reichen Schenkungen gab er dem Abte auch Privilegien für die Deutschen, welche sich auf seinen Besitzungen anbauen würden. Unter den Stiftungen, die von Heinrich I. ausgingen, war Trebnitz eine vollkommen deutsche. Die Cistersienserinnen aus Bamberg übernahmen dieselbe. Deutsch war auch die von dem Kanzler Nicolaus veranlaßte, von so rührenden Scenen begleitete Gründung des Klosters Heinrichau, deren Ehre auf Heinrich II. kommen sollte.

Unter Boleslaus I., der durch seine zweite Gemahlin mit Kaiser Konrad III. auch noch verschwägert wurde, hatte die Kolonisation durch deutsche Bauern schon ernstlich begonnen; aber sie bedurfte schneller Kräftigung, um von der eifersüchtig sich erhebenden Reaktion nicht im ersten Keimen erdrückt zu werden. Dazu sandte Gott dem jungen Herzoge Heinrich I. von Niederschlesien, dem Sohne Boleslaus' I. und dessen deutscher Gemahlin, als Braut eine herrliche deutsche Fürstentochter aus dem Hause der Herzoge von Dalmatien oder Meran, Hedwig, die streitbare, immer kampfbereite und sieghafte Heldin auf dem Wege des Kreuzes. Sie besaß allen Schmuck des sanften und milden Geistes, der reich ist vor Gott, und alle Hoheit einer deutschen Frau von christlichem Adel. Das begeisterte Heinrich I. für deutsche Bildung, so daß er den Frieden schon deshalb liebte, um recht viele Kolonien zu gründen. Und es war auch Zeit. Denn die Polen standen so stürmisch gegen die ausländische Cultur auf, daß sie seinen eigenen jüngern Sohn Konrad, den Herzog von Lebus, mit fertrissen, der an der Spitze des polnischen Heeres zum größten Kummer der heil. Hedwig und des Herzogs Heinrich I. seinen älteren Bruder Heinrich II. und dessen weit geringeres Heer von deutschen Bauern und Rittern bei Studnitz bekämpfte, aber die Schlacht verlor. Nicht lange hernach starb Konrad durch einen Sturz vom Pferde auf der Jagd in der Nähe von Tarnau. So waren in kurzer Zeit die Deutschen eine Macht geworden. Durch ganz Niederschlesien waren sie schon verbreitet, und ein großer Theil von Oberschlesien blieb in seinen Ansiedelungen nicht zurück. Nachdem Heinrich I. aus dem polnischen Dorfe Sroda den deutschen Markt Neumarkt als Vorbild zu ähnlichen Anlagen in Schlesien umgeschaffen, und die Städte Löwenberg und Goldberg (a. 1217) mit deutschem Recht beschenkt hatte, während Herzog Kasimir I. in Oberschlesien nicht minder thätig gewesen war durch Umbildung von Oppeln und Ratibor (gegen 1217) und Leschnitz in deutsche Städte, war der Sieg der deutschen Cultur entschieden.

Allerdings mußte dieselbe sich noch auf einen harten und langwierigen Kampf gefaßt machen, der ihr von einer Seite bereitet wurde, von der man denselben am wenigsten scheint erwarten zu können, von dem einheimischen höheren Clerus. In der entscheidenden Zeit für die Gewinnung des Uebergewichts der Kolonien, während des ganzen dreizehnten Jahrhunderts, saßen nur Polen auf dem bischöflichen Stuhle von Breslau. Sie hatten der weltlichen Macht gegenüber wohl keinen Gedanken so energisch erfaßt, als den des Rechtes der Kirche auf den vollen Zehnten, auch beim Neubruch, bei dem Urbarmachen der Wälder und Wüsten. Nach dem im Ganzen wenig christlichen „polnischen Recht" erhielten die Bischöfe den wirklichen Feldzehnten. Das war nach dem deutschen Rechte anders. Daher schon Kampf zwischen Heinrich I. und dem Bischofe von Breslau, welcher sich durch die Vermittelung des apostolischen Stuhls (a. 1227) dahin vergleichen mußte, daß ihm von jeder Hufe ein Vierding, ein Viertel-Mark Silber oder ein Malter Korn entrichtet werde, so jedoch, daß die Ote Hufe stets frei sei. Dies entsprach den deutschen Einrichtungen der Kolonien. Allein der Streit entbrannte immer wieder, und daß die heil. Hedwig als ein schirmender Stern den Ausländern weithin leuchtete, dessen himmlischem Glanze selbst die Einheimischen huldigten; daß sie mit ihrem Gemahl mehr für die wahre Christianisirung und Bildung des Landes gethan, als eine Reihe von Bischöfen; daß sie, ihre Vorfahren und ihre Nachkommen der Kirche alle ihre Haupt-Besitzungen geschenkt hatten: alles dies konnte die fromme Gemahl und die heil. Hedwig, ihr Sohn Heinrich II., ihre Enkel und Urenkel der Reihe nach wegen Streitigkeiten, die in der Regel von dem Zehnten ausgingen, und immer auf materiellen Besitz sich bezogen, mit dem Kirchenbanne von den Bischöfen belegt wurden, einige mehrere Male, während ihr Gebiet von dem schrecklichen Interdikt getroffen wurde. Wohl mußte die Kirche, da bei den fortgesetzten Fehden und Kriegen die Herzoge und ihre Ritter stets Geld bedurften und nie zur Genüge hatten und dann nicht selten über geheiligte Schranken des Rechts sich hinwegsetzten, sich den Unterhalt ihrer Geistlichen und Beamten und die Kosten des Gottesdienstes mit nie ermüdender Energie erzwingen, zumal da der einheimische Clerus an Entbehrungen nicht sehr gewöhnt war: aber es war der höheren geistigen Entwickelung nicht günstig, daß es nothwendig wurde, zu sehr unmilden Mitteln zu greifen, wie es z. B. unter dem Breslauer Bischof Thomas II. (a. 1279) geschah, daß den Seelsorgern befohlen wurde, jährlich mehrmals in ihren Kirchen unter Glockenschlag und Auslöschung der Lichter alle für excommunicirt zu erklären, welche den Zehnten vorenthielten. Trotzdem förderten die Bischöfe, mehr aber noch die Klöster auf ihren eigenen Territorien besonders die Anlegung deutscher Dörfer; — jedoch von den 60 deutschen Städten, welche Schlesien am Ende des 13ten Jahrhunderts aufzuweisen hatte, waren nur einige unter ihrem Einfluß zur Entwickelung gelangt. Die deutsche Kolonisation wurde daher zwar nicht aufgehalten, sie nahm großentheils unter Widerspruch mit blosser Aussicht auf nachträgliche Anerkennung von Seiten der Bischöfe ihren Fortgang, aber die Deutschen mußten sich in manchen Dingen der polnischen Sitte fügen, und ihre Cultur siegte nicht vollständig. Der Kampf um den materiellen Ertrag des Bodens absorbirte die besten Kräfte. Das Resultat war die Herrschaft der deutschen Zunge über den größten Theil von Schlesien und insbesondere über alle seine Städte, jedoch auch eine Mischung polnischen und deutschen Blutes. Und merkwürdiger Weise hat sich in diesem nationalen Mischling die starke Abneigung gegen deutschen Zuzug bis auf den heutigen Tag erhalten, so daß im Munde des deutsch-schlesischen Volkes ein Deutscher ungemischten Stammes, besonders wenn er irgendwie Interessen, die am Boden zu haften scheinen, zu nahe tritt, ein „Ausländer" heißt.[1]) —

§ 2.
Die Domschule in Breslau.

Es steht historisch fest, daß die älteste Schule Schlesiens, die Domschule zu Breslau, im Anfange des dreizehnten Jahrhunderts wohleingerichtet war.[2]) Es ist auch wohl nicht mit Grund daran zu zweifeln, daß diese Domschule gleich mit der Stiftung des Bisthums ins Leben getreten ist, da Boleslaus I. von Polen alles Kirchliche ordnete unter dem Einflusse Kaiser Otto's III., dessen Liebe zu den Wissenschaften bekannt ist. Auch gehörte es zu der Zeit längst zur canonischen Ordnung, daß jede bischöfliche Kirche ihre Schule hatte. Daß aber die sogenannten sieben freien Künste, das Trivium und das Quadrivium von Anfang an in der Breslauer Domschule gelehrt worden sei, ist bis jetzt nicht nachgewiesen,[3]) doch wahrscheinlich, weil die Schule nicht aus einheimischer Cultur sich entwickelt hat, sondern unstreitig von fremden Geistlichen zuerst organisirt worden ist.

Die erweislich im dreizehnten Jahrhunderte in anderen schlesischen Städten gegründeten Schulen waren ohne Ausnahme niedrige; aber weder das, was man mittelalterliche Trivialschulen nennt, noch Elementarschulen im heutigen Sinne, sondern im Mittelding, wahrscheinlich zu Breslau auf den Wunsch der Rathmanne im J. 1267 bei der Maria-Magdalenenkirche gestifteten Schule im Wesentlichen ähnlich.[4]) Gemäß der Urkunde lernten nämlich in dieser die Knaben das Alphabet, das Gebet des Herrn, den Gruß der sel. Jungfrau Maria, das Psalterium[5]) und die sieben Bußpsalmen, so wie auch die Gesangweise, damit sie in den Kirchen zur Ehre Gottes zu lesen und zu singen im Stande wären. Hören sollten sie in dieser Schule ferner den Donat (lat. Grammatik), den Cato, Theodul und die Knabenregeln. Wollten die Knaben darnach höhere Bücher hören, so könnten sie sich in die Schule des heil. Johannes in der Burg, d. i. in die Domschule begeben, oder wohin es ihnen gut schiene, das heißt in jede ihnen beliebige höhere Schule außerhalb Schlesien. Denn damals waren wie in Schlesien so in allen christlichen Ländern die Schulen einzig in den Händen der Geistlichen; ihnen verdankte man jede Bildung. Genau wie die Schule bei der Magdalenenkirche wurde die von dem Bischof Johann III. ebenfalls auf die Bitte des Breslauer Rathes bei der Pfarrkirche zu St. Elisabeth am 31. August des J. 1293 gegründete eingerichtet. Auch die Klosterschulen, welche zu St. Vincenz, beim Sandstifte und in der Maltheser-Commende Corporis Christi entstanden, haben der Domschule den höheren Charakter nicht streitig machen dürfen.

Die Domschule ist auch ohne Zweifel bis in's 16te Jahrhundert die Hauptschule Breslau's und Schlesiens geblieben. Sie hat also in dieser Eigenschaft, wenn sie mit der Gründung des Bisthums in's Leben gerufen wurde, eine fünfhundertjährige Geschichte. Was hat sie in dem großen Zeitraume, in dem die zweite Blüthe der theologischen Wissenschaft der katholischen Kirche fällt, so wie die erste herrliche Glanzperiode der ästhetischen Literatur des deutschen Volkes und die Entstehung, Ausbildung und Herrschaft der Universitäten, geleistet?

Wir erfahren Nichts, als daß König Ottokar von Böhmen (1253—1278) einen unbedeutenden Verwandten nach Breslau zur wissenschaftlichen Ausbildung geschickt habe, woraus Stenzel auf den „guten Ruf" der Schule schließt.⁶) Obgleich das Zeugniß einer Schwalbe für den Frühling noch nicht ausreicht, so will ich doch einen gewissen guten Ruf der Breslauer Domschule bis nach Böhmen hin nicht beanstanden. Freilich konnte der kriegerische und eroberungslustige Ottokar verschiedene Gründe haben, warum er einen seiner Verwandten nach Breslau in die Schule schickte, aber das mag im besten Sinne gedeutet werden. Es ist auch ohne ausdrückliches Zeugniß der Geschichte auf Grund der allgemeinen Verhältnisse anzunehmen, daß in der Domschule der einheimische Clerus gebildet, und daß von ihrem Vorstande aus das Schulwesen des ganzen Landes geordnet und geleitet wurde. Und diese Aufgabe war sehr schwierig; alle Christen auch nur mit der Milch der Lehre und der Bildung zu nähren, war um die Mitte des dreizehnten Jahrhunderts, als der spätere Papst Urban IV. (erwählt 1261) als Legat in der Gnesener Kirchenprovinz fungirte, noch nicht erreichbar. Doch über diese zunächstliegende praktische Bedeutung ist die Domschule wie hinausgegangen.

Als Papst Innocenz IV. um die Mitte des dreizehnten Jahrhunderts dem Bisthum Breslau die staatlich schon verbrieften Besitzungen kirchlich sanktionirte und sie mit den Censuren der Kirche zu schützen gestattete, konnte man dasselbe in Anbetracht seiner Burgen Militsch und Ottmachau mit seinen fünfzig Ortschaften, und der 150 eigenen Dörfer, im Weltverstande bereits ein „goldenes" nennen. Die Privilegien und Befreiungen von Staats- und Gemeindelasten nahmen aber zu, und durch die Besonnenheit und Beharrlichkeit der Bischöfe im Kampfe mit den oft vom Zorn des Augenblicks über die Rechtsgrenzen hinausgeführten Fürsten wuchs der Reichthum der schlesischen Kirche weit über das Bedürfniß hinaus. Aber niemals wurde von diesem Reichthum Ungewöhnliches aufgewandt zur Förderung der Wissenschaft. Die Stiftungsurkunden der Schulen bei St. Maria-Magdalena und St. Elisabeth bezeichnen den höheren Charakter und das höhere Ziel der Domschule dadurch, daß in dieser „größere oder wichtigere Bücher (maiores libri) gehört würden." Es wurden also von Außen eingeführte Bücher vorgetragen resp. vorgelesen, welche sich wahrscheinlich durch einige Jahrhunderte ohne Fortbildung in Geltung erhielten, wobei an eine wissenschaftliche Selbstständigkeit der Lehrer kaum zu denken ist.

Folgendes ist indessen unbestreitbar. Wie das schlesische Volk im Mittelalter nie in den Gang der politischen Weltereignisse selbstständig eingegriffen hat, so hat auch die Haupt-Landesschule, die Domschule zu Breslau, niemals bestimmend auf die Entwickelung der universellen christlichen Wissenschaft eingewirkt. Es findet sich keine Spur von einer Beziehung der Breslauer Lehrer zu den gelehrten Kreisen eines Lanfrank und Anselm, Bernhard von Clairveaux, der Mönche von St. Victor, eines Thomas von Aquin oder Duns Scotus, die sich doch durch alle christlichen Länder hinzogen, wie sich auch in der großen Menge scholastischer, philosophischer und theologischer Werke des Mittelalters keines, das von jenen verfaßt wäre, vorfindet. Wer das weite Gebiet der mittelalterlichen Historiographie durchwandert, wird nur ein paar Mal das Glück haben, einem Schlesier (jedenfalls einem Deutschen) zu begegnen, und zwar einem Klostergeistlichen, nie einem Lehrer der Domschule. Aerzte und Physiker, deren Namen in jener Zeit etwa hochgehalten werden, sind zwar auch Geistliche, aber in der Regel eben eingewanderte, die zur Domschule in keine Beziehung treten. In den vollen, oft so wundersamen Chor der deutschen Poesie des zwölften und des dreizehnten Jahrhunderts tönt nur einmal vereinsamter Gesang aus Breslau hinüber, — aber es ist von Herzog Heinrich IV. ein Minnelied.

Es kann daher nicht befremden, daß auf Seiten der Domgeistlichkeit und ihrer Schule nie ein Aufstreben zur Bildung und Gründung einer Universität bemerkbar geworden ist. Um so mehr mußte die Schule selbst, da seit der Mitte des vierzehnten Jahrhunderts auch in Deutschland die Universitäten schnell und reich aufblühten, in ihrer Bedeutung für Schlesien herabgedrückt werden, indem die schlesischen Jünglinge, um nicht hinter der christlich-kosmopolitischen Bildung ihrer Zeitgenossen westlicher und südlicher Länder weit zurückzubleiben, mehr und mehr anfingen, entfernte Universitäten zu beziehen.

II.
Der Versuch.

§ 1.
Die Veranlassung.

Den Versuch, im Anfange des 16ten Jahrhunderts in Breslau eine Universität zu gründen, haben zwar viele Geschichtschreiber besprochen, aber es sind verschiedene Fragen offen geblieben, deren Lösung nicht gleichgültig wäre. Daß der Breslauer Rath eine Universität gewünscht und eine Königliche Stiftungsurkunde erwirkt habe, sagen alle; doch was den Rath dazu bewogen habe, erfahren wir allein von Klose.[1]

Es ist aber von dem größten Interesse, das zu erfahren, da gerade in jener Zeit in Breslau für eine Universität kein Boden zu sein schien. Die Domschule war nur noch dem Namen nach eine höhere Schule, wie sie denn auch bald, nachdem die Schulen zu St. Maria Magdalena und St. Elisabeth sich losgesagt und zu protestantischen Gymnasien geworden, zur gänzlichen Bedeutungslosigkeit herabsank. Doch es ist hier noch etwas Anderes zu erwägen. In Dem wird nie der Gedanke einer Universität entstehen, der seinen Hühnerhof für die Welt hält; dasjenige Volk, welches über die Scholle, die es sein Land nennt, mit seinem Geiste nicht hinaus kann, ja, das den Himmel nicht mag, wenn er sich nicht auf seinem Grund und Boden verkörpert hat, wird nie sein geistiges Leben bis zu der Höhe ausgestalten, daß aus ihm wie naturgemäß eine Universität hervorginge.

Aber Breslau scheint gerade im Anfange des 16. Jahrhunderts der Vorwurf beschränkter Selbstgenügsamkeit nicht zu treffen. Hatte es doch im J. 1482 einen gelehrten Mann aus der Ferne, einen Schwaben, sich zum Bischof erkoren! Allerdings, Johann Roth von Wemdbingen in Schwaben war ein auf der wissenschaftlichen Höhe seiner Zeit stehender Mann. Er hatte in Rom und Padua studirt, war ein talentvoller Schüler des Laurentius Valla, hatte in Padua das canonische Recht gründlich kennen gelernt und den bildenden Umgang ausgezeichneter Männer gefunden, des Cardinals Aeneas Sylvius, des Franciscus Philelphus, des J. Baptista Guarinus von Verona und des Poggius von Florenz. König Ladislaus von Ungarn und Böhmen zog den talentvollen jungen Mann an seinen Hof und machte ihn zu seinem Secretär. Kaiser Friedrich III. hatte Wohlgefallen an ihm und erhob ihn nach dem Tode des Ladislaus zu seinem Rath und Protonotar. Im Gefolge des Kaisers bei dessen Einzug in Rom (1469) war er schon hochangesehen, Bischof von Lavantin und wohlbekannter Kaiserlicher Botschafter an manchem Hofe, besonders aber zu Venedig. Auch König Matthias von Ungarn und Böhmen hatte ihn schätzen gelernt, und er war es, der zur Zeit seiner Macht in Schlesien, wo ihm Niemand zu widersprechen wagte, dem Breslauer Domkapitel nach dem Tode des Bischofs Rudolph bedeutete, daß es des Papstes und sein Wille sei, das Kapitel solle sich für diesmal der Wahl enthalten und Johann Roth als Bischof annehmen; Widerstrebende werde er „von ihren Pfründen und aus der Stadt jagen" (ein kräftiges Argument!). Am 17. Juli 1482 wurde Johann IV. ohne Weigerung und feierlich aufgenommen *). Sein Vorgänger, Rudolph von Rüdesheim, war ein gelehrter Rheinländer, aber nur auf besonderen Wunsch des Papstes Paul II. gewählt. Johann, der Ausschweifungen nicht liebte, am wenigsten im Clerus, und der durch die Weihrauchwolken der Schmeichelei ungehinderten Blicks die nackte Erbärmlichkeit sah, hatte sich bald im Domkapitel eine starke Opposition hervorgerufen, deren Führer Opitz Kolo war. Ob es schon ein Zugeständniß an die Engherzigkeit war, daß Johann, als er an die Annahme eines Coadjutors mit dem Rechte der Nachfolge dachte, Herzog Friedrich, den Sohn des Herzogs Kasimir von Teschen, des obersten Hauptmanns von Schlesien, nehmen wollte, will ich dahingestellt sein lassen; aber der Eifer gegen die Ausländer war wieder einmal erwacht. Das Domkapitel erhielt von dem Könige Wladislaus die Zusicherung der freien Wahl. Nun wußte es aber Johann durch indirekten Einfluß dahin zu bringen, daß das Kapitel seinen Liebling, den Domherrn und Dechanten Johann Turzo, einen Polen, den Sohn seines alten reichen und bei Hofe angesehenen Universitätsfreundes Johann Turzo, am 6. Februar 1502 wählte. Das beschwer nun erst recht den Sturm der Schlesier gegen die Ausländer herauf, und hatte den kirchlich berüchtigten sog. Kolowrat'schen Vertrag zur Folge. Der im Namen der Fürsten und Stände auf dem Fürstentage zu Breslau von den Herzogen Sigismund von Glogau und Kasimir von Teschen und insbesondere von dem obersten Kanzler von Böhmen, Albrecht von Kolowrat, am Sonnabend nach dem Feste Mariä Lichtmeß, d. i. am 9. Februar 1504 vorgelegte, von Allen, auch von dem Fürstbischof und dem Domkapitel angenommene und am 18. Februar desselben Jahres von König Wladislaus bereits bestätigte Vertrag enthält außer mehreren Bestimmungen über Zehnt und Zins und andere materielle Dinge im ersten und zweiten Paragraphen als das Wichtigste des Ganzen folgende zwei Verordnungen für ewige Zeiten:

1) daß nie mehr ein **Ausländer** von dem Kapitel zum **Bischofe von Breslau** gewählt werden solle, sondern die Wahl müsse sich beschränken auf **Böhmen, Mähren, Schlesien, Ober- und Nieder-Lausitz**, überhaupt auf die mit der Krone Böhmen zusammenhängenden Länder; und

2) daß auch die Lehen und Beneficien von dem Bischof, dem Domkapitel und den Fürsten nur an solche **Inländer** verliehen werden dürften; der König solle gebeten werden, selbst es ebenso zu halten.

Am liebsten hätten die Fürsten und Stände offenbar die Bewohner Schlesiens allein als Inländer angesehen; indessen dann war eine Bestätigung des Vertrages von Seiten des Königs nicht zu erwarten. Jenen Bestimmungen lag die Anschauung zu Grunde, daß die kirchlichen Aemter nur Versorgungstitel für einheimische Personen seien. In Rom erregte der Vertrag Verwunderung. Man glaubte, der Bischof und das Kapitel hätten unter dem Einfluß moralischen Zwanges unterschrieben, und Papst Leo X. hob bei den allgemeinen, wie den besondern Kirchengesetzen widersprechenden Verordnungen mit einem unverkennbaren Unwillen gegen jene die Idee des Katholicismus so schroff verletzende Engherzigkeit auf (26. Juni 1516). *)

Aus diesem Boden konnte keine Universität herauswachsen; höchstens war es möglich, eine solche künstlich von Außen einzuführen und hinzupflanzen, jedoch auf die Gefahr hin, daß die exotische Pflanze bald verkrüppele, wenn der Inlandsschwindel sie etwa zur Theilnahme an einem Kolowratschen Vertrage nöthigen würde.

Woher also der Gedanke an die Gründung einer Universität zu Breslau gerade um diese Zeit? Es muß jedenfalls eine ungewöhnliche Bewegung die Geister ergriffen und insbesondere im Rathmanne zu außerordentlichen Entschlüssen gedrängt haben. So verhielt es sich in der That: es war die religiöse Bewegung. Als Böhmen und Mähren durch die Hussiten, oder, wie man sie in Schlesien mit Rücksicht auf den früheren Ursprung ihrer religiösen Lehren auch nannte, durch die „**Wikleffiten und Waldenser**" der katholischen Kirche schon mit Erfolg streitig gemacht wurde, wäre Schlesien unfehlbar in die auflösende Bewegung ganz und gar hineingezogen und von der Röm. Kirche getrennt worden, wenn nicht „vornehmlich die **Breslauer** als **wackere Streiter Christi in Verfechtung ihres Glaubens** gegen die ketzerischen Böhmen und Mähren für die Ehre der Römischen Kirche männlich und standhaft gekämpft" hätten. Breslau war die Seele der Opposition gegen den Hussiten-König; seine Söhne brachen vor Allen die Burgen, welche der Feind im Lande hatte;

seine tapfre und unerschrockene Haltung nöthigte die schlesischen Herzöge auf seine Seite, war selbst dem entschiedenen Fürstbischof Rudolph von Rüdesheim ein Sporn, und sicherte dem Könige Matthias das Gelingen seines kühnen Eroberungszuges. Die Stadt brachte die schwersten Opfer an Geld, Gut und Blut und ertrug Erstaunliches mit Heldenmuth — aus Liebe zu dem wahren Glauben. Und da sie nun das Kleinod sich bewahrt, so erfüllte sie ein Hochgefühl. Davon war unzertrennlich das Verlangen, den mit so großer Anstrengung geschützten Glauben in Zukunft noch mehr zu sichern. Nun hatte aber der Rath in dem Kampfe wohl erkannt, daß die Hussiten außer der materiellen Macht auch eine geistige für sich in Bewegung gesetzt, die sich durch „Mörser" und „große Büchsen" nicht zertrümmern ließ. Was des Huß Ansehen bei der Universität und seine literarische Thätigkeit gewirkt, war unverborgen. Diese Erkenntniß weckte den Wunsch, in Breslau eine Universität zu gründen, welche durch Wissenschaft den wahren Glauben in Schlesien zu schützen vermögen sollte.

§ 2.

Entschluß und That.

Oft ahnen Tausende, was nur Einem gelingt auszusprechen; die Erregung der Massen erzeugt keine große That, wenn nicht ein klarer und strebsamer Geist den Lauf der Bewegung zum edlen Ziele richtet. Im Anfange des 16ten Jahrhunderts fehlte es Breslau nicht an Männern, welche es werth waren, Führer zu sein.

Gregor Mornberg von Breslau, auf hoher Schule gebildet und Magister der Philosophie, war im J. 1486 von den Rathmannen zu dem Amte eines Stadtschreibers ausersehen worden, welches Amt viele Einsicht und Gewandtheit voraussetzte, aber auch großen Einfluß auf die wichtigsten Angelegenheiten der Stadt gewährte. Allein, da er kein feiler Diener selbstsüchtiger Tendenzen, sondern ein offener, das allgemeine Wohl liebender Mann war, so ließ ihn Georg von Stein, des Königs Matthias Günstling und böser Geist für Schlesien und die Lausitz, nicht aufkommen. Als nach dem Tode des Königs Matthias Georg von Stein sein Heil in der Mark gesucht, und Heinrich Domnig, sein Gesinnungsgenosse, auf Befehl des Breslauer Raths enthauptet worden, hätte Mornberg wohl bald seine ihm zugedachte Stelle einnehmen können, zumal da seine Tüchtigkeit immer unzweideutiger hervortrat; allein während der Rath im J. 1490 nach dem Tode des Königs Matthias sich neu constituirte, ließ jener sich mit einigen Freunden auf eigenmächtiges Handeln ein, das zur Zwietracht hätte führen können, weshalb er zu Gefängniß und zu fünfzig Gulden verurtheilt wurde. Wahrscheinlich hielt dieser Vorfall ihn noch vier Jahre von seinem Amte fern. Seit 1494 aber erscheint er als Rathssecretär, und zwar, wie mehrere Urkunden beweisen, von dem Rathe sehr hoch geschätzt, zu den wichtigsten Gesandtschaften und Verhandlungen verwendet, und überaus werth gehalten und geliebt. Vierundzwanzig Jahre lang leistete er der Stadt die größten Dienste, bis zu seinem Tode am 31. Januar 1518.

Zur Zeit der schlimmen Wirren in Böhmen, als aber Breslau's entschiedene Stellung schon siegreich behauptet war, kam der päpstliche Legat Peter, der in Böhmen seinen schwierigen Wirkungskreis hatte, nach Breslau, wo er über den Stand der Dinge in den Ländern des Abfalls sich ausließ, auf Rath hörte und seine Pläne anvertraute. Da fand er denn viel Verständniß und Begeisterung für die gute Sache bei Gregor Mornberg. Mit diesem kam er oft zusammen, hielt lange Unterredungen mit ihm und pflegte dann stets auf die Bedeutung der Wissenschaft für die Befestigung des Glaubens die Rede zu lenken und wie ein ceterum censeo die Meinung zu äußern, es könne der Breslauer Rath dem wahren Glauben durch Nichts einen besseren Schutz sichern, als durch die Errichtung einer Universität in der Hauptstadt Schlesiens. Der Gedanke zündete in Mornberg und brannte ihm auf dem Herzen, so daß er nun seinerseits den Rathmannen von keiner Sache so nachdrücklich und unaufhörlich sprach, wie von der „Veranstaltung eines solchen heilsamen Instituts." Er verhehlte auch nicht, wie er auf den Gedanken gekommen, erzählte von seinen Unterredungen mit dem Legaten Peter und theilte dessen Ansichten und Motive dem Rathe mit. Nur zögernd freilich ging dieser darauf ein; es schienen ja die Opfer, welche das Unternehmen auf jeden Fall forderte, fast unerschwinglich.

Es kam das 16. Jahrhundert. Mornberg ruhte nicht. Denselben unermüdlichen Eifer, wie in dem Streit mit den Polen um das Recht des Stapelplatzes, zeigte er auch in der Universitätssache. Er wurde nicht müde, den Rath „tagtäglich dazu anzureizen". Und es gelang ihm vor Allem, den Hanns Haunold in's Interesse zu ziehen. *) Dieser war seit 1476 Rathsmitglied und in den Jahren 1491, 1494, 1497, 1499, 1501 und 1504 Landeshauptmann. Von allen Geschichtschreibern hat er einstimmiges Lob erhalten. Klose schreibt von ihm: er „machte sich durch seine weisen Anstalten und patriotische Sorgfalt in Betreibung der Geschäfte um das Wohl des Landes und besonders Breslau's unsterblich verdient, und zwar in einer Reihe von mehr als dreißig Jahren". *) Aber unter seinen Zeitgenossen hatte er manchen Gegner. Das rührte viel von seiner stolzen, kühnen Rede her. Als er schon Rathmann war, strafte ihn einst (im J. 1478) der Rath mit fünfzig Gulden Geldbuße „wegen unbescheidener Reden vor dem Rathstisch."

Am unfreundlichsten war seine Stellung zu dem Clerus der Domkirche, wovon der erste Grund vielleicht in einer öffentlichen Excommunication gelegt worden war, die er im J. 1479 zugleich mit dem damaligen Landes-Hauptmann Lucas Eisenreich und sechs andern Rathmannen zu augenscheinlichem Unrecht eine Zeit lang hatte dulden müssen. Nur mit dem Bischofe Johann Roth von Wembdingen scheint er in gutem Einverständnisse gewesen zu sein; aber dessen Gegenpartei haßte auch den Hanns Haunold, beschimpfte seinen, wie des Bischofs Namen und verschmähte nicht die Verleumdungen unwürdigster Art. Der Landeshauptmann sann nun auch seinerseits auf eine systematische Demüthigung der wissenschaftsfeindlichen Partei des Opitz Kolo beim Dome, und dazu schien ihm die intendirte Universität das vortrefflichste Mittel. Es sollte fortan ein geistig hervorragender Clerus dem durch Reichthum und Stellung bloß mächtigen gegenüberstehen und dem Stolze dieses Schranken setzen, — das war offenbar Haunold's Gedanke, — und jener durch die Wissenschaft und durch geistige Güter vermögende Clerus konnte nur von Außen kommen, da die ganze Domgeistlichkeit außer dem Bischof und seinem Coadjutor keinen Mann aufzuweisen hatte, der einen Lehrstuhl einer Universität hätte besteigen können.

Hanns Haunold also ergriff den Plan der Stiftung einer Breslauer Universität nun ebenfalls mit der ihm eigenthümlichen Thatkräftigkeit, und der Rath war gewonnen. Doch wurde der Beschluß, ein Stiftungs-Diplom von dem Könige Wladislaus mit allen zu Gebote stehenden Mitteln zu erwirken, so viel sich ersehen läßt, erst im Anfange des J. 1505 unter der Landeshauptmannschaft des 74jährigen, durch „Einsicht, Geschicklichkeit und Treue" allgemeines Vertrauen besitzenden Lucas Eisenreich gefaßt und die Petition an den König sammt Befürwortung dem Gregor Mornberg aufgetragen. Diesen finden wir nun nach urkundlichen Zeugnissen als wortführenden Vertreter einer Gesandtschaft der Stadt Breslau seit dem Frühjahr 1505 am Hofe des Königs Wladislaus in Ofen.

Die schon bei Matthias de Mechovia vorkommende Nachricht, daß die Stiftungsurkunde mit schwerem Gelde erkauft worden sei, ist weder zu bezweifeln, noch auffallend, weist auch nicht auf eine Abneigung des Königs gegen die Gründung einer Universität hin, da in jener Zeit Privilegien nie anders als durch vielfältige Geschenke, die man selbst Königen und Kaisern machte, erlangt wurden. Mornberg erzählt ausdrücklich, daß er den König für die Errichtung der Universität „sehr geneigt" gefunden.

Der Breslauer Rath wünschte aber eine Universität, „auf welcher durch die fleißigen Vorlesungen der Professoren der Theologie, der canonischen und kaiserlichen Rechte und anderer Facultäten die Irrthümer der Ketzer (der Wiclefiten und Waldenser) widerlegt, und die Schlesier in dem heiligen Glauben befestiget werden könnten." Hiermit war das Motiv deutlich ausgesprochen; dasselbe wurde durch die hinzugefügte Bemerkung verstärkt, daß „innerhalb vier Tagereisen von Breslau nirgendwo eine Universität sich befinde." *)

König Wladislaus unterzeichnete die wahrscheinlich von Mornberg entworfene Stiftungsurkunde zu Ofen, am 20. Juli 1505. *) Breslau sah sich darin überaus schmeichelhaft behandelt. Der König pries nämlich „die wunderbar glückliche Lage" dieser Stadt, die „besondere Schönheit ihrer Häuser und Prachtgebäude" und dazu die „wohlgesittete Art ihrer Bürger, wodurch sie wohl leicht alle Städte Deutschlands übertreffe". Das war eine große Artigkeit.

Die Motivirung ist eine allgemeine und eine besondere. Der König erkennt es als das herrlichste der menschlichen Güter und als das Göttlichste, den menschlichen Geist durch hervorragende Tugenden und vor Allem durch das Studium der Philosophie, welche der Sitten Lehrmeisterin und Ordnerin ist, auszubilden. Dazu mußte er, ein König von Gottes Gnaden über viele Völker, den Seinen nun auch Gelegenheit geben, damit er sie zum Höchsten führe. Geschieht dies, dann blüht die Religion, aber auch der Staat. Darum ist der höhere, allgemeinere Zweck der Stiftung einer Universität die Förderung der besten Philosophie, d. i. der orthodoxen christlichen Religion, der besondere untergeordnete aber ist der Ruhm und der erhöhte Glanz des Reiches und der Krone.

Die Professoren der neuen Universität sollten lehren: die Theologie, das päpstliche und das kaiserliche Recht, Philosophie, Medicin, Grammatik, Dialektik, Rhetorik, Poetik, Arithmetik, Geometrie, Musik und Astronomie. Mit Rücksicht auf das Haupt-Motiv und Ziel der Stiftung der Universität verbietet der König allen Docenten Bücher zu lesen, die hinsichtlich des Glaubens verdächtig oder von der Kirche verboten seien, und kirchlich formulirte Glaubensartikel, wie z. B. den von der Schlüsselgewalt, in Zweifel zu ziehen, damit nicht, wie jüngst auf der Prager Universität, für die Religion ein großer Ruin daraus entstehe, und er so, ohne es zu wollen, statt eine Schule Christi, eine Schule des Teufels gründe. Diese Besorgniß bezeichnet er neben der Rücksicht, daß der Fürstbischof von Breslau den Vorrang unter den Fürsten Schlesiens habe, als die vornehmste Ursache, warum er gerade den Bischof (Johann Roth v. W. und seine Nachfolger) zum Kanzler und höchsten Lenker der neuen Universität ernennt, den Johann Thurzo aber — nicht als den damaligen Coadjutor, sondern — als den Dechanten der Cathedralkirche sammt dessen Nachfolgern zum Vice-Kanzler.*) Des Bischofs Rath, sagt er in dessen besonderer Ernennungsurkunde, könne und wolle er in dieser Sache nicht entbehren. Er habe die Universität gegründet „aus Eifer die heil. Religion," weil er gesehen, daß diese in dem Herzogthume Schlesien durch die Zeiten und der Menschen böse Beschaffenheit wankend gemacht werde. Doch sieht er auch nach dieser Urkunde in der Gründung, welche die heilsamste sei, die nach seinem Urtheile hätte geschehen können, eine besondere Glorie und Zierde seines böhmischen Königreiches.

Die speciellen Statute und Gesetze der Universität sollten Kanzler und Vice-Kanzler in Vereinigung mit dem Breslauer Rathe entwerfen und erlassen.*)

Am schwierigsten war ohne Frage die Dotation. Weder der Rath noch der König waren geneigt, dafür eigene Opfer zu bringen. Befehl und Bitte sollte die Opfer Andern auflegen. Die Stiftungsurkunde selbst suchte zwei verschiedene Quellen der Einkünfte zu eröffnen. Der König sagt: es sei zu seiner Einsicht gelangt, daß es bei der Universität zu Leipzig ein Collegium gebe, das Collegium beatae Mariae genannt, welches mit der Clausel gestiftet und dotirt worden sei, daß die Mitglieder desselben, wenn einmal in Schlesien eine Universität errichtet würde, verpflichtet sein sollten, alsbald sich nach Schlesien zu begeben, die Einkünfte aber, welche ohnehin größtentheils in Schlesien gesammelt würden, fortan der in diesem Lande gegründeten Universität zugewiesen werden müßten: gestützt auf diese Clausel rufe er in Kraft gegenwärtigen Stiftungsbriefes die Mitglieder des genannten Collegiums zurück, und befehle, daß sie sich in die Zahl der anderen Mitglieder der neuen Universität einreihen und derselben Privilegien wie diese sich erfreuen sollten. Die Dotation aber solle dem allgemeinen Universitäts-Fond ohne jede besondere Bestimmung einverleibt werden. Am 10. August 1505 vollzog er seinerseits die Zurückrufung noch bestimmter durch ein besonders an jenes Collegium gerichtetes Decret.**)

Das Haupteinkommen sollte die Universität aber in folgender Weise gewinnen. Der König hatte über mehrere Dignitäten und Canonicate bei der Collegiat-Kirche zum heil. Kreuze das Patronatrecht. Ist dies auch kein eigentliches Ernennungsrecht, sondern nur das Recht der Präsentation, so kann doch der wirkliche Collator des Beneficiums den Präsentirten nur dann zurückweisen, wenn dieser nicht im Stande ist, nach den Forderungen des canonischen Rechts die mit dem Beneficium verbundenen Amtspflichten zu erfüllen. Daher ist es dem Patron wohl möglich, über die betreffenden Pfründen mit einiger Sicherheit im Voraus zu disponiren. Nun hatten Hauneld

2*

und Mornberg den König zu dem Entschlusse bestimmt, wonach in Zukunft zu jenen Dignitäten und Canonicaten nur Professoren der neuen Universität präsentirt werden sollten. Man glaubte aber, jene Pfründen dem Professoren-Collegium besser zu sichern, wenn der König für alle Zukunft das Patronatrecht dem Breslauer Rath cedire. Auch darauf ging der König ein und sprach die Uebertragung seines Patronatrechtes in der Stiftungsurkunde feierlich aus, nur die Bedingung, die blos die Bedeutung einer Mahnung haben konnte, hinzufügend, daß der Rath mit der Präsentation nicht nach Gunst verfahre, sondern für die erledigten Dignitäten und Canonicate immer von den fleißig lesenden Professoren die durch Wissenschaft und Verdienst Ausgezeichneten präsentire. Auf diese Weise sollten die Theologen, Juristen und Philosophen der Universität, von denen vorausgesetzt wird, daß sie alle dem geistlichen Stande angehören würden, ihre materielle Existenz gewinnen. Einen Dank forderte der König für sich. Klose meint, er hätte verordnet, „daß alle Universitätsglieder aus Dankbarkeit in der Kreuzkirche feiern (das würde heißen celebriren — Messe lesen) sollten." [1]) Das sagt aber die Urkunde nicht, sondern dieses: Da der König auch Fürsorge für sein Heil treffen wolle, so bestimme er, daß, wenn Gott ihn aus dem irdischen Tageslichte abberufe und er in die andere Welt hinübergehe, die gesammte Universität aus Dankbarkeit für die ihr in Ueberweisung jener Pfründen erwiesene Wohlthat am Tage seines Hinscheidens und alljährlich am Gedächtnißtage zu den in königlicher Weise veranstalteten Exequien und Anniversarien in der Kirche zum heil. Kreuze erscheine, in einer officiellen Gedächtnißrede zum Gebete für sein und seiner Vorfahren Seelenheil ermahne, und bis zum Schlusse des Gottesdienstes in der Kirche verharre. Der Fürstbischof von Breslau war, wie wir aus einem Schreiben des Raths an denselben vom 6. August 1507 ersehen, mit der ganzen Anordnung einverstanden.

Diese Art der Dotation einer Universität war so bequem, daß der Rath sie noch mehr ausbeuten wollte, aber gerade dadurch, wie wir hernach erkennen werden, ihrer päpstlichen Bestätigung ein Haupthinderniß in den Weg legte.

Auch hinsichtlich der nothwendigen Gebäude machte König Wladislaus sich die Sache gar sehr leicht. In dem Stiftungsbriefe selbst erlaubte er der Breslauer Bürgerschaft ohne alle Einschränkung, den Platz für das allgemeine Universitätsgebäude und die öffentlichen Hörsäle, so wie auch Wohnungen für die Professoren auszusuchen; aufzurichten und zu bauen, was sie wollten, Alles nach ihrem Ermessen aufs Schönste und Passendste und Zweckmäßigste — aber freilich von ihrem Gelde. Doch machte der König, offenbar auf den Rath und die Bitte Mornberg's, auch kostenfreie Versuche, auf andere Weise zu helfen. Das Rathsarchiv bewahrt hierüber noch vier Urkunden. Es besaßen nämlich große Herren aus der Ferne geräumige, auch wohl prächtige Wohnungen in Breslau, die sie nur selten oder gar nicht mehr persönlich benutzten. An demselben Tage, von welchem die Stiftungsurkunde datirt ist, am 20. Juli 1505, schrieb der König an den Herzog Johann zu Oppeln, an den Bischof Dittrich zu Lebus und an die Aebte zu Leubus und Camenz, sie möchten ihre Wohnungen und Höfe zu Breslau der Stadt schenken zur Verwendung für die Universität.

Es scheint aus allen diesen Anordnungen hervorzugehen, daß die Universität eine städtische werden und dem Rathe die Ernennung der Professoren zustehen sollte. Sonst läßt sich's nicht erklären, warum jene Gebäude erst der Stadt sollten geschenkt werden, und insbesondere, warum es nothwendig gewesen wäre, jenes Patronat von den Könige auf den Breslauer Rath übergehen zu lassen.

Thatsache ist es auch, daß nicht der König die Bestätigungsurkunde des apostolischen Stuhles nachgesucht hat, sondern der Rath der Stadt, in dessen Auftrage Gregor Mornberg, noch während seines Aufenthalts in Ofen, versehen mit königlichen Empfehlungsschreiben an den Papst und an den Cardinal Peter, den früheren Legaten in Böhmen, die nöthigen Schritte that. Johann Zinke, der Geldwechsler der Fugger'schen Handlung in Rom, wurde zum Geschäftsführer beim apostolischen Stuhl erwählt und durch Johann Mißler im Auftrage Mornberg's mit Instructionen versehen. Wie hoch die zur Verfügung gestellte Summe gewesen, ist aktenmäßig nicht bekannt geworden. Die Polen sprechen von 3000 Dukaten. Wie dem auch sei, so viel ist gewiß, daß die Stadt in diesem Punkte keine billige Forderung würde gescheut haben.

Mornberg, dessen Sohn Hieronymus, damals bereits Magister, noch in Rom studirte und auch vielleicht schon Dienste leisten konnte, schrieb zur Unterstützung des Gesuchs einen Brief an den Cardinal Peter, der ein Gelingen des guten Werkes wohl erwarten ließ; nur Eines hätte er nicht berühren sollen, wovon in dem Folgenden noch die Rede sein wird. Er erinnert also den Cardinal an die Verdienste Breslau's um die Kirche in den Hussiten-Kriegen; dann an ihre wiederholten langen Unterredungen, insbesondere auch über die Gründung einer Universität zu Breslau. Diese habe er dem Rathe hinterbracht, und der Rath habe nun die Gründung des so heilsamen Instituts beschlossen, und „in gewisser Hoffnung der Unterstützung und Beförderung von Seiten des Cardinals", eine königliche Stiftungsurkunde bereits erwirkt. Der König habe auch sein Patronatrecht über die Prälaturen und Canonicate bei der Kirche zum heil. Kreuz, welche für die künftigen Lehrer der Universität bestimmt worden seien, zu diesem Zwecke den Rathmannen gnädigst übertragen. „Sie nähmen also durch ihn, als ihren Stadtschreiber, ihre Zuflucht zu dem Schutze und der Unterstützung des Cardinals, dessen Wink sie allezeit zu folgen bemüht gewesen, und ersuchten ihn demüthigst und unterthänigst, er möchte geruhen, diese ihre Angelegenheit auf's Beste zu befördern, und Seine Heiligkeit dahin zu bewegen, daß er in Betracht ihres unerschütterten und beständig unverletzten Gehorsams gegen den apostolischen Stuhl die Errichtung der Universität und die vom Könige geschehene Resignation der Pfründen bestätige .... zum glücklichen Aufnehmen des wahren Glaubens und zum ewigen Gedächtniß seines Namens." Der Cardinal möge sich auch bemühen, „daß in Betracht der Armuth der Stadt, in welche sie durch ihren Gehorsam gegen die römische Kirche, indem sie den Unternehmungen der Ketzer in Böhmen widerstanden, verfallen, die Bullen für ein leidliches Geld möchten ausgefertigt werden. Zur Dankbarkeit dafür würden die Breslauer den Namen des Papstes und des Cardinals bis in die Himmel erheben und ihm, als ihrem einzigen Patron, zu allen gefälligen Diensten stehen."[1]) —

Es ist nicht bekannt, ob der Rath sich auch bereits Mühe gegeben, gelehrte Männer nach Breslau zu ziehen, welche die Professuren hätten übernehmen können; es scheint nicht der Fall gewesen zu sein.

Doch wurde auf dem Elisabeth-Kirchhofe zwischen 1505 und 1507 ein großes hölzernes Gebäude von der Stadt errichtet, welches — ohne Zweifel blos provisorisch — der Universität zu ihren öffentlichen Akten und Vorlesungen dienen sollte.[2]) Was außerdem geschehen, wissen wir nicht.

§ 3.

Verhinderung.

Die von dem Könige Wladislaus gestiftete Universität ist niemals eröffnet worden. Was hat die Eröffnung verhindert?

Ein positives Verbot ist von keiner Seite her, weder von einer geistlichen noch von einer weltlichen Macht erfolgt. Aber es hat auch der Königliche Stiftungsbrief die damals für nothwendig erachtete höhere Privilegiirung durch eine Bulle des Papstes oder des Kaisers des heil. römischen Reichs nicht erhalten. Die Bestätigung durch den Papst wurde nachgesucht, doch vergebens. Aber geschah diese Nachsuchung officiell durch eine Breslauer Gesandtschaft an den apostolischen Stuhl, oder wenigstens durch eine directe Petition an den Papst Julius II.? Das wird allgemein angenommen, ist aber noch nicht bewiesen worden. Klose hatte die Akten des Breslauer Rathsarchivs noch vollständig vor sich; allein er hat kein Concept eines Schreibens und keine Spur von einer Gesandtschaft an den apostolischen Stuhl vorgefunden, sondern nur den Brief Mornberg's an den Cardinal Peter. Und doch pflegten damals die Rathmanne alle Concepte auch geringfügiger Schreiben wohl zu bewahren. Auch eine in dem päpstlichen Archiv neuerdings angestellte zuverlässige Nachforschung hat in den Regesten des Papstes Julius II. Verhandlungen mit dem Breslauer Rath über die zu errichtende Universität nicht nachgewiesen.

14

Ueber die Ursachen der angenommenen ausdrücklichen Verweigerung einer päpstlichen Bulle sind in der That wunderliche Ansichten verbreitet, und eine, die auch in neuester Zeit noch vielen Glauben findet, verdient gerade ihrer Sonderbarkeit wegen hier eine nähere Brücksichtigung.

Curäus hat nämlich die Nachricht verbreitet, die Polen hätten sich gegen die Errichtung einer Universität in Breslau auf ein päpstliches Privilegium der Universität Krakau gestützt, wonach vierzig Meilen im Umkreise dieser Stadt bis in ewige Zeiten niemals eine neue Universität gegründet werden dürfte. Und Papst Julius II. habe solchen Einspruch als rechtskräftig anerkannt.[18]) Ein solches Privilegium wäre wohl ebenso seltsam als ungerecht gegen das zur Zeit der Stiftung der Universität Krakau in der überwiegenden Mehrzahl seiner gebildeten Bevölkerung schon ganz deutsche Schlesien gewesen,[19]) und würde überdies der Idee der Universitäten geradezu widersprechen haben.

Aber es hat auch nie existirt.

Die ältesten Privilegien der Universität Krakau sind seit dem Jahre 1851 sammt den ältesten Annalen derselben gedruckt; es findet sich darin keine Spur von jenem. Der Rath von Breslau legt im J. 1695 großes Gewicht darauf, daß der Papst Julius II. auf Einsprache der Universität Krakau in Breslau die Errichtung untersagt habe; doch von einem solchen Privilegium, das ihm ja die größten Dienste geleistet haben würde, weiß er nichts. Der Generalvicar des Bisthums Breslau in geistlichen Sachen giebt, wie wir weiterhin sehen werden, einen ganz anderen Grund an, warum der Papst auf eine Privilegiirung des Stiftungsbriefes des böhmischen Königs Wladislaus nicht eingegangen sei. Wir wissen auch, daß die Jagellonische Universität am Ende des 17ten Jahrhunderts gar keinen Grund, am wenigsten jenes vergebliche Privilegium gegen die intendirte Stiftung in Breslau geltend gemacht hat. Wir dürfen überdies fordern, daß man uns von der Existenz der Originalurkunde überzeuge, eh' wir an ein derartiges Curiosum in der Geschichte der Universitäten glauben.

Buttle, in der früher erwähnten Abhandlung, meint, er mache „eine kritische Anmerkung", wenn er behauptet, „der Widerspruch der Jagellonischen Universität sei in Wahrheit der Hauptgrund des Nichtzustandekommens einer schlesischen." „Gestützt auf alte Urkunden" habe sie nämlich „vom Papste ein entschiedenes Verbot erwirkt." Allein, wir müssen doch bitten, daß er uns jene „alten Urkunden" wie das „entschiedene Verbot" des Papstes durch wirkliche Documente nachweise.

Die ganze Reihe der älteren Schriftsteller über diesen Punkt zeigt zurück als auf die Quelle aller Nachrichten auf Matthias Miechovius. Dieser, ein gleichzeitiger Zeuge, war erst Leibarzt des Königs Sigismund I. von Polen, dann Domherr zu Krakau. Als derselbe schrieb er seine Annalen, in welchen zum J. 1505 der Versuch des Breslauer Raths, eine Universität zu gründen, erwähnt wird. Nachdem erzählt worden, daß Breslau nach Erlangung des Stiftungsbriefes sich an den Papst gewandt und für die Erwirkung einer päpstlichen Bestätigungsbulle 3000 Dukaten bestimmt habe, fährt der Annalist fort: „Doch die Krakauer Universität, voller Wachsamkeit, schickte ein von den Doktoren concipirtes motivirtes Cassationsschreiben Alexander's, des Königs von Polen, am ersten Sonntage nach Allerheiligen, am zweiten des Monats November (b. i. am 8. November 1505) ein, wodurch der Papst Julius II. bewogen wurde, die Errichtung der Universität Breslau zu inhibiren. Und als die Breslauer glaubten, daß die Männer schliesen, nach zwei Jahren, begannen sie abermals und zwar nachdrücklicher und im Geheimen beim apostolischen Stuhle also für die Errichtung der Universität Anstrengungen zu machen: allein sie scheiterten an demselben Hinderniße und mußten sich eine Zurückweisung gefallen lassen."[19]) Die literae cassatoriae et rationes confutatoriae bezeichnen ein motivirtes Cassationsschreiben, — mehr nicht. Daß die Mothe des Antrags auf Nichtigkeitserklärung des Wladislaischen Stiftungsbriefes aus einem päpstlichen Privilegium oder aus „alten Urkunden" hergeleitet seien, besagt der Ausdruck nicht. Und daß er es nicht besagt, ist wichtig. Denn der durchaus nicht aus Bescheidenheit zurückhaltende Annalist würde ein so außerordentliches päpstliches Privilegium, hätte es anders nur existirt, gewiß in die Welt hinausposaunt haben. Ferner ist das Schreiben nicht im Namen der Universität, sondern m Namen Alexander's, des Königs von Polen, durch die Universität, deren Doktoren es concipirt hatten, eingesandt worden. Auch sagt der Chronist nicht, daß die Universität Krakau eine Antwort von Julius II. erhalten habe, sondern er behauptet nur, freilich ohne Beweis, daß dieser durch die politischen Gründe bewogen worden sei, die Errichtung der Universität Breslau zu inhibiren. Die Art und Weise des Berichts giebt diesem ohnehin wenig Glaubwürdigkeit; derselbe ist in dem ersten Theile, wo von dem Cassationsschreiben die Rede ist, großsprecherisch, in dem 2ten — quum putarent homines dormire — eine rhetorische Stilübung. Es ist, als hätten die Krakauer einen Schatz zu hüten und als schlichen die Breslauer voll List und Raubgier um die Stadt, um einzubrechen zur Zeit des Schlafes. Der Chronist verräth uns, daß ihm die Idee und Aufgabe einer Universität fremd ist. Wenn das Concept der Doktoren in demselben Geiste entworfen war, dann hätte die Jagellonische Universität damals verdient, geschlossen zu werden. Denn wenn die Blüthe einer wissenschaftlichen Corporation von Privilegien und einer Zwangsvermehrung der Studenten-Zahl abhängt, dann entbehrt sie gewiß des höchsten Werthes. Die Gründung einer Universität in Breslau konnte dem wissenschaftlichen Geiste der Krakauer wohl förderlich, aber niemals schädlich sein.

Was hat denn nun aber die Eröffnung der Universität in Breslau verhindert? Man sagt: der frühe Tod Johann Haunold's († 21. März 1506) und des Bischofs Johann IV. (den 21. Januar 1506), Kriegsnoth von verschiedenen Seiten, der 40jährige Streit mit Polen um die Niederlage: aber das alles ist unwesentlich. Kein Mann war so die Seele des Unternehmens wie Gregor Mornberg, und dieser starb erst den 31. Januar 1518. Klose schreibt: „Die allzu große Sorge für ihre Handlung und die Betriebsamkeit wegen der zu erhaltenden Bestätigung ihrer Niederlage hielt sie (die Breslauer) zurück, nicht mit dem ganzen Ernst und Eifer die Sache der Universität durchzutreiben, welches sonst gewiß geschehen wäre." Hierin liegt etwas Wahres. Buttke (a. a. O.) führt doch auch, obgleich er das Hauptgewicht auf die vermeintlichen „alten Urkunden" Krakau's legen zu müssen glaubt, verschiedenes Andere an, und von Bedeutung dieses: „Die Domgeistlichkeit, nicht gesonnen, das stattliche Einkommen so mancher Pfründen einzubüßen, und voll Furcht der Schmälerung ihres Ansehens durch die Geltung tüchtiger Gelehrten, widerstrebte dagegen lebhaft." Daß die Domgeistlichkeit Pfründen einbüßen sollte, davon ist nun zwar in den Verhandlungen, so weit sie stattgefunden haben, keine Rede gewesen, aber wir werden hier auf den rechten Weg geleitet.

Ich zweifle keinen Augenblick daran, daß die damalige Domgeistlichkeit, wie sie eben war und von Opitz Kolo geführt wurde, dem Unternehmen mit aller Macht entgegengetreten ist; denn es war ganz gewiß, daß die neue Universität, wenn sie nach dem vorliegenden Plane dotirt werden sollte, die Domgeistlichkeit bald vollständig beherrschen und Geistliche, die Nichts als Amt und Stellung für sich hatten, in dichten Schatten stellen würde. Die vorgeschlagene und zum Theil (in der Stiftungsurkunde) schon angeordnete Dotation wird nämlich von den Geschichtschreibern durchgehends verkehrt aufgefaßt. Sie stellen die Sache so dar, als hätten der Collegiatkirche zum heil. Kreuze die Pfründen genommen werden sollen, damit sie Eigenthum der Universität würden. Das war durchaus nicht der Fall; sondern die Canonicate und Dignitäten, deren Patronat der König dem Breslauer Rathe übertrug, sollten allmählich, bei eintretenden Vacanzen an Professoren der Universität verliehen werden. Dadurch würden die betreffenden Professoren Mitglieder des Collegiums der Stiftsherren bei der Kreuzkirche geworden sein, welches Collegium auf diese Weise nicht nur nichts verloren, sondern sowohl an Schmuck und Ansehen, wie an Einfluß gewonnen hätte. Daß dennoch die Repräsentanten dieses Collegiums im J. 1505 gegen eine solche Erhebung ihrer eigenen Corporation gewesen sein mögen, mag ich nicht in Abrede stellen, da es sich aus persönlichen und sehr natürlichen Gründen erklärt.

Nun hatte aber Mornberg in seinem Briefe an den Cardinal Peter dem Papste Julius II. noch eine ganz andere Zumuthung gemacht, die er besser gelassen hätte und gewiß nicht gewagt haben würde, wenn er ihre Tragweite gekannt hätte. Er verstand den Unterschied zwischen Präsentation und Collation in Bezug auf kirchliche Aemter nicht.[7]) Einem Laien kann die Kirche die Bezeichnung der Person oder die Präsentation für ein Beneficium überlassen, aber die Uebertragung oder Collation ist wesentlich hierarchischer Natur und kann nur innerhalb der bestehenden kirchenrechtlichen Ordnung durch den Clerus geschehen. Wo der Papst zur Besetzung von Kirchenämtern mitwirkt, da hat er regelmäßig die Collation, die er an keinen Laien abtreten kann. Es schrieb aber

Mornberg an den Cardinal Peter, er möge dahin wirken, daß der Papst Julius II., dem Beispiele des Königs Wladislaus folgend, dem Breslauer Rathe die Collation der ihm zustehenden Prälaturen und Canonicate der Cathedralkirche, so wie der Parochien zu St. Andreä und Maria-Magdalenä in der Stadt auf die möglichst kräftigste Weise übertragen und dadurch den Professoren überweisen, und überdies den Kreuzherren mit dem Stern das Recht der Collation der Parochie zu St. Laurentii und Elisabeth nehmen und ebenfalls den Rathmannen geben möge. Der Rath verlangte Unmögliches. Und wenn der im J. 1504 abgeschlossene Kolowrat'sche Vertrag, den späterhin der Papst Leo X. mit unverhaltenem Unwillen für null und nichtig erklärte (d. 26. Juni 1516), durch seine Engherzigkeit und Verletzung der Idee des Katholicismus in Rom schon Mißstimmung gegen Breslau erregt hatte, so mußte diese sich jetzt durch jene unverständige Forderung im höchsten Grade steigern. Es war kaum nöthig, daß die Domgeistlichkeit mit dem Collegium bei der Kreuzkirche und den Kreuzherren mit dem Stern beim apostolischen Stuhle noch viel protestirte. „Papst Julius der Zweite", schreibt Buttke, „ein kriegerischer Herr, der den Hirtenstab gern mit dem Schwerte vertauschte, beharrte im Gegensatz zu seinem das Universitätswesen so begünstigenden, die Stiftung gelehrter Schulen nach Möglichkeit fördernden Vorgänger auf seinem Nein." Diesen Gegensatz muß ich bestreiten, aus vielen Gründen: Der Vorgänger von Julius II. war Pius III. (Piccolomini); dieser regierte nur 27 Tage, und hatte nicht Zeit, viel zu begünstigen und zu stiften. Es ist wohl Alexander VI. gemeint, dessen Namen in der Geschichte sonst nicht wohlklingt, der jedoch Kunst und Wissenschaft förderte. Aber Julius II. hat auch mehr als gewöhnliche Liebe zu Beidem bekundet, und nicht bles das, sondern er war selbst hervorragend in der Wissenschaft und ein erfahrener Kunstrichter. Auch er hat Universitäten bestätigt, z. B. Frankfurt an der Oder; was er für die Kunst gewesen, ist weltbekannt. Wer aber wie Julius II. die Universalität der Geister liebte und in Michel Angelo Buonarotti und Raffael an sich zog und zum Rom die Universalität der Kunst und Wissenschaft mit so glänzendem Erfolge anstrebte: in dem mußte sich selbst das Geheimniß des allumfassenden Geistes offenbaren, und für den konnte nichts so abstoßend sein als Engherzigkeit und exclusive Selbstgenügsamkeit. Es ist auch bekannt, wie dieser Papst überall, wo es immer möglich war, selbst handelte, und vor Allem in so wichtigen Angelegenheiten, wie die der päpstlichen Privilegiirung ist, am meisten seiner eigenen klaren Einsicht traute. Da ließ sich durch Bestechung der Referenten in Hofkanzleien nichts erreichen. Wenn nun Julius II. die Breslauer Universitäts-Sache untersuchte, mußte ihm der Kolowrat'sche Vertrag einfallen, der Schranken aufrichtete, die der Universalität des katholischen Geistes widerstreben. Die versuchte Art der Dotation konnte ihn ebenfalls nur abgeneigt machen. Ja, der Generalvicar des Bisthums Breslau in geistlichen Sachen, Joh. Heinr. Siwerz B. von Reist, behauptet in seinem Schreiben vom 15. Januar 1696 an das Königliche Oberamts-Collegium geradezu, Papst Julius II. habe die Universität nicht bestätigt, weil in dem Stiftungsbriefe des Königs Wladislaus die Bestimmung über das Collegiat-Stift zum hl. Kreuz gewesen sei. Wenn dieser umsichtige Papst nun ferner nach den Gelehrten fragte, welche die Universität eröffnen sollten: so konnte ihm auch keine befriedigende Antwort gegeben werden. Keine Gelehrte und kein Fond! Hier lag die Schwierigkeit. —

Die Universität Krakau wollte nicht recht in's Leben treten, sie hatte kein gesundes, volles Wachsen und Gedeihen, bis die hochsinnige und opferfreudige Gemahlin des Königs Wladislaus II. (Jagello), die Königin Hedwig, ihre Restauration unternahm, sie durch Hinzufügung der vom Papst Bonifacius IX. auf ihre Bitten im J. 1397 bestätigten theologischen Facultät vervollständigte und ihr den würdigen Platz anwies. Ihr Gemahl gab den Namen; er hat den Ruhm, sie vollbracht das Werk. Und als es eben der Vollendung nahe war, im Jahre 1399, schmückte der König ihr heimlichstes Gemach mit einem Reichthum von Purpur, Edelsteinen und Gold; sie aber, die in jugendlicher Schönheit blühende Königin, die eben mütterliche Freude hatte, ahnte ihren Tod. Da machte sie ihr Testament und setzte, nachdem sie die Armen reichlich bedacht, die Universität zur Erbin ihrer Kleinodien, ihrer kostbaren Kleider und ihrer Kapitalien ein. — König Wladislaus von Böhmen und Ungarn hatte zwar guten Willen gezeigt, die urkundlich gestiftete Universität Breslau zu dotiren, — aber es kam von Allem Nichts, als der goldene Anfangsbuchstabe seines Namens. Die Stadt Breslau hatte in den Hussitenkriegen ihr bestes Mark geopfert; sie war arm, erschwang kaum die Summe für Stiftungsbriefe und gewünschte Bullen und baute dann noch in der äußersten Erschöpfung — ein hölzernes Universitäts-Gebäude. Der reiche Clerus bot keinen Heller dar. Ein goldener Buchstabe und ein hölzernes Gebäude — ohne Gelehrte: wie sollte daraus eine Universität werden!

Die Berliner Universität wäre trotz jahrelanger Berathungen und erreichbarer Mittel nie zu Stande gekommen, wenn es nicht Professoren von Beruf gegeben hätte, die keine Anstrengung gescheut, um es dahin zu bringen, in Berlin Vorlesungen zu halten. In ihnen war die Universität schon da, ehe sie unter Königlicher Auctorität und mit Privilegien ausgestattet sich als sichtbare Corporation darstellte. [19]) Die Universität Breslau wäre im J. 1505 trotz aller äußeren Hindernisse in's Leben getreten, wenn die Stadt Männer, namentlich Geistliche gehabt hätte, in denen der Geist der Universitäten lebendig gewesen wäre. Und dann würden Dr. Heß und Dr. Moiban in Schlesien schwerlich berühmt sein.

III.

Die Gründung.

§ 1.

Die schöne, geschäftige Stadt.

Weder läßt sich das Jahrhundert der Entstehung der Stadt Breslau mit Gewißheit ermitteln, noch glänzt uns bei ihrem Ursprunge ein Heldenname entgegen; es steht wohl nur fest, daß die erste Ansiedelung slavisch war. Allein, wie gerne ich auch den Namen des Gründers einer stolzen Stadt in die Geschichte eingezeichnet sehe, so ist er doch zum Verständniß des späteren Aufblühens nicht immer nothwendig. Wie es sich mit den Samenkörnern verhält, die der Sämann ausstreut, oder die vom Winde hierher und dorthin geweht werden, daß das eine aufgeht und hundertfältige Frucht bringt, das andere aber irgendwie am Keimen verhindert wird: so auch mit den vielen absichtlichen oder durch Zufall (um mit der Menge zu reden) herbeigeführten Ansiedelungen der Menschen. Welche davon sich zu einer historischen Bedeutung entwickeln sollen, das hängt ab von dem Rathschlusse des Lenkers aller Geschicke, der auch den Strömen ihren Weg zum Meere gewiesen, daß sie ihn nach den Gesetzen gehen, die Er in die von Ihm geschaffene Natur beim Schöpferwert hineingelegt.

Daß aber die Stadt Breslau von der Fürsehung Wachsthum und Gedeihen empfangen hat, ist augenscheinlich. Das Verdienst ihres ersten Strebens nach wohlgeordneter städtischer Entwickelung ist ein deutsches. Ihr rasches Emporsteigen zu Reichthum und Macht geschah, nachdem sie aus dem von den Mongolen (1241) angelegten Brande neu erstanden war, auf dem lebensträftigen Grunde des deutschen, insbesondere (seit 1261 und 1295) des Magdeburger Rechts.

Kühn trat sie auf die Bühne des Welttheaters unter dem Schutze einer wahrhaft welthistorischen Person, Johannes des Täufers, mit dessen Bild in Siegelringe, im Stadtwappen — es zeigte ihn in voller Gestalt, fortschreitend, den rechten Arm mit offener Hand in die Höhe haltend, die linke Hand an die Brust legend, — sie zum ersten Male der civilisirten Welt ihre Existenz beurkundet. Aber vielseitiger deutete ihren Beruf das Wappen, das sie für ewige Zeiten von Kaiser Karl V. erhielt. Die Heraldik mag die verschiedenen Embleme desselben nach den historischen Veranlassungen und Intentionen richtig deuten: ich würde Nichts dagegen erinnern, wollte Jemand in dem aus goldenen Kronen aufsteigenden Doppelbilde Johannes des Evangelisten der ruhmvollen Stadt, die auf das Sinnbild des Löwen in manchem Heldenkampfe sich gerechte Ansprüche erworben, auch den Beruf zuerkennen, ein Königlicher Sitz erhabenster, heiliger, deutscher Wissenschaft zu sein. Denn Johannes der Evangelist, der im Geiste geschaut, daß im Anfange das Wort war, ist bekanntlich der Mann der Ideen, der wahrhaft göttlichen Gedanken, der tiefsinnigsten, himmeldurchdringenden Intelligenz.

Allein mit diesem Berufe wollte es nicht so recht gelingen. Wie schlimm es im Anfange des 16. Jahrhunderts damit aussah, haben wir gesehen. Seitdem wurden zwar die Schulen bei St. Elisabeth und Maria Magdalena zu Gymnasien ausgebildet und erhoben, und im 17ten Jahrhundert kam als eine Art von katholischem Gymnasium die Jesuitenschule hinzu. Doch es geschah auch damals lange nicht so viel, daß man gerade auf dem Gebiete der Wissenschaft die Auszeichnung und den Ruhm Breslau's suchen möchte. Das that auch die Stadt selber nicht. Wie sehr sie wußte, was sie sei, werden wir bald erfahren.

Sie war die Stadt der Privilegien, der glücklichen Industrie und des wohlbewußten Genusses.

Breslau erscheint mehr noch als die Hauptstadt Schlesiens, seit die Piasten böhmische Vasallen geworden (urkundlich und in aller Form seit 1355), wie zur Zeit ihrer Selbstständigkeit. Je mehr die Piasten verlieren, desto mehr gewinnt diese Hauptstadt, deren Einfluß auf das ganze Land sich steigert, bis sie die Landeshauptmannschaft an sich zieht und unter den Fürsten die fürstlichsten Privilegien besitzt und die fürstlichste Macht.

Seit der schlesische Herzog Heinrich IV. im Bereiche seiner Länder Breslau zum Stapelplatze für alle Waaren gemacht, hat die Stadt um dieses Recht keinen Kampf gescheut und es endlich auch den Polen gegenüber wohl behauptet. Sie wurde reich und konnte Königen und Kaisern Geschenke machen. Sie lernte des Geldes Werth für die Stellung in der Welt immer mehr schätzen und gefiel sich daher auch mehr und mehr in dem Bewußtsein, daß das Centrum, gegen welches sie gravitire, die Industrie sei; eine Handelsstadt zu sein, wurde ihr Ruhm. Der Bürger fing an, die hohen Würden und Behörden wie die Stätten wissenschaftlicher Anregung als Schutz und Schmuck und Mittel erhöhten Genusses zu betrachten: das Ziel von Allem war ihm aber das Gedeihen des Handels und des Gewerbes. Das Ansehen der reichen, hochprivilegirten Stadt leuchtete über das ganze Schlesierland hin.

Wenn gegen Ende des 17ten oder im Anfange des 18ten Jahrhunderts ein geborener Schlesier Breslau anschaute, gerieth er in Entzücken. Er vermißte Nichts mehr, „was eine Stadt vollkommen macht"; was da hochansehnlich sein kann, das sah er „blühen innerhalb ihrer Mauern"; was Ruhm verleiht und über das Gewöhnliche erhebt, erblickte er, indem die Herrlichkeit der Stadt „über die Maßen viele geistliche und weltliche Körperschaften und Collegien erhöhten". [1]

Auch darin sah man vermehrten Glanz, daß der Pfalzgraf bei Rhein, Herzog in Bayern, Jülich, Cleve und Berg ꝛc., Administrator des Hochmeisterthums in Preußen, Meister des deutschen Ordens in deutschen und wälschen Landen, Propst zu Ellwangen, postulirter Bischof von Worms, Bischof zu Breslau, Franz Ludwig, Oberster Hauptmann des Herzogthums Ober- und Nieder-Schlesien war, und Erblandesherr Leopold I., römischer Kaiser.

Nie zuvor war in der Stadt sowohl für den Privatverkehr, wie für den öffentlichen, so große Sicherheit gewesen. Der Rath bewachte die Stadt mit Macht und Treue. Seine Polizei war „schön, wohleingerichtet und weltberühmt". [2] Die ausgelassensten Volksfeste hatten keine Ruhestörungen im Gefolge; „bei Tag und bei Nacht konnte man das Seinige ohne Gefahr auf den Wägen . . . . . und an allen Orten und Enden sicher tragen und liegen lassen". [3] Die Kaufleute waren der Ueberzeugung, daß ein so bequemer Stapelplatz, wie Breslau, in Deutschland nicht leicht mehr zu finden sei; seine Lage an dem Oderstrom erleichtere die Communication mit vielen anderen Ländern, und überdies sei es umgeben von den Königreichen Ungarn, Polen, Mähren und Böhmen. So könne es seine „herrlichen Waaren und Manufakturen an Leinwand, Garn, Wolle, Tuchen, Leder, Röthe und dergleichen" anderen Ländern vortheilhaft mittheilen und dadurch das Geld in's Land ziehen.

Kam man auf den großen Ring zu der Wage, so gewann man bald eine Vorstellung von der Bedeutung der Niederlage. Denn dort lag zu jeder Zeit bei Tag und bei Nacht „eine große Menge Kaufmannswaaren von fremden und von einheimischen Kaufleuten, bis sie zum Verkauf kamen, als da sind: Heringe, Glätte, Blei, Unschlitt, Steinsalz, Alaun, Kupferwasser, Schwefel, Pflaumen." Diese Waaren befanden sich theils auf Wagen, theils in Fässern. Dazu kamen nun noch viele Güter, welche nur eine Nacht oder ein paar Tage dort blieben. Es traf sich nämlich häufig, daß gerade bei Schließung der Stadtthore eine nicht unbedeutende Anzahl von Frachtwagen aus Hamburg, Danzig, Leipzig, Prag und aus Polen eintraf. Um diese Zeit war aber auch die Wage geschlossen, so daß die ankommenden nicht mehr umgeladen werden konnten. Sie wurden also auf den Wagen gelassen bis zum andern Morgen. Ebenso fand man fast jeden Abend eine Menge Güter, die zur Versendung bestimmt waren, von einheimischen Kaufleuten. Konnte man sie nämlich nicht an Einem Tage alle aufladen, dann blieb der Rest während der Nacht ohne Gefahr bei der Wage. Polnische Edelleute hielten sich mit ihrer Wolle in der Regel etliche Tage bis zum Verkauf derselben gleichfalls bei der Niederlage.

Mit der Kaufmannschaft standen in engster Verbindung der Existenz und des Interesses nicht weniger als 62 Zünfte und Zechen, deren Gewerb- und Kunstfleiß den Kaufleuten eine Menge werthvoller Gegenstände für ihren Handel darbot. Insbesondere rühmen die Kaufleute selbst unter den Manufakturen: „Tuch, Ballen, Büchen, Parchen, Gezeugenes, allerhand Zeuge, gefärbte Leinwandten, und viel kurze Wahren, von allerhand Sorten gemacht", womit sie dann Handel trieben „nach Holland, England, Italien, Spanien, Portugall, Pohlen, Reußen, Preussen, Moscovien, Littauen, und ins ganze Römische Reich." Die Zünfte und Zechen setzten tausende fleißige Hände in Bewegung, und wenn sie festlich aufzogen, war es recht ansehnlich. Schon allein das Mittel der Parchner zählte an Meistern, Gesellen und Lehrjungen über 1000 Personen, „zu geschweigen der armen Leuthe", fährt die Bittschrift der Zünfte an den Rath fort, „so mit Spuhlen, Spinnen und anderer Handreichung an der Hand stehen, und auf eine große Unzahl sich belauffen". Sie hatten alle ihre bestimmten Herbergen, wo sie gewöhnlich zusammenkamen, und „zu Zeiten eine zuläßliche Ergötzlichkeit zu haben pflegten". Sie hielten aber ihre Zech-Tage an Sonn- und Montagen.

Einen eigenthümlichen Anblick boten die Reussen dar, die keine Einkehr in's Wirthshaus zur Nachtherberge kannten. Sie lagerten im Viertel der Kaufleute auf dem Salzringe Tag und Nacht mit ihrem Vieh bei ihren Waaren, „Rauchwerg, Juchten und andern, so Sie auß Moscau brachten". Dort konnten sie ruhig schlafen, denn „bei der in stetem Flor erhaltenen Löbl. Policey" erfreute sich die Stadt einer „herrlichen Sicherheit".

Viel Leben brachten „die zwey großen Wollenscharen". Es fand nämlich zwei Mal des Jahres in Breslau großer Wollmarkt statt. Dann wurde die Wolle „fast des ganzen Landes" in die Stadt zum Verkauf gebracht und mehrere Tage hindurch feilgeboten. Die Aufsicht führten die Schäfer, die auch des Nachts bei der Wolle blieben. Das ging aber so still mit her. Sie tranken viel und waren bald betrunken; dann schrieen sie in toller Lust, musicirten und ließen musiciren. Die Stadt duldete das Alles großmüthig und ließ sie jauchzen und der Freiheit genießen. *) Denn die Stadt wollte auch in dieser Nachsicht sich erweisen als eine „rechte Mutter des Landes", wie die Zünfte sie nannten im Einverständnisse mit den Rathmannen.

Der Reichthum der Stadt war groß; sie schien eine unerschöpfliche Steuerkraft zu besitzen. Vielleicht hat mit Rücksicht hierauf Kaiser Leopold sie „das Kleinod seiner Städte", oder „den edelsten Stein in seiner Krone" genannt. Dieses schmeichelhafte Wort vergalten die Breslauer aber auch dem Kaiser. Sie sahen ihn nicht bloß von Gott „erhöht über alle Häupter des Erdbodens", sondern auch „mit noch größeren Tugenden der ganzen Welt zum Wunder und allen Potentaten zum Exempel begabet", und hatten nur überschwengliche Wünsche für ihn. Sie verlangten unter seinem „mächtigsten Schutz" und unter seinen „Gnaden-Flügeln" geborgen zu sein. †) Verschiedene Schriftsteller aus jener Zeit setzen Breslau in die Zahl der „schönsten Städte Deutschlands", und ihres Lobes ist kein Ende.

Aber während das Wohl dieser schönen, fürstlichen, reichen, geschäftigen, lustigen Stadt auf so sicheren Fundamenten zu ruhen schien, ein Reichsfriede in Aussicht stand, der noch größere Wohlfahrt verhieß, und die Luft schon lauter wurde — es war im Frühling des J. 1695: da durchzuckte, wie ein unvermutheter Blitz, eine Schreckensbotschaft alle Gemüther — und „die ganze Bürgerschaft, Zünfte und Zechen fingen an die Köpfe zu hängen und den vor Augen schwebenden Jammer und das Elend zu beweinen". *) Was war denn geschehen? Es ging die allgemeine Rede durch die Stadt, daß der Jesuit P. Wolff von dem Kaiser die Gründung einer Universität in Breslau erbeten habe. Daß aber in Folge einer solchen Gründung die wundervolle Stadt unter Mord und Raub und Flucht und Elend gänzlich ruinirt und dem raschen tragischen Untergange zugeführt werde, davon war der Rath, wie die Kaufmannschaft, und die Gesammtheit der Zünfte und Zechen auf das Vollkommenste überzeugt. Daher die ängstliche Bewewegung und das allgemeine Entsetzen bei jener Schreckensbotschaft.

§ 2.
Der Grund des Schreckens.

Warum die Nachricht, daß der Jesuit Wolff bei dem Kaiser Leopold die Gründung einer Universität beantragt, die stolze, sonst so kühne Stadt in Schrecken gesetzt und mit Angst vor dem Aeußersten erfüllt habe, — eine Thatsache, die in der Geschichte der Entstehung der Universitäten einzig dastehen dürfte, — das muß man tiefer ergründen.

Der Grund ist zuerst zu suchen in dem Begriffe, welchen die Breslauer von der Mission und der Absicht der Jesuiten in Schlesien und insbesondere in ihrer Stadt hatten. Dieser Begriff läßt sich nur historisch finden und verstehen.

Geführt von Heß und Meiban hatte der Rath und die Bürgerschaft von Breslau bald nach dem Beginn der deutschen Kirchenspaltung die lutherische Lehre für das Wünschenswertheste der Güter gehalten und sich das freie Bekenntniß derselbe unter Lossagung von der katholischen Kirche theuer erkauft, ja es sogar über sich gewonnen, um seinetwillen sich mit freventlicher Gewalt an der Freiheit und dem Eigenthum des katholischen Clerus und mit Verübung von Vandalismus an Denkmälern der Kunst zu beflecken.

Ein so schwer errungenes Gut war ihnen nun wie der Schatz, den sie hüten sollten, wenn auch sonst Alles verloren ginge. Und solchen Schatz ihnen zu zerstören, waren die Jesuiten gesandt, und das betrachteten diese eifrigen Väter auch als ihre Aufgabe, freilich nicht aus Lust am Zerstören, sondern in der Ueberzeugung, Verirrte auf den Weg der Wahrheit zurückzuführen; aber das war eben ihr Standpunkt, von dem aus die Breslauer die Sache nicht in's Auge fassen konnten.

Der einheimische Clerus hatte sich gegen den Protestantismus machtlos erwiesen, wo es sich um den Kampf mit den Waffen des Geistes handelte; während Luther's Lehre die Hauptstadt des Landes eroberte und mit ihr die bedeutendsten Städte Schlesiens, faßen nur geborne Schlesier auf dem bischöflichen Stuhle von Breslau. Die rechte Reaktion konnte allein von Ausländern kommen. Der Bischof Martin Gerstmann suchte zwar ernstlich dem Protestantismus Einhalt zu thuen, aber hauptsächlich durch Ermahnungen und Einschärfung von Gesetzen, wodurch er den Breslauern nicht gefährlich werden konnte. Doch ahnte er auch die Macht der Wissenschaft, und sah es daher gerne, daß ein Ausländer, der für seine Zeit gelehrte Schwabe Dr. Andreas Gerin, auf der Dominsel von freien Stücken den jungen Geistlichen Vorträge über die Lehrgegensätze hielt. Aber damals erhob sich gerade die Societät der Jesuiten am erfolgreichsten auf dem Gebiete der Wissenschaft gegen die Protestanten. Seit dem Jahre 1562 machte dieselbe Versuche, in Breslau, wenigstens beim Dome festen Fuß zu fassen. Darin hatten die Mitglieder der Societät Rom's Beifall. Denn die päpstlichen Legaten hatten die Ueberzeugung gewonnen, daß in Schlesien der Katholicismus durch die einheimische Geistlichkeit sich nicht mehr werde erheben können. In diesem Lande sei eine Rettung der Kirche allein möglich durch das Ansehen des römischen Kaisers und — durch ein Jesuiten-Collegium in Breslau. Dies war das Resultat der Unterredung zweier päpstlicher Legaten, des Cardinals Madruzzi, Bischofs von Trient, und des Johann Franz, Bischofs von Vercelli, welche stattfand im Jahre 1582. Nun hatte der Bischof Martin von Breslau sich schon um das Jahr 1580 von dem Provincial der Jesuiten zu Prag zwei Väter erbeten, welche auch in demselben Jahre noch kamen und seit dem 12. Februar des J. 1581 im Dome eine Art Missionsthätigkeit eröffneten. Sie hießen Matthäus Krabler und Stephan Corvinus. Der Erfolg war groß.

Sie schrieben denn die beiden Legaten, die Bischöfe von Trient und Vercelli, nach jener Unterredung beide sowohl an den Bischof als an das Domcapitel gegen Ende des Monats Juli 1582 in diesem Sinne: sie hätten miteinander eine Unterredung gehabt „über den traurigen Zustand der katholischen Religion in Schlesien", und es am rathsamsten gefunden, einerseits die Verwegenheit der Irrlehrer durch das Ansehen des Kaisers niederzuschlagen; aber zur eigentlichen Ausrottung der Häresie scheine man nichts Wirksameres thuen zu können, als ein Collegium Soc. Jes. errichten. Der Beweis hierfür liege in dem vielen Guten, welches die erst kurze Zeit in Breslau anwesenden zwei Jesuiten gestiftet hätten. Der Bischof und das Domcapitel möchten nur einmüthig sein: für die Hülfe des Papstes und des Kaisers würde Madruzzi sorgen. Das Domcapitel antwortete am 12. und der Bischof am 13. September 1582 im Einverständnisse und zustimmend an Madruzzi, und zu der Gründung des Collegiums schlugen sie das Kloster der Dominicaner zu St. Adalbert vor.

Aber diese Correspondenz kam abschriftlich in die Hände des Magistrats und zur Kenntniß der Fürsten und Stände Schlesiens. *) Sie wußten also ganz authentisch, was ein Collegium der Jesuiten in Breslau sollte: nämlich die Häresie ausrotten, den Protestantismus vernichten. Daher allein begreift sich die nun beginnende und anderthalb Jahrhunderte sich mit aller Zähigkeit und Energie erhaltende systematische Opposition der Stadt gegen die Societät, welche sich den ganzen Zeitraum hindurch keinen Fuß materiellen Besitz, keinen verwitternden Stein und keinen faulenden Balken ohne heißen Kampf zum Eigenthum erringen konnte.

Schon im Oktober desselben Jahres schrieb der Ausschuß der Fürsten und Stände Schlesiens an den Kaiser ihm voraus protestirend, ein Collegium der Jesuiten in Breslau würde wider des Landes Privilegien sein und Ruhe und Frieden stören. Und während Bischof Martin noch mit dem Erzbischof von Gnesen sich berieth und mit dem Provincial der Dominicaner Verhandlungen pflog, hatte auch schon der Bischof von Vercelli an den Kaiser geschrieben. Das nahm nun Kaiser Rudolph in einem Schreiben vom 2. November 1582 an den Bischof von Breslau ungnädig, daß er ohne sein Vorwissen die Errichtung eines Jesuiten-Collegiums betreibe; Martin entschuldigte sich zwar damit, daß er dem Kaiser hätte Nachricht geben wollen, sobald ein Uebereinkommen mit dem Provincial der Dominicaner würde stattgefunden haben; allein die Sache war nun dem Kaiser von vornherein verdrießlich. Die Stütze der Opposition unter den Fürsten war Herzog Georg zu Liegnitz und Brieg mit seinen Brüdern, der, wie seine Correspondenz erweist, mit mächtigen Adligen und dem Rath zu Breslau hierin Hand in Hand ging.

Mit dem 5. Juni des Jahres 1591 beginnt die lange Reihe der Klagen der Rathmanne gegen den Bekehrungseifer der Jesuiten. Sie suchen diesmal Schutz bei dem Bischof Andreas Gerin, der ihnen am 10. Juli desselben Jahres eine Beantwortung ihrer Klageschrift durch die beiden Jesuiten Bartholomäus Wolfgagius und Heinrich Vivarius zuschickte. Der Rath berichtete noch einmal. Die Stadt gerieth in Aufregung. Im J. 1595 endigte die erste Mission der Jesuiten in Breslau. Am 13. März 1596 sandten die schlesischen Fürsten und Stände eine Beschwerdeschrift voll Bitterkeit gegen die Jesuiten in Schlesien überhaupt an den Kaiser.

Die zweite Mission zu Breslau nahm ihren Anfang am 20. Februar 1638. Die Klagen beginnen wieder mit dem 1. Januar 1639. Reibungen zwischen den Schülern der Jesuiten und den Schülern der beiden protestantischen Gymnasien kamen vor, und der Moderator der Schule bei St. Maria-Magdalena, Heinrich Klese, tritt mehrere Jahre hindurch als ein gereizter und nicht immer billiger Ankläger der Jesuiten auf. Der Kaiser Ferdinand dachte nun aber ernstlich an die Gründung eines Collegiums in Breslau. Und im J. 1644 gelangte auch wirklich ein Kaiserliches Rescript an das Oberamt zu Breslau, worin befohlen wurde, den Jesuiten das Zerotinische (früher Würbensche) Haus zur Errichtung ihres Collegiums zu übergeben, und ein anderes an den Magistrat mit dem Befehle, er solle die Jesuiten, ihre Fundation, ihr Collegium und ihre Kirche sammt ihren Angehörigen in den städtischen Schutz nehmen. Diese Decrete waren datirt vom 18. Juni. Die Stadt war betroffen; der Rath richtete eine Gesandtschaft an den Kaiser, deren Hauptperson der Syndicus von Pein war. Aus der Correspondenz dieser Gesandtschaft, welche am 10. August 1644 dem Rath ihre Ankunft in Wien meldete, und die im Herbste dem Hofe nach Linz folgte, entnehmen wir Folgendes. Die Gründung eines Jesuiten-Collegiums zu Breslau war und blieb beschlossen; nur der Platz, die besondere Lage schien noch fraglich werden zu können. Diejenigen unter den Referenten der Hofkanzlei, welche der Rath sich zu Patronen erwählt, sprachen den Abgesandten bald von dem Dorotheern-Kloster, bald von der Commende Corporis Christi, bald von dem Zerotinischen und endlich von dem Schönaichischen Hause. Darüber geriethen diese in Aufregung, weil die genannten Orte alle innerhalb der Ringmauern waren, und sie versprachen den Referenten bei guter Unterstützung ein Geschenk von 500 Ducaten, welche schließlich auch auf die alte Burg in der Nähe des Doms kamen; freilich sei es nothwendig, daß aus Dankbarkeit für einen so gnädigen Entschluß dem Kaiser dann „ein erträgliches Stück Geld bewilligt werde." Den Breslauer Herren wurde unter so kritischen Umständen der Handel wegen der Jesuiten so unangenehm, daß sie an den Rath schrieben, sie wünschten, „daß der Orden nicht allein aus der Stadt, sondern auch aus dem Lande und aus der Welt zu bringen wäre. Wenn jedoch Gott nicht ein besonderes Wunder thäte, würde derselbe nicht einmal aus der Stadt zu schaffen sein." Und sie hatten Recht. Auch der Schutz des Churfürsten von Sachsen gab für die Zukunft keine Sicherheit.

Allerdings faßte die Hofkanzlei am 23. November 1644 einen der Stadt günstigen Beschluß, und am 10. Januar 1645 erging das Decret Kaiser Ferdinand's, „wegen Fundation eines Jesuiten-Collegii auf'm Sande", der sogenannte Linzer Receß, welcher zugleich für die Zukunft eine Basis der Rechtsverhältnisse zwischen der Stadt und dem Jesuiten-Collegium sein sollte.

Es war den Jesuiten gewiß nicht unlieb, daß das von dem Rathe angebotene Stadtgut auf der Sandinsel für ihr Collegium zu klein war, und eine Vergrößerung in den Besitz des Sandstiftes hätte eingreifen müssen, wogegen der Prälat Scherer mit Erfolg protestirte; denn der Plan der Jesuiten forderte es, daß sie innerhalb der Ringmauern seien. Nach den mannigfachsten Versuchen in Bezug auf die Klöster der Minoriten, der Dominicaner, bei St. Vincenz, und selbst auf die zur Zeit in den Händen der Protestanten befindlichen Kirchen zu St. Elisabeth und St. Magdalena, gelang es ihnen endlich an der rechten Stelle Fuß zu fassen.

Weder die tumultuarische Aufregung der Breslauer noch die Einbrüche des Rathes und selbst eines Theiles der katholischen Geistlichkeit konnten den Kaiser Leopold I. von seinem Entschlusse, den er in einem zweifachen Rescripte, vom 26. September 1659, an das Ober-Amt und an die Königliche Kammer, kund machte, abhalten. Die Kammer sollte gleich nach dem Schlusse des Fürstentages die von Sigismund erbaute und von Ferdinand I. erweiterte Kaiserliche Burg in Breslau räumen, damit die Väter der Gesellschaft Jesu in dieselbe eingeführt würden, was jedoch unter Fürsorge des Ober-Amts ohne jede Feierlichkeit und unbemerkt geschehen sollte. Die Einführung geschah also den 12. October desselben Jahres, Abends zwischen der 9. und 10. Stunde.

Als die Bürgerschaft merkte, daß die Jesuiten die Burg inne hätten und also nun wirklich in die Stadt recipirt seien, erhob sie lautes Klagen und Murren, und es mußte eine beschwichtigende Erklärung des Kaisers bekannt gemacht werden, die Aufnahme der Väter sei nur interimistisch, sie seien nur Gäste in der Burg, bis sie ein definitives Unterkommen hätten. Es war ihnen daher auch befohlen, nichts Wesentliches an dem Gebäude zu ändern.

Beinahe 11 Jahre dauerte diese Gastfreundschaft, und die Gäste „hielten sich", nach dem Zeugnisse des Magistrats, das derselbe in der ungünstigsten Stimmung abgab,[1]) „ruhig", obgleich sie ein großes Haus hatten. Denn während des ersten Schuljahres in der Burg zählten sie schon 402 Schüler, und zwar außer Schlesiern auch Polen, Böhmen, Mähren, Ungarn, Preußen, Sachsen, Oesterreicher, Italiener, Wallachen und Tartaren.[2]) Nach solcher Probe ihres friedlichen Waltens und Wirkens faßte der Kaiser einen hochherzigen Entschluß, und ließ der Societät am 14. Juni 1670 eine Schenkungsurkunde ausfertigen, wodurch die Kaiserliche Burg ihr Eigenthum wurde. Die Uebergabe erfolgte unter großen Feierlichkeiten durch den Kaiserlichen Kammerpräsidenten Christoph Leopold Grafen von Schaffgotsch am 29. April 1671. In der Stadt sprach man von Verletzung des Linzer Recesses; allein der Kaiser bestätigte diesen nochmals zur Beruhigung; nur gab er eine Deklaration dazu, daß es nämlich in Kaiser Ferdinand's Intention nicht könne gelegen haben, dem Kaiser selbst in Bezug auf die Verfügung über seine eigene Burg die Hände zu binden.

Die Jesuiten hatten den 15. November als Stiftungstag ihrer erweiterten Schule, in der schon Alles auf eine Universität hinzielte, gleich anfangs angesetzt, um sich dem Schutze des heil. Leopold und des Kaisers zugleich zu empfehlen. Der frühere Huldigungssaal der Burg war zur Kapelle geworden, sollte aber bald in eine Aula sich verwandeln; denn am 16. Juni 1689 legte ihnen der hohe fürstliche Herr, der Bischof Franz Ludwig, den Grundstein zu einer „kostbaren Kirche", die 9 Jahre später vollendet und am 30. Juli 1698 eingeweiht wurde.

Ihr stilles Wirken schloß aber den Glanz, ja selbst eine gewisse Ostentation, welche die Klugheit zu gebieten schien, nicht aus. Der Einfluß wuchs zusehends; beim Beginn des letzten Viertels des 17ten Jahrhunderts überstieg die Zahl ihrer Schüler schon 700. Die Stadt mochte es sich selbst nicht recht gestehen, daß unter diesen auch mancher Protestant war, daß es an Uebertritten nicht fehlte und daß dieses Bollwerk des Katholicismus immer fester wurde; auch mochte sie wohl darüber nicht gerne nachdenken, daß in der Kaiserlichen Burg über das Gymnasium hinaus schon zwei Facultäten für eine künftige Universität nach Art der Jesuiten-Universitäten eingerichtet waren, denen nichts abging als die Privilegien. Da trat — im J. 1687 zum ersten Male — ein Mann an die Spitze des Collegiums, der, obwohl nicht auf seinem Throne sitzend, zu den wenigen Mächtigen der Erde gehörte, Friedrich Wolff. Was dieser Mann thuen wollte, das pflegte er auch zu thuen. Im J. 1694 wurde er zum zweiten Male Rektor, und im Anfange des J. 1695 wurde die Stadt erschüttert von der Kunde, Wolff wolle eine Universität gründen, d. h. die katholische Lehranstalt in Breslau auf dem Gebiete des Geistes zu einer Festung ersten Ranges machen. Mit dem Uebergewichte der Intelligenz schien der Sieg des Katholicismus gewiß und der Untergang des Protestantismus eine Nothwendigkeit. Die Angst ließ die Gefahr größer erscheinen, als sie war; aber die Furcht, wieder katholisch werden zu müssen, war die Seele des Schreckens, den die Kunde von der bevorstehenden Gründung einer Universität in Breslau verbreitete.

Der zweite Grund des Schreckens lag aber in dem Begriffe, den die Breslauer von den Studenten hatten. Sie dachten sich unter den Studenten großentheils arme Leute, die sich ihren Unterhalt von Thüre zu Thüre holen, oder Abends auf den Straßen ersingen; die auch, von gewissen Privilegien unterstützt, allerlei Unterschleif mit Viktualien treiben. Aber das wäre wohl noch das Geringste. Studenten sind stets bewaffnete insolente Gäste, unruhige, unbändige, importune, wüste und wilde Menschen. Sie machen Schulden und geben statt der Bezahlung Stöße; der Stapelplatz ist nicht sicher vor ihnen, denn dort werden sie „nach ihrem Belieben ruiniren, zerschlagen oder wegnehmen", also rauben. In den Häusern zertrümmern sie Oefen, Tische und Bänke, die Fenster werfen sie aus und die Häuser plündern sie aus. Eine gewisse angeborne Verachtung haben sie gegen die Kaufmannslehrlinge und Handwerksbursche; den Kaufleuten bieten sie steten Krieg an, und am liebsten suchen sie Streit mit den Handwerksburschen, mit gemeinem Volk und mit den „tollen und vollen Schäfern." Studenten sind Tumultuanten, die sich zusammenrotten, Gesindel an sich ziehen, dann mit der Garnison sich Tag und Nacht herumbalgen und raufen, so daß Erbitterung erfolgt, Aufstand und Mord und Todtschlag. Sie werden tausenderlei unbeschreibliche Insolentien verüben, Unglück stiften und in dem beständigen innern Kriege ein großes Blutbad anrichten. Als König Matthias im J. 1474 mit seinen Ungarn in Breslau hauste, war es schlimm; Wirthe wurden getödtet und die Wächter auf den Gassen erschlagen; was zu Markte gebracht wurde, nahmen die räuberischen Horden hinweg, indeß der König und seine Großen die Jungfrauen und Frauen der Stadt mit Schande und Beschämung überhäuften, und als die Rathmanne Sr. Majestät Vorstellungen darüber machten, „mußten sie von ihm und seinen Räthen Verspottungen und schmähliche Worte hören;"[1]) aber diese Plage war vorübergehend. Und hätten die Breslauer an eine Wiederkehr jener Schreckenszeit gedacht, sie würden nicht so in Furcht gerathen sein wie bei dem Gedanken an das Kommen der Studenten, welche bleibend eine von eigener Kaiserlicher Jurisdiktion umwallete und unangreifbare Burg inmitten ihrer friedlichen Häuser beziehen sollten, um von dort aus „die Bürgerschaft bei Tag und Nacht zu kränken, zu überfallen und zu verfolgen." Da war denn der „gänzliche Untergang unfehlbar und gewiß, der Totalruin der lieben Stadt" Breslau.

Ich will nun gerne glauben, daß diese Vorstellungen von Studenten auf eine fieberhaft erregte Phantasie hinweisen, und daß der tiefere Grund aller Furcht vor der Jesuiten-Universität die Sorge um das religiöse Bekenntniß war; allein da die Breslauer hierauf beim Kaiser nicht das Hauptgewicht zu legen wagten, so wandten sie alle Kraft dem Argumente von der Unverträglichkeit der Studenten mit einer kaufmännischen und gewerbfleißigen Bürgerschaft zu, malten mit den grellsten Farben, entsetzten sich selbst vor dem entworfenen Bilde, und hielten schließlich für Wirklichkeit, was nur Produkt ihrer geängstigten Einbildungskraft war.

Dieses will ich sagen: der Rath und die Bürgerschaft der Stadt Breslau ließen sich nicht von Leidenschaft hinreißen, die Universitäten durch ihre Schilderung der Studenten zu beschimpfen, auch waren es nicht kaltberechnete diplomatische Lügen und Verleumdungen, die sie vorbrachten: sondern sie glaubten an ihr Phantom in Bestürzung, mit Entsetzen.[9]

§ 3.
Die übereilte Immediat-Eingabe und die nachträgliche Petition.

Es war nun die Rede in der Stadt allgemein, die Jesuiten hätten nicht blos ihr Gesuch Allerhöchsten Orts schon angebracht, sondern der Kaiser habe auch bereits auf ihr eindringliches Bitten die Entschließung, eine Universität zu gründen, gefaßt. Das Videant Consules! erscholl von allen Seiten, und der Rath trat zur bewegten Berathung zusammen. Und er handelte rasch, da Gefahr im Verzuge schien. Schon am 2. März 1695 unterzeichneten die Rathmanne eine Immediat-Eingabe an den Kaiser. Sie setzen darin voraus, daß, wenn das Gerücht begründet sei, Se. Majestät die Hindernisse und wichtigen Bedenken, welche bei einem so folgenschweren Werke in die Wagschale fallen müßten, wohl schwerlich vorgestellt worden wären. Diese Vorstellung wollen sie „in allertiefster Demuth" aus Amts- und Gewissenspflicht wagen. Der gute Wohlstand der Stadt müsse ihnen am Herzen liegen. Sie betheuern aber dem Kaiser bei ihren Eidespflichten, wodurch sie ihm verbunden seien, daß ein so weitaussehendes Werk, wie die Gründung einer Universität, in der ganzen Stadt „eine unbeschreibliche Furcht, Perplexität und Kleinmüthigkeit erwecken", und daß „die sämmtliche Bürgerschaft die Hände sinken lassen würde." Die wichtigen Bedenken wurden auf zwölf Folioseiten vorgetragen, unterzeichnet und dem Kaiser eingesandt.

Aber daß der Jesuit Wolff bei Hofe die Stiftung einer Universität zu Breslau beantragt und erbeten habe, das war nun gar nicht wahr, und so kam das Schreiben des Breslauer Raths nicht zur guten Stunde an. Einmal machte das amtliche Handeln auf bloße Vermuthung hin leicht einen höchst unangenehmen Eindruck; dann mußte die Aufregung, welche aus der Denkschrift sprach, dem ruhigen Leser unmotivirt erscheinen und ihn äußerst befremden. Der Kaiser konnte überdies ungnädig werden, daß man ihm unüberlegtes Handeln in einer so wichtigen Angelegenheit zumuthete. Die nachtheiligste Folge des übereilten Schrittes war aber diese, daß Wolff, der in der That auf die Gründung einer Universität sann, bei seinen vertraulichen Beziehungen zum Hofe leicht Kenntniß von dem zu frühen Proteste des Rathes erlangen und in seiner wirklichen Petition dessen Gründe dann im Voraus entkräften konnte. Und so ist es ohne Zweifel auch gekommen.

Ueber zwei Monate prüfte und erwog Wolff noch die Sache, und dann überreichte er dem Kaiser seine Petition, worin er die Gegengründe des Breslauer Raths, natürlich ohne zu sagen, daß er dessen verfrühte Beschwerdeschrift kenne, von seinem Standpunkte aus widerlegt und die positiven Motive für die Gründung einer Universität in Breslau vorträgt. Diese Petition wurde am 11. Mai 1695 präsentirt.[10]

§ 4.
Gegenstand der Petition.

Als die Jesuiten in der Kaiserlichen Burg am 4. November 1659 ihre Schulen eröffneten, waren 21 Jahre seit dem unscheinbaren Anfange ihrer Lehrthätigkeit in Breslau verflossen, „und bereits war nicht nur ein nach dem Sinne jener Zeit vollständiges Gymnasium eingerichtet, sondern das Ganze war von Anfang an, oder doch sobald es anging, schon zu einer Universität eingeleitet." In dem ersten Studienjahr in der Burg finden wir 117 Schüler höhern Studien obliegend, und zwar der Logik, Physik, Mataphysik und Moraltheologie. In dem J. 1701—1702, welches der Stiftung und Eröffnung der Universität unmittelbar vorherging, hatte das Collegium nicht weniger als 896 Schüler, von welchen 523 dem niedern und 373 dem höhern Unterrichte zugewiesen waren.¹⁶) Es hat aber auch Wolff in seiner Petition vom J. 1695 genau gesagt, was das Collegium hatte, und was es nicht hatte. Es hatte Professoren der freien Künste, der theoretischen und praktischen Philosophie, der speculativen und der Moral-Theologie, welche die beiden Facultäten der Philosophie und der Theologie nach damaligem Begriffe und insbesondere nach der Auffassung der Jesuiten bildeten. Und viertehalbhundert Studenten für zwei Facultäten war auch schon eine ansehnliche Zahl. Es fehlte ferner nicht an öffentlichen solennen Akten. Thesen wurden gedruckt, und darüber „nicht ohne Solemnität auf die acabemische Art disputirt." Was fehlte denn noch zu zwei wirklichen Universitäts-Facultäten? „Schier nichts", sagt Wolff, „als die ad gradus competentes Promotionen, mit welchen der Fleiß verehret und aufgemuntert, wie auch die besondere Application zum Studiren gekrönt werde."

Der Rektor des Breslauer Collegiums der Jesuiten bezeugt also feierlich, daß das Collegium zwar lehre und disputiren lasse nach Art der philosophischen und theologischen Universitäts-Facultäten, aber der eigentlichen Universitäts-Privilegien, insbesondere auch des Rechtes, „competente Promotionen" zu vollziehen, gänzlich ermangele.¹⁷)

Also sollte der Kaiser vor Allem diese beiden sowohl hinsichtlich der Lehrkräfte als auch der Schüler vorhandenen Facultäten mit dem Promotionsrechte und mit allen übrigen Universitäts-Privilegien ausstatten, dann aber auch eine juridische und medicinische Facultät, ebenso privilegiirt, errichten, und so eine vollständige Universität gründen. Er möge, heißt es, die also neu gegründete Universität „mit allen aller in orbe christiano vornehmen Universitäten Privilegien pariformiter allergnädigst begaben."

Was Gebäude und Dotirung anbelangt, so besaßen die Jesuiten bereits die Kaiserliche Burg, deren Huldigungssaal, sobald die eben im Bau begriffene und schon weit vorgerückte große Kirche fertig sein würde, zur Aula werden sollte. Auf Erweiterung und künftige Erbauung eines vollkommen genügenden und entsprechenden Universitätsgebäudes konnte man auch mit gegründeter Hoffnung Bedacht nehmen. Aus der Kaiserlichen Kammer-Kasse erhielten die Jesuiten schon vor dem J. 1659 jährlich 3000 Gulden, die zwar damals wegen des Krieges oft ausgeblieben waren, aber ihnen doch als fortlaufende Unterstützung zuerkannt waren. Dazu war durch eine Stiftung des Grafen Thun bei der Kaiserlichen Kammer ein Kapital von 100,000 Gulden niedergelegt, welches dem Collegium jährlich 2160 Gulden Zinsen eintrug.¹⁸) Kaiser Ferdinand III. wollte ihnen unter Zustimmung des Papstes Urban VIII. „die in dem Strehlischen gelegenen, vormals den Klosterfrauen der heil. Clara zugehörigen geistlichen Güter überweisen, deren Nutznießung aber der Herzog von Brieg meist verhinderte. Daher nahm Kaiser Leopold I. das Eigenthumsrecht der Strehlischen Güter an sich und schenkte ihnen dafür die leichter zugänglichen Nimkauischen." Außerdem hatte ihnen derselbe „eine namhafte Summe", die ihnen durch Vermächtniß von Seiten des Breslauer Fürstbischofs Karl „aus den Oppelnschen und Ratiborschen Relutions-Traktaten" testamentarisch zustand, gesichert.¹⁹) Dazu kam das besonders dotirte Convikt. Da das Archiv der Leopoldina leider verloren ist, so find wir für jetzt nicht im Stande, nähere Angaben über den Besitzstand des Collegiums vor der Gründung der Universität zu geben. Er ist wohl jedenfalls größer gewesen, als wir ihn vorhin bezeichnet, jedoch nicht ausreichend für die volle Fundation der Universität.

Daher mußten zur Vervollständigung der Dotation von Wolff ebenfalls Vorschläge gemacht, respektive Anträge gestellt werden. Hierin zeigte er schon seine große Klugheit und Umsicht. Er wußte, daß in Schlesien mancher mächtige Herzog sich in Elend gestürzt und von seiner Macht eingebüßt, weil er seinem Verlangen nach geistlichen Gütern nachgegeben; er war auch ohne Zweifel der Ansicht, daß die Errichtung der Universität unter dem Könige Wladislaus nicht zu Stande gekommen, weil die Dotation auf geistlichem Boden gesucht worden war: daher rieth er entschieden dem Kaiser, der schlesischen Geistlichkeit nicht abermals die Zumuthung zu machen, für die höhere Wissenschaft von ihrem Reichthume Opfer zu bringen. Es sei zwar noch unter Ferdinand III. geschehen, daß ihrem Collegium auch erledigte geistliche Güter überwiesen worden, die ja Kaiser Leopold I. ihnen erst gegen weltliche Vergewaltigung gesichert habe, aber für den Augenblick sei es am rathsamsten, die geistlichen Güter unberührt zu lassen und lieber von dem eben in Schlesien vielfach erledigten „Lehengut" einen Theil interimistisch bis auf bessere Zeiten, wo sich andere ersprießliche Mittel finden würden, anzuweisen. Wolff wußte wohl, daß sein Collegium auf diesem interimistischen Wege auch in den Besitz der Kaiserlichen Burg gelangt war. Doch forderte er nicht, daß zu Viel auf einmal geschehe. Nur sollte, was vorhanden von der Lehranstalt und was hinzugefügt werden würde, zu einer Universität ersten Ranges mit allen Privilegien aller Universitäten in der ganzen Christenheit erhoben werden, und zwar „mit Eil", weil's dann „eine doppelte Gnade sei". Geschähe nur diese Stiftung und Privilegirung schnell, dann bestehe er nicht darauf, daß sofort vollständige juristische und medicinische Facultäten gegründet würden. Es dürfte dann nur vorläufig von dem vacanten Lehengut Einiges „zur Erhaltung etlicher Juris- und Medicinae-Professoren" verwendet werden.

Dies war der Gegenstand der Petition. —

§ 5.
Verhandlungen mit dem Königlichen Ober-Amts-Collegium.

Kaum war die augenscheinlich erwartete Petition Wolff's in der Hand des Kaisers, als dieser auch schon resolvirte, das Königliche Ober-Amts-Collegium des Herzogthums Schlesien zu Breslau solle diese Angelegenheit sorgfältig prüfen und begutachten. Die Prüfung solle aber in der Art geschehen, daß dem Breslauer Rath die Petition des Pater Wolff, und die vorausgeeilte Gegenvorstellung des Magistrats dem Rektor des Jesuiten-Collegiums zu gegenseitiger „Vernehmung" und Rückäußerung amtlich mitgetheilt, mit Beiden aber auch das Consistorium „auf dem Dome zu Breslau" bekannt gemacht werde, um zu erfahren, was dieses etwa dabei zu erinnern habe. Auf Grund dieser allseitigen Prüfung habe das Ober-Amt dann Bericht an den Kaiser zu erstatten. Das kaiserliche Decret ist datirt: Laxenburg, den 19. Mai 1695.

Dem Königlichen Ober-Amte stand als Oberster Hauptmann des Herzogthums Schlesien damals vor der Pfalzgraf Franz Ludwig, Fürstbischof von Breslau. Es ist nicht zu übersehen, daß alle Verhandlungen wegen der Gründung der Leopoldinischen Universität durch die Hand eines Kirchenfürsten gegangen sind, wenn dies auch nur aus Veranlassung seiner politischen Rang- und Amtsstellung geschah. Wir können doch daraus schließen, daß die Errichtung der Universität, die nun wirklich erfolgen sollte, ganz im Sinne der Kirche war.

Am 21. Juni überschickte das Ober-Amt die Petition Wolff's den Rathmannen unter Mittheilung des Kaiserlichen Auftrags; am 14. Juli Petition sammt Gegenvorstellung an das Fürstbischöfliche Consistorium zu Händen des Generalvicars des Bisthums Breslau in geistlichen Sachen. Wann die Gegenvorstellung der Rathmanne an Pater Wolff gelangte, läßt sich nicht ersehen, doch ist es wahrscheinlich, daß dies ebenfalls am 21. Juni geschehen sei.

Warum das Ober-Amt über einen Monat wartete, ehe es dem Kaiserlichen Willen, der sich so rasch geäußert, nachkam, ist nicht leicht zu erklären.

Der Generalvicar beeilte sich auch nicht mit der Antwort, die erst im folgenden Jahre, und zwar am 14. Januar von demselben unterzeichnet wurde. Er entschuldigt die Verzögerung damit, daß die Wichtigkeit der Sache es erfordert habe, die ganze Angelegenheit „Sr. Hochfürstlichen Durchlaucht, seinem gnädigsten Bischof und Herrn (d. i. zugleich dem Obersten Hauptmann, dem Vorsitzenden des Ober-Amts-Collegiums, dem er antwortet) vorzutragen", dieser aber lange Zeit abwesend gewesen sei. Wahrscheinlich hat er auch Raum gewinnen wollen, um die Stimmung Rom's zu erfahren. Die Antwort könnte auf den ersten Blick so erscheinen, als wollte sie sich beiden Parteien recht machen; aber so ist es nicht. Sie giebt nur den Jesuiten einen Wink, auf welche Weise sie der Mitwirkung der Geistlichkeit sich versichern könnten, einen Wink, dem Wolff schon zuvorgekommen. Zwar werde es dem weltbekannten Eifer der Gerechtigkeit des Kaisers schwer werden, — so lautet das erwähnte Schreiben, wenn wir seine Gedanken nach der unzweifelhaften Intention ordnen, — der aus allen Kräften widerstrebenden Stadt gar keine Berücksichtigung in dieser Sache zu schenken: allein, wenn nur nicht wieder beabsichtigt werde, dem Welt-Clerus seine Pfründen zu beschränken, durch welchen Versuch die Errichtung der Universität unter König Wladislaus vereitelt worden sei, wenn dagegen „andere Mittel erfunden und angewendet werden könnten;" so würde der Generalvicar, so weit es das Bischöfliche Recht nur immer zuließe, das heilsame Vorhaben (der Stiftung der Universität) „vielmehr zu fördern als zu hindern sich verpflichtet erachten", da der Zweck ein durchaus frommer und edler sei. Wolff hatte also recht gehabt, des Kaisers Blick von den geistlichen Gütern ab und den vacanten Lehengütern zuzuwenden. —

Die Stadt übereilte sich diesmal ebenfalls nicht, wie sehr sie auch in Bewegung gerieth und von Furcht getrieben wurde. Der Breslauer Rath hatte große Macht; aber er hatte am Ende des 17ten Jahrhunderts Männer in seinem Gremium, die fest daran glaubten, daß sie solche Macht nur zum Wohle der Stadt besäßen. Daher handelten sie in den wichtigsten Angelegenheiten nie allein, auf Einsicht und Recht der Corporation bauend, sondern sie machten sich alle Erkenntniß, die in der Menge war, dienstbar, und wollten billige Wünsche wohl vernehmen. So zogen sie denn auch in dem erwähnten Falle „die sämmtliche Bürgerschaft" in die Mitwissenschaft der Sachlage und in die Theilnahme an dem nothwendigen Handeln. Kaufmannschaft und Zünfte und Zechen wählten einen starken Ausschuß, der in der Rathsstube mit der Petition Wolff's nach allen ihren Motiven bekannt gemacht wurde, so wie auch mit dem Kaiserlichen Decret und mit dem Schreiben des Königlichen Ober-Amts. Von dem Ausschuß, der meist aus den Aeltesten bestand, ging die Kenntniß der Sachlage weiter und wurde so leicht Gemeingut der ganzen Stadt. Die Kaufmannschaft und die Zünfte und Zechen beschlossen, Vorstellungen an den Rath zu richten, und dieser wollte sie seiner Beurtheilung der Wolff'schen Motive beifügen.

Aber das forderte Zeit. Der Rath hatte ohnehin eine äußerst schwierige Aufgabe. Wesentlich Neues, was nicht schon in seiner Gegenvorstellung vom 2. März, in der übereilten, enthalten gewesen wäre, konnte er nicht vorbringen. Wie denn auch der Rath in seiner Antwort an das Ober-Amt bemerkt, daß er sich auf sein Schreiben an den Kaiser beziehen müsse, indem er glaube, daß Gründliches dagegen nicht vorgebracht werden könne. Dennoch war es in der That in Wolff's Petition entkräftet. Was blieb da übrig? Er mußte die früheren Gegengründe theils einfach wieder behaupten, theils durch schärfere Betonung und weitere Auseinandersetzung aufrecht zu erhalten suchen. Das Wichtigste war jedenfalls die zu erzielende einmüthige Aussprache der gesammten Bürgerschaft, deren Aufregung und Angstruf dem Kaiser, wie dieser auch immer über die Gründe denken mochte, nicht gleichgültig sein konnte.

Das Ober-Amt, welches den Generalvicar gar nicht gemahnt zu haben scheint, hatte aber mit der Stadt keine besondere Geduld. Schon am 14. Juli erhielten die Rathmanne von demselben eine Mahnung, die von der Billigkeit schwerlich eingegeben war. Der Rath entschuldigte sich am 19. Juli mit der größten Devotion, und gab zwei Gründe der Verzögerung an. Erstens erforderte die Wichtigkeit der Sache eine Berathung mit der gesammten Bürgerschaft, und zweitens habe das von König Wladislaus ausgefertigte Universitäts-Diplom, welches zugleich in einer vidimirten Abschrift vom Kaiser verlangt worden war, bis zur Stunde noch nicht im Archiv aufgefunden werden können. Die Rathmanne erbitten sich daher eine Hinausschiebung des Termins um 3 bis 4 Wochen. Den 2. August war der Bürgerschaft die oben erwähnte Mittheilung gemacht worden.

Am 27. August erhielt der Rath sowohl die Gegenvorstellung der Kaufmannschaft als die der Zünfte und Zechen; er scheint aber selbst mit seiner Denkschrift noch nicht fertig gewesen zu sein, oder das Wladislaische Diplom hatte sich damals noch nicht gefunden. Seine Kritik der Wolff'schen Petition wurde erst am 26. Oktober an das Ober-Amt gerichtet und den 29. eiusd. demselben präsentirt. *) Die Entschuldigungen werden wiederholt, und es ist von einer „jüngsthin geschehenen Erinnerung" die Rede, wonach also eine zweite Mahnung an den Rath

ergangen sein muß. In der That hatte das Ober-Amt nicht blos am 18. October, sondern auch am 24. wieder
gemahnt.' Warum drängte den das Ober-Amt den Rath so sehr, daß er seine Antwort beschleunige? Man
sollte denken, weil es selbst vom Kaiser gemahnt worden, und weil es um jeden Preis noch im Monate October
sein Gutachten einreichen wollte. Man würde jedoch irren, wenn man so dächte. Wohl wurde das Amt selbst
gedrängt, — aber von den Jesuiten. Schon am 26. Juli schrieb der Vice-Rector ihres Collegiums, Eitner,
offenbar im Auftrage Wolff's, an das Ober-Amt, es möge die Universitäts-Angelegenheit doch beschleunigen; der
Rath habe ein halbes Jahr vorher, ehe Wolff mit seiner Petition eingekommen, bei Hofe eine lange Deduktion
eingereicht; die Sache sei genug erwogen. Das Ober-Amt hätte nun antworten können: Wolff möge mit gutem
Beispiel vorangehen und seine Kritik der Deduktion des Rathes bald möglichst einreichen. Aber Wolff war ein
mächtiger Mann, in Wien und in Rom. Das Ober-Amt drängte weder die Jesuiten noch den Generalvikar des
Fürstbischofs, sondern nur den Rath, welcher so schnell als möglich seine ganze Munition verbrauchen sollte. So
wünschten es die Jesuiten, und so schien es bei Hofe angenehm, — und das Ober-Amt war sehr dienstwillig.

§ 6.
Die Gründe der Petition.

Es war nur ein Gedanke, welcher dem Pater Wolff die Petition eingegeben hatte, — derselbe, durch
den die Jesuiten seit dem Tage ihres Einzuges in die Burg bewogen wurden, unverhohlen nach einer Universität
zu streben: es war der Gedanke, daß der katholische Glaube das köstlichste Kleinod aller Menschen
sei, die Perle, für welche sie ihre ganze sonstige Habe und irdisches Gut und Blut willig hingeben sollten. Es
war genau derselbe Gedanke, der im 15ten Jahrhundert die Breslauer gegen die Hussiten und dem Könige
Matthias zugeführt, der den Rath damals antrieb, Reichthum und Jugendkraft der Stadt zu opfern, und ihn
im Anfange des 16ten Jahrhunderts so große Anstrengungen machen ließ, eine Universität zu gründen zum
Schutze des orthodoxen Glaubens. Suttke behauptet nun, Wolff habe verdeckt, was vorzüglich zur Gründung der Universität angetrieben:*) das ist wohl nicht die volle Wahrheit. Der Sieg des katholischen Glaubens
in Schlesien sollte zwar das höchste Ziel der Universität sein, konnte aber nur indirekt durch dieselbe erreicht werden.
Daher tritt nun auch das davon entnommene Motiv nur indirekt hervor; wo es aber erwähnt wird, geschieht es
mit dem größten Nachdruck. Wolff sagt in seiner Petition ausdrücklich, „die Ehre Gottes" sei die Haupt-
ursache, welche den Kaiser zur Gründung der Universität bewegen müsse, und „das Heil der Seelen" sei ihr
Ziel. Ja er führt auch alle Unruhe der Stadt auf die Furcht vor dem Einflusse der Jesuiten zurück, und sagt,
es sei kein böser Wille dabei im Spiele, aber Unkenntniß „des allein seligmachenden Glaubens." Er
leugnet auch gar nicht, daß er bei seinem Streben nach der Gewinnung einer Universität ganz denselben Standpunkt
einnehme, wie der Rath im Anfange des 16ten Jahrhunderts; er beruft sich vielmehr darauf. Und daß der
Kaiser ihn so verstanden habe, ersehen wir aus dem Stiftungsbriefe vom J. 1702, in welchem er offen sagt, daß
die Stiftung geschähe „vor Allem zur Förderung der Ehre Gottes und zum Wachsthum des heiligen Glaubens und der katholischen Religion."

Als unmittelbares Ziel giebt Wolff an: „die Erfrischung in den Wissenschaften" für Schlesien,
und die Verbreitung der Gelehrsamkeit in diesem Lande, wovon der Glanz der guten Sitten und Tugenden abhänge.

Er kannte aber zu wohl die Königlich Böhmische Hof-Canzlei und das Cabinet des Kaisers, als daß er
hätte glauben sollen, mit einer rein idealen Motivirung durchzubringen. Es mußte für den Staat der materielle
Vortheil ins Auge gefaßt und nachgewiesen werden, um so mehr, als die vorausgegangene Gegenvorstellung des
Breslauer Raths das Gegentheil behauptet und mit Scheinargumenten zu begründen versucht hatte.

So ging er denn aus von dem faktischen Bedürfniß einer einheimischen Universität in Schlesien. Ober- und Niederschlesien, des Kaisers Erbherzogthum, hat einen „vortrefflichen Adel" und viele reiche Leute in den volkreichen Städten, deren Söhne studiren wollen. Da sie in Schlesien keine Gelegenheit haben, so gehen sie in's Ausland, das heißt in der Regel, wie einmal die Lage es mit sich bringt, außerhalb der Kaiserlichen Erbländer. Und das hat zwei schwere Nachtheile: erstens tragen sie eine große Geldsumme alljährlich außer Landes, und zweitens werden ihre Sitten corrumpirt, und die Katholiken sind oft in der Ungelegenheit, daß sie, wenn die von ihnen besuchte Universität in einer ganz protestantischen Stadt sich befindet, ihre Religion nicht ausüben können. Dazu kommt, daß ärmere, wenn auch noch so talentvolle Jünglinge, welche die Mittel für das Studium im Auslande nicht erschwingen können, nun unausgebildet bleiben. Daher entbehrt in Ermangelung der Universität das Land vieler ausgezeichneten Beamten und Gelehrten, die es sonst haben könnte.

Das waren die Hauptgründe der Petition.

§ 7.

Gegengründe.

Der Rath stellte dagegen sich die doppelte Aufgabe: erstens nachzuweisen, daß kein Bedürfniß einer Universität vorhanden sei; und zweitens, zu zeigen, daß, wenn auch ein solches Bedürfniß zugegeben werden müßte, die Handelsstadt Breslau für eine Universität der ungeeignetste Ort sei, während durch diese die schöne Stadt unfehlbar zu Grunde gehe.

Die Widerlegung beginnt mit dem von Wolff behaupteten Bedürfnisse des schlesischen Adels. Breslau hatte im Laufe der Jahrhunderte dem Adel gegenüber ein solches Uebergewicht erlangt, daß der Rath in seinen Aeußerungen über denselben an zu große Vorsicht und Rücksicht nicht gebunden zu sein schien. Rücksichtsvoll sind seine Aeußerungen nun auch keineswegs. Er sagt, der wenigste Adel in Schlesien habe die Mittel, seine Kinder zu höhern Studien anzuhalten, und derjenige Theil, welcher noch etwas im Vermögen habe, denke gar nicht oder doch selten an ein Studium der Jurisprudenz, niemals aber an ein Studium der Medicin. Diejenigen von ihnen, welche ihre Kinder überhaupt etwas lernen ließen, begnügten sich damit, daß ihre Söhne in Breslau den Elementar-Unterricht empfingen und darnach die Anfangsgründe des Studiums der Politik lernten. Darauf schickten sie dieselben ein paar Jahre in fremde Länder, und damit sei der ganze Cursus ihrer Studien absolvirt. Wenn also die Professoren der Jurisprudenz und der Medicin, welche in Breslau lesen sollten, auf die Collegien rechnen müßten, welche sie den schlesischen Edelleuten zu halten hätten, dann dürften sie wohl wenige oder gar keine halten. Der gemeinen Leute Kinder wegen die beiden Facultäten der Juristen und Mediciner zu errichten, sei auch nicht Bedürfniß, denn eintheils fehlten diesen selbst die Mittel, in Breslau zu leben, dann auch sei es um „dieser armen Bursche" willen in der That nicht der Mühe werth. Die wenigen unter ihnen, welche einige Begabung hätten, könnten „mit leichterer Mühe" zu Prag und Olmütz, wie auch zu Leipzig und Frankfurt etwas lernen, — auch die Principia iuris von den „berühmten Juristen" in Breslau um geringen Preis erlangen. Wirkliche Talente würden immer ihren Schutz und ihre Pflege finden und sich Bahn brechen.

Die erwähnten Reisen des Adels würden doch nicht unterbleiben können; denn wenn ein junger Mensch auch zehn und mehr Jahre auf seines Vaterlandes Hochschule studire, werde doch schwerlich ein tauglicher Mann aus ihm, „wenn er nicht anderer Länder gute Sitten, Gewohnheiten, Sprachen und politische Wissenschaften zugleich gesehen und begriffen, und dadurch das Böse vom Guten zu unterscheiden gelernt habe."

Die Corruption der Sitten werde zu Breslau, in der volkreichen Stadt, wo so vielerlei Arten von Menschen sich befinden, noch größer sein, als in jeder andern Universitätsstadt.

Ein empfindlicher Punkt war der von der größeren Verbreitung der Gelehrsamkeit, oder, wie es Wolff mehr concret ausgedrückt hatte, von der durch die Universität zu erzielenden „Menge der Gelehrten."
Wolff ging von dem Grundsatze aus: Talente, die nicht entwickelt werden, bleiben „in den Finsternissen der Unwissenheit" zum Schaden des Landes. Je mehr Gelehrte, desto größeres Glück; denn von ihnen strömt der Glanz der guten Sitten und der Tugenden aus, und diesem folgt das Heil der Seelen. Und Wolff dachte an die wahre Wissenschaft, welche den Besitz der Wahrheit sichert und die Wahrheit zur Richtschnur des Lebens macht. Aber die Breslauer Kaufleute und die Gewerbetreibenden dachten: der hochmüthige Gelehrte sieht auf uns verächtlich herab und sagt, wir säßen „in den Finsternissen der Unwissenheit" ohne Tugend und ohne Heil. Und für die erzürnte Bürgerschaft antwortete der Rath: es verhält sich mit der Tugend und dem Glücke gerade umgekehrt. Tugend und Glück, und der höchste Staatszweck ist der natürliche Wohlstand. Wenn man über die Befriedigung der Bedürfnisse hinaus noch zierliche Sachen hat, und Pracht und Vergnügen, dann ist des Gemeinwesens Wohlfahrt da, dann ist der Staat in Flor. Nun lehren aber „die berühmtesten Politici", daß Solches nur durch Dreierlei erreicht werde: durch den Handelsverkehr der Kaufleute, durch die Manufakturen der Handwerker und durch den Ackerbau des Landmannes. Diese drei Stände müssen fest verbunden sein und innig zusammenwirken. „Gelehrte Leute sind zwar auch bei Land und Städten höchst nöthig; aber sie sind doch nur Staatsdiener (d. h. sie gehören nicht zum Gemeinwesen), und suchen vielmehr ihre Erhaltung auf Kosten des Gemeinwesens, so daß, wenn ihrer zu viele und überflüssige sind, solches mehr für eine Krankheit der Stadt zu halten ist." Also muß darüber gewacht werden, daß ihre Zahl das äußerste Bedürfniß nicht überschreitet. Auch ist es „ein falscher Wahn", daß man die besten Köpfe dem Studiren, diejenigen aber, die schwer von Begriff seien, der Kaufmannschaft und andern Professionen zuweisen solle. Diese fordern auch Verstand und Geschick.

Der Rath sucht zweitens zu beweisen, daß Breslau sich für eine Universität nicht eigne. Diese Stadt ist nämlich von alten Zeiten her nur zu Handel und Handarbeit gegründet und cultivirt worden, hat nie zu hohen wissenschaftlichen Anstalten eine besondere Tendenz gehabt, und ihre meisten Privilegien zielen auch bloß dahin, daß „Handel und Wandel zunehmen möge". Sie kann daher selbst auch keine zu Universitäts-Lehrstühlen ausgebildete Juristen und Mediciner aufweisen; es müßten also die beiden Facultäten aus „ausländischen Doktoren" constituirt werden, und solche würden „sehr schlechten Effekt haben."

Die schönen Kirchen und Paläste vornehmer Herren, welche König Wladislaus in seinem Diplom aus Artigkeit gegen die Stadt so sehr preist, fördern die Sitten der Schüler nicht und helfen nicht zur Erlernung guter Künste, im Gegentheil sind dazu einsame und stille Oerter viel günstiger. „Alle großen Städte sind der Studirenden Verderb. Objecta enim movent sensus; wo diese nicht sind, bleibt der Student über seinen Büchern, wo aber viel Volk und immer was zu sehen, da bleiben die Bücher liegen, und sucht Einer diese, der Andere eine andere Ergötzlichkeit, woran es insonderheit in dieser Stadt nicht mangelt, und also auch folgt, daß die schönen Häuser und Humanität der Einwohner jungen rohen Studenten mehr schädlich als nützlich sein würden."

Die Petition der Zünfte und Zechen wies auch noch auf die ungesunde Lage der Stadt hin.

Warum aber Breslau zu Grunde gehen müsse durch die Universität, bewies der Rath auf folgende Weise. Die Wohlfahrt der Stadt ruht auf zwei Grundpfeilern: auf der guten alten Verfassung und Ordnung, und auf dem Handel. Auf beiden ruhte die Stadt bis jetzt sicher und war „glückselig". Die Universität aber mit ihren Studenten wird beide umstoßen und zertrümmern. Die Stadt besitzt und übt nämlich seit Jahrhunderten volle und höchste Jurisdiktion, die sie theuer erworben hat; diese wird durch eine kaiserliche privilegiirte Universität geschmälert und erschüttert. Die Universität wird durch ihre Privilegien „einen Theil von der Stadt Breslau vornehmsten Kleinodien an sich ziehen, dergestalt aber unser uraltes Privilegium durchlöchern", sagen die Rathmanne. Aber auch in der Ausübung der geschmälerten und geschwächten Privilegien wird die Stadt gehemmt, denn die Universität wird ein schnell zu erreichendes Asyl für alle Verbrecher. Pater Wolff hat zwar auf die gute, exemplarische Polizei und Garnison der Stadt hingewiesen; es ist auch wahr und allgemein anerkannt, daß dieser Schutz der guten Ordnung musterhaft und einzig ist; allein gegen Studenten hilft er nicht, und wenn auch noch die Kaiserliche Bedrohung dieser unbändigen Gäste dazu käme. Sie werden Polizei und Garnison durch Balgen, Raufen und Morden ermüden und aufreiben, so daß der eine Pfeiler der Glückseligkeit der Stadt nothwendig zusammenbricht. Nicht besser ist es um den andern bestellt.

Wenn durch die privilegirte Universität den Studenten „Thür und Thor geöffnet ist, die Bürgerschaft bei Tag und Nacht zu kränken, zu überfallen und zu verfolgen", wenn Niemand mehr seines Hauses, seiner Habe und seines Lebens sicher ist, dann werden „die meisten Leute, um vielerlei Unglück zeitlich zu entgehen, die Stadt quittiren". Die Polen und Russen werden gar nicht mehr kommen und fremde Kaufleute überhaupt abgeschreckt. Der Handel wird sich nach der Lausitz ziehen, und die Zünfte und Zechen, welche von der Kaufmannschaft abhängig sind, werden folgen, so daß Breslau bald „entvölkert" sein wird. Dann ist der Ruin der Stadt vollständig.

Außerdem wurde nun noch eine Reihe von Gegengründen ganz untergeordneter Bedeutung angeführt, z. B. die Handelsstadt sei auf Studenten-Wohnungen nicht eingerichtet, die Kaiserliche Burg biete kein ausreichendes Universitätsgebäude und lasse sich auch nicht erweitern, ohne die Zunft der Gerber in ihrer Existenz zu bedrohen oder die Stadtwälle unsicher zu machen; die Universität würde mit ihrer Exemtion das Schmuggeln begünstigen, „Pfuscher, Stöhrer und liederliches Gesinde" hegen und auf mannigfaltige Weise die Zünfte und Zechen um ihren Erwerb bringen.

§ 8.
Das Gewicht der Gegengründe.

Wer außerhalb der aufgeregten Bürgerschaft stehend das Gewicht der Gegengründe prüfte, fand sofort, daß es zu leicht war. Der Beweis, daß die Stadt durch die Gründung der Universität ruinirt werden müsse, stützte seine ganze Kraft auf unerwiesene und unbeweisbare Behauptungen. Es kam zuletzt auf die behauptete Unmöglichkeit der Disciplin unter den Studenten hinaus. Diese Unmöglichkeit trotz der unvergleichlichen Polizei und Garnison setzte nicht blos jenen Entsetzen einflößenden Begriff voraus, welchen die Breslauer von den Studenten hatten, sondern auch ihre Vorstellungen von den Professoren. Man konnte den Rathmannen nämlich einwenden: zugegeben, daß Polizei und Garnison in ihrem vortrefflichen Zustande Nichts vermögen gegen die Studenten, so sind diese doch nicht außer aller Jurisdiktion; sie werden ja vor das Gericht der Universität gezogen, welche Verbrecher so strenge züchtigt, wie es durch die Gerichtsbarkeit der Stadt nur geschehen kann, und die ja auch unruhige und gefährliche junge Leute von ihrer Corporation trennen kann, relegiren. Aber diesem Einwand kommt der Rath zuvor mit der Behauptung: einmal sind die fremden Professoren der hiesigen Verfassung unkundig und wissen nicht, wann und wodurch die Rechte der Stadt gekränkt werden; dann aber werden sie, um die Polen und Schlesier desto eher herzulocken, d. h. zum Besuche der Universität, „ihren Scholaren alle Licenz verstatten." Die Professoren haben bei den Studenten kein Ansehen, und weil sie ihr Einkommen, das sie von den Studirenden haben, nicht verlieren wollen, so pflegen sie zu allen deren Ungezogenheiten zu conniviren und ihre Verbrechen nur wenig zu bestrafen.

Solche maßlose Beschuldigungen konnten aber das Gewicht der Gegengründe nicht vermehren, sondern nur vermindern.

In dem Gefühle der Unzulänglichkeit ihrer Argumentation mehrten sie die grundlosesten Hypothesen, z. B. hoben sie den Fall hervor, daß in den von den Studenten angezettelten Raufereien ein junger polnischer Edelmann schwer verwundet oder gar erschlagen würde; dann würden die Polen Repressalien üben, den Kaufleuten Hab und Gut wegnehmen, sie selbst einsperren und dadurch „allen Handel und Wandel mit der Krone Polens zerstören." Ja, diesen nur in der Phantasie gründenden hypothetischen Fall bezeichnen sie dem Kaiser als „die wahre und unhintertreibliche Ursache ihrer treuen, aufrichtigen und auf den ruhigen Wohlstand abzielenden Gegenerinnerungen, welche allen andern Rücksichten ihres Erachtens vorzuziehen und wegen ihrer Wichtigkeit bei Sr. Kaiserl. und Königl. Majestät hoffentlich, weil an dieser Stadt Conservation Deroselben viel gelegen, ein allergnädigstes Gehör finden würde."

War das aber der gewichtigste von allen Gegengründen, dann wogen diese offenbar leicht.

Sie standen ganz auf dem Boden des materiellen Wohls als der einzigen Quelle der Glückseligkeit, und auf diesen Standpunkt wollten sie den Kaiser durch dasselbe industrielle Interesse herabziehen. Sie sagten ihm, der Schaden treffe zwar an erster Stelle die Bürgerschaft, hernach aber auch ihn. Von seinem „bisherigen Vortheil" und den guten Einkünften, die er aus der Stadt gezogen, sprachen sie immer wieder, rückten ihm die schweren Contributionen vor und erinnerten wiederholt an sein Cameral-Interesse, daß es zuletzt doch den Kaiser verdrießen mußte.

Wolff hatte gesagt, die Wissenschaft und Gelehrsamkeit ströme am natürlichsten aus dem Haupte in die Glieder; deßhalb finde man zu Wien, Prag, Rom und Paris Universitäten, und ähnlich fast in allen andern wohlgeordneten Ländern. Und so müsse auch in Schlesiens Hauptstadt die Universität gegründet werden. Der Rath behauptet das Gegentheil, daß nämlich Universitäten nicht in die Hauptstädte gehörten, dort gar am schädlichsten seien, und will das den von Wolff genannten Städten gegenüber beweisen durch das Beispiel Braunschweig's und Nürnberg's, welche die Universität lieber in kleineren Orten, in Helmstädt und Altorf gesehen! In den großen Städten aber, wo es solche hohe Schulen gebe, könne Niemand ohne Lebensgefahr auf der Straße gehen; da gebe es immer ausgelassene und wilde Attentate. Als Probe führten sie den Relations-Courier von Cöln an, der am 25. Juni desselben Jahres einen Studenten-Aufruhr berichtete. Allein diese Probe war unglücklich gewählt. In Cöln hatte nämlich ein venetianischer Oberst-Lieutenant, Culmann mit Namen, sich als WerbeOfficier eingeschlichen, der junge Leute zur Annahme von Kriegsdiensten „theils verführte, theils forcirte." Auf diese Weise hatte er im Juni 1695 auch einige Studenten in seine Gewalt gebracht. Da vereinigten sich die Schüler der drei Gymnasien, die Montani, Laurentiani und Jesuiten, bewaffneten sich und stürmten das Werbehaus, das Haus der Menschenräuber, „Im Helm" genannt. Culmann war mit seiner Bande entflohen, hatte aber seine Opfer nicht mitnehmen können. Und so wurden die angeworbenen Studenten und deren mehr als zwanzig andere verführte und gezwungene junge Leute befreit. Ein paar Studenten nur waren bereits nach Venedig abgeführt. So ließen die Cölner dem Oberst-Lieutenant Culmann, der sich nach Mülheim, auf die andere Seite des Rheins, zurückgezogen hatte, sagen, wenn er nicht sorge, daß Jene wieder heimkehrten, würden sie ihn schon finden. Freilich zertrümmerten sie auch den „Helm", weil er aus Eigennutz die Gewaltthätigkeit an halb erwachsenen jungen Leuten gedeckt hatte.

Ich wiederhole, diese Probe, um zu beweisen: daß kein Mensch auf der Straße, kein friedlicher Bürger seines Lebens sicher sei, war unglücklich gewählt. Und durch solche Uebertreibungen und Fehlgriffe verloren die Klagen, welche die Breslauer auch mit Grund gegen die intendirte Universität zu richten schienen, immer mehr an Gewicht.

Dazu kamen noch schreiende Widersprüche. Z. B. hatten sie nachzuweisen gesucht, daß juristische und medicinische Professoren in Breslau keine Zuhörer haben würden. Und doch legten sie hernach, da sie von der Insolenz der Studenten redeten, Gewicht darauf, daß die Juristen und Mediciner die größte Zahl auf den Universitäten bildeten, und weil sie entweder von Adel oder sonst von gutem Herkommen und darum freier erzogen seien, sich die größte Freiheit und Ausgelassenheit anmaßten.

Der gewichtigste Einwand aber, den sie vorbrachten, war dieser, daß Breslau eine Stadt gemischter Religion sei. Es wird dabei aber besonders auf die Intoleranz der katholischen Studenten gegen die „evangelische Bürgerschaft" hingewiesen und wieder Haarsträubendes erzählt, woran zur ruhigen Stunde Niemand glauben konnte, namentlich was von der Barbarei berichtet wird, welche in Krakau von den katholischen Polen an den Leichen verstorbener Protestanten verübt werden sein sollte. Die Rathmanne selbst gestanden offen, daß sie sich vor den katholischen Studenten fürchteten. Und sie hätten noch offener gestehen können, daß sie die katholische Universität fürchteten. Wer hätte ihnen das von ihrem Standpunkte aus auch verdenken können! Denn wenn auch die Furcht vor Mißhandlungen und die Sorge vor Beschränkung der freien Ausübung ihrer Religion noch so ungegründet war, und weder der Kaiser, noch die Jesuiten daran dachten, so war doch — das läßt sich nicht leugnen — die Gründung einer katholischen Universität in der vorzugsweise protestantischen Stadt Breslau ein Angriff auf die Existenz der protestantischen Bevölkerung als solcher.

Indem aber der Rath und die Stadt davor so sehr erbebten, gestanden sie, daß Wolff auf seinem Standpunkte auch Recht habe, wenn er die Universität als die siegreichste Macht zur Wiederverbreitung des Katholicismus in Breslau und dann auch in Schlesien betrachtete. Auch wenn sie auf den Vorwurf Wolff's, sie hätten ja früher selbst die Universität gewünscht, erwiederten: die Zeiten seien wie Himmel und Erde verschieden, gaben sie indirekt zu, daß die Universität allerdings dem katholischen Glauben günstig sei, den sie früher selbst begünstigt hätten, nun aber keineswegs fördern wollten.

„Erfrischung in der Wissenschaft", Verbreitung der Gelehrsamkeit und „Wachsthum des heiligen Glaubens und der kath. Religion" war das Ziel, welches Wolff der Universität gesteckt; der Rath leugnete nicht, daß Beides erreicht werde, betheuerte aber, daß er es fürchte, weil zu große Vermehrung der Gelehrten eine Krankheit des Staates sei und seine Religion ihm besser schien. Er wollte nur die „Glückseligkeit" der Handelsstadt.

So waren denn durch die Gegenvorstellungen die Motive der Petition nicht nur nicht entkräftet, sondern nicht einmal angegriffen, ja sogar bestätigt.

Dem Kaiser konnte einzig und allein von Gewicht sein: die unerhörte Aufregung und Entmuthigung der Stadt.

§ 9.

Wachsende Aufregung. Neuer Beschluß.

Im Frühjahr und Sommer des Jahres 1695 war in Privatgesellschaften, wie an öffentlichen Vergnügungsorten zu Breslau das über der aus ihrer Glückseligkeit aufgeschreckten Stadt schwebende Unheil einer Universität der Jesuiten das unvermeidliche Thema der Unterhaltung. Je mehr man es aber durchsprach, desto größer wurde die Aufregung. Das „Köpfe hängen lassen", das Beten und Jammern sah und hörte man immer mehr. Die Zünfte und Zechen klagen nicht allein, daß sie bei ihrer „zulässlichen Ergötzlichkeit von den Studenten gestört werden würden, sondern ihre beunruhigte Phantasie sieht auch „alles Unheil, Zwietracht, Schwelgerei, Unzucht, Schlägerei, Mord und Todtschlag mit vollen Haufen eingeführt", und sie gerathen dabei[?]so in Angst, daß sie ausrufen: „Hülf, ewiger Gott! was für Jammer und Elend, wie viel Todtschläge, auch wohl gar Plünderungen der Häuser und ander Unglück mehr (welches die schönen Früchte und der gerühmte Nutzen der von H. P. Wolff intendirten Universität sein würden) dürfte uns ärmsten, jedoch allezeit treugehorsamsten Bürgern zuwachsen, und damit zugleich viel Blutschulden und Gottes schwere Strafen über diese Stadt gezogen werden!" Sie erzählten einander, was sie während ihrer Wanderjahre „in manchen schönen Königreichen, Ländern und Provinzen" von Universitäten und Studenten gesehen und gehört hatten, wie diese keine Obrigkeit achteten, überall herrschen wollten, und namentlich mit Garnison, Kaufleuten und Handwerksburschen sich balgten und rauften bis zu Mord und Todtschlag. Sie stellten sich auch vor, es würde gleich Anfangs die ganze Stadt mit Studenten aus allen katholischen Ländern überfluthet werden. Die einzelnen Zünfte hatten ihre besonderen Klagen. Die Kretschmer z. B.

sahen von Seiten der Universität eine solche Concurrenz in ihrem Gewerbe eröffnen, daß sie nothwendig zu Grunde gingen. Die Parchner erlebten schon die Folgen, eh' die Ursache vorhanden war. Während sich sonst 18 bis 20 jährlich für die Meisterschaft meldeten, that dies im Jahre 1695, d. h. so weit es eben abgelaufen war, nur Einer. Es kann daher nicht Wunder nehmen, daß zuletzt alle mit einander „weh" und demüthigst um Gottes Barmherzigkeit willen" flehten, der Rath möge „zur Hintertreibung dieser Stadtverderblichen Universität" dem Kaiser Alles „fußfälligst vor Augen stellen" und „höchstbeweglich" erbitten helfen, daß der Kaiser die Stadt „mit weiterer Extenbirung der H. H. P. P. Societatis Jesu und Errichtung der gesuchten Universität allergnädigst verschone."

Auch die Kaufleute regten sich immer mehr auf und glaubten von Tag zu Tage fester an den „tragischen Ausgang", und konnten es zuletzt nur der Unredlichkeit zuschreiben, wenn Einer nicht frei bekannte, daß aus der Errichtung einer Universität zu Breslau „der Stadt Ruin, der Commerzien Verjagung in andere Länder, der Handwerker Untergang und äußerste Armuth, und aller guten Verfassung Destruktion, endlich auch Ihrer Kaiserlichen Majestät Cameral-Intraden äußerste Schmälerung erfolgen ...... würde."

So beruhigte sich denn auch die Bürgerschaft nicht mit den Eingaben, sondern sie fing an, den Rath zu drängen, er möge eine besondere Gesandtschaft an den Kaiser richten. Es war aber die Bürgerschaft voll von Argwohn gegen den Rath, vielleicht weil die vornehmsten Mitglieder dem Wolff zu Dank verpflichtet waren. Die Kaufmannschaft und die Zünfte und Zechen forderten daher einmüthig und eindringlich, die Rathmanne sollten eine Deputation wählen, in der auch ein Kaufmann und Einer von den Zünften und Zechen sein müsse. Dagegen standen aber viele Bedenken. Doch in der Angst wurde die Bürgerschaft, die sonst den Respekt gegen den Rath nie verletzte, als dieser sich zu der Gesandtschaft nicht geneigt zeigte, „importun" und that offen ihr Mißvergnügen kund. Da gab der Rath nach und wählte für die Gesandtschaft den Rathmann Maximilian von Seyler, Herrn auf Lilienthal, und den Stadt-Syndicus Dr. Johann John. Die Kaufmannschaft und die Zünfte und Zechen präsentirten auf Verlangen je 6 Personen, und der Rath wählte aus diesen den Handelsmann Johann Kretscher und den Tuchmacherältesten Samuel Weber. Das geschah am 31. October. Die Bürgerschaft erklärte, unter fortwährendem Verlangen nach Beschleunigung, auch die Kosten der Gesandtschaft tragen zu wollen. Obgleich am 9. November ein Schreiben von Gottfried Köhler, dem Secretär des Herrn von Pein, Referendars bei der Königl. Böhmischen Hof-Canzlei in Wien, eines kostspieligen Patrons der Angelegenheiten der Stadt Breslau, anlangte, worin die Absendung der Gesandtschaft sehr widerrathen wurde, — man solle einstweilen sich anstellen, als sei der Gedanke an dieselbe völlig aufgegeben, sie dann aber augenblicklich absenden, sobald das Ober-Amt sein Gutachten eingereicht, — so erfolgte die Abreise doch am 15. November, am Tage des h. Leopold. Man hatte um so weniger auf den Abgang des oberamtlichen Gutachtens warten wollen, als P. Wolff schon seit dem Sommer am Kaiserl. Hofe lebte und dort alle Macht hatte.

Die Universitäts-Angelegenheit wurde von Seiten des Rathes vorzugsweise geleitet und getrieben durch zwei Männer, denen es zu wünschen gewesen wäre, daß sie mit besseren Gründen hätten kämpfen können, statt Talent und Kraft mit bewundernswerther Ausdauer auf dem Kampfplatze der Sophistik zu verschwenden. Diese beiden Männer waren der Proto-Syndicus Dr. Schwemler und der Syndicus Dr. John. Ihr Charakterbild spiegelt sich ab in ihren vertrauten Briefen. [*)]

Schwemler ist ein ganzer Diplomat, fürchtet sich vor jedem Worte, das er ausgesprochen hat, und vertraut daher seine Gedanken am liebsten nur halb der Sprache an. Er macht sich keine Illusionen, sieht keine goldnen Berge, wo bloßer Schein ist. Er arbeitet ebenso sehr von Haß wie von Liebe getrieben, und ist zuweilen derb, ein städtischer Aristokrat, dessen Herz nichts weniger als zu weit ist.

John ist ein geborner Rathmann, der neben dem Wohl der Stadt kein Sonderinteresse sucht; wohlunterrichtet in der städtischen Verwaltung, welcher er mit musterhafter Treue seine Lebenskraft widmet; in den Verhandlungen klar, nur etwas breit; mißtrauisch, ja fast argwöhnisch gegen Alle, die nicht seine religiöse Ueberzeugung haben, aber von einem rührenden Vertrauen auf Gott getragen, in dem er die Geduld bewahrt, und zu dem er in jeder Noth mit aller Wahrheit seiner einfachen Natur betet und ruset.

Aber wenn diese beiden Männer unter anderen Verhältnissen und bei einer andern Beschaffenheit der Sache, die sie vertraten, Vieles hätten erreichen können, so war doch ihre Stellung in der Universitäts-Angelegenheit zu unhaltbar; denn es stand ihnen gegenüber ein Mann, der ihnen weit überlegen war an Geist, an Erfahrung und Sicherheit im diplomatischen Handeln, an mächtigem Einfluß und durch die Idee, für die er kämpfte. Dieser Mann war Wolff.

§ 10.

Pater Wolff.

In dieser Welt sitzen nicht alle wahrhaft Großen auf Thronen, und es ist nicht Jeder groß, dem es gegeben ward, einen zeitlichen Thron zu besteigen. Aber es zeigt sich immer schon eine Größe darin, wenn ein Fürst die Geister ersten Ranges anzuziehen und ihre Arbeiten der guten Sache dienstbar zu machen weiß. Das sind immer kleine Fürsten, in deren Nähe sich nie ein Talent behaupten kann, und unter deren Pflege während langer Regierungen nie eine ungewöhnliche Erscheinung aufleuchtet.

In der letzten Periode der Herrschaft Kaiser Leopold's I. überragte der Jesuit Wolff an Talent und persönlichem Werthe alle übrigen Männer, deren Dienste ihm Thronen gewidmet waren. Und ihm gewährte Leopold einen Einfluß, auf den die fürstlichen und gräflichen Beamten mit Neid und Eifersucht blickten. Wir können es nur beklagen, daß die biographischen Nachrichten, welche, wie das erhaltene Repertorium ausweist, in dem Leopoldinischen Archiv reichlich über ihn vorhanden gewesen sind, uns nicht mehr zu Gebote stehen.

Friedrich Wolff von Ludwigshausen war ein Liefländer, zu Dünaburg am 16. October 1643 geboren, in dem Jahre, in welchem Kaiser Ferdinand III. die Bestimmung traf, daß die Jesuiten in einer Vorstadt Breslau's, „auf dem Sande", ein Collegium gründen sollten. In seinem Knabenalter kam er an den Hof des Königs Johann Kasimir von Polen, wo er erzogen wurde. Das war eben die Zeit, wo Polen bei innerem Verrath und Zerwürfniß in unglücklichen Kriegen schönes Land und gesundes Staatsleben einbüßte, wo es ein Bild innerer Parteikämpfe in grellen Zügen darstellte, das dem jungen Wolff von Ludwigshausen jede Laufbahn an diesem Hofe verleidete. Er wandte sich zum Jesuiten-Orden. Erst sechszehn Jahre alt, wurde er in die Gesellschaft Jesu aufgenommen, d. h. in demselben Jahre 1659 (den 13. December), in welchem die Jesuiten zu Breslau die Kaiserl. Burg bezogen. Die Societät fand eine Vielseitigkeit in ihm, daß sie ihn, sobald seine Bildungszeit vollendet war, immer gern hätte verdoppeln mögen. Die Wissenschaft, welche sie in sich aufgenommen hatte und pflegte, wurde sein volles Eigenthum mit ihren Vorzügen und mit ihrer Einseitigkeit. Er wurde ein Lehrer dieser Wissenschaft, und zwar nachdem er drei Jahre die sogenannten Humaniora vorgetragen, aller höheren Zweige des Wissens, der Ethik, der Philosophie, der systematischen Theologie und der Scripturistik, wie man sich ausdrückte. Im J. 1669 hielt er zu Prag eine Lobrede auf den h. Franz v. Sales, die gedruckt wurde; und im J. 1675 scheint er dort seine Promotion in der Philosophie gehabt zu haben; denn es sind in dem genannten Jahre dort Thesen von ihm aus dem gesammten Gebiete der Philosophie in Druck erschienen. Zu Warschau forderte er in einer ebenfalls gedruckten Rede die Polen zum heiligen Kriege gegen den Orient auf. Außerdem wurde zu Olmütz ein Commentar zur heiligen Schrift von ihm veröffentlicht.

Er ist als der intellectuelle Gründer der Breslauer Leopoldina anzusehen. Was er hierdurch geleistet, ist wohl zu ermessen. Allein es entzieht sich jeder Berechnung, was er gethan hat zur Bestimmung des Laufes der politischen Ereignisse.

Als Kaiserlicher Kapellan war er bedeutungsvoller, denn als Retter eines Jesuiten-Collegiums und als Canzler der Universität in Breslau. Kaiser Leopold's geheime Räthe, die Obersten-Canzler und -Hofmeister gestanden es offen, daß sie gegen diesen Kapellan Nichts vermöchten. Er vermochte aber auch dem Kaiser zu helfen, wo die Andern rath- und thatlos waren.

Man wird sich nicht wundern über seine Macht, wenn man seine Persönlichkeit in's Auge faßt. Es ist nicht der Jesuit im weltbekannten Verstande, der einen etwas überfrommen Kaiser durch künstliche Schachzüge mit einem ängstlichen Gewissen beherrschte, — wer das behauptet, kennt weder Leopold I., den Wissenschaft und geistige Klarheit zierten, noch den Wolff von Ludwigshausen, — sondern es ist der ausgezeichnetste Mann seiner Umgebung, den der edle Kaiser werth hält, dessen Rath und Hülfe er sucht und findet.

Wolff ist ein lebendiger Geist, gar schnell zur Rede, doch festen und sicheren Blickes sein Ziel verfolgend, einseitig in seiner Auffassung der Weltgeschichte, und wohl auch in seiner Weltanschauung, doch fein und gewandt und leicht beweglich in allen Kreisen der Gesellschaft; geliebt und gefürchtet, durch seine Gegenwart die Gemüther beherrschend, die Schwächen des Gegners leicht erspähend, seiner eigenen Stärke sich bewußt, im Kampfe der Meinungen um die Gunst und Zustimmung der Gewalthabenden ein genau und klug berechnender Diplomat mit stark ironischem Zuge, doch human gegen Ueberwundene; von erstaunlicher Arbeitskraft und rastloser Thätigkeit, ein unermüdlicher und glücklicher Friedensstifter in dem Lager seiner Fahne; die widerstrebendsten Kräfte zum gemeinsamen Stoße gegen den Feind wie im Spiele vereinend, — nie wankend in der Ueberzeugung, daß er der Wahrheit des Christenthums diene und daß all' sein Thun Gottesdienst sei.

Die geistig Begabtesten und die Großen der Erde bewunderten ihn am meisten. Er war auch am Hofe des Kurfürsten von Brandenburg sehr wohl bekannt, seit er dort in Aufträgen des Kaisers eine Zeit lang als Gesandtschafts-Kapellan gelebt hatte. Daher geschah es, daß Wolff, als der Sohn des großen Kurfürsten, Friedrich, Kurfürst von Brandenburg und souveräner Herzog von Preußen, nach der Königskrone „in Preußen" verlangen trug und die Bestätigung der Königlichen Würde durch „des Römischen Reichs deutscher Nation Majestät" zu erwirken suchte, in den diplomatischen Berechnungen des kurfürstlichen Botschafters zu Wien eine Rolle spielte. Ein glückliches Mißverständniß veranlaßte Friedrich, eigenhändig an Wolff zu schreiben, was diesen in's Interesse zog. Er antwortete in bester Stimmung, indem er den Kurfürsten anredete: „Durchlauchtiger Kurfürst! Gnädiger Herr! Beinahe König!" Dann half er die Königskrone eiligst schmieden, die in dem Krontraktat vom 16. November 1700 so fest und haltbar zum Vorschein kam, daß Frankreich, Spanien und der Papst sie ebensowenig zerbrechen konnten, wie die Polen.

Wenn den Kaiser durch die unaufhörlichen Kriege in solche Geldverlegenheiten gerieth, daß Niemand mehr rathen und helfen konnte, dann wußte Wolff noch Rath und Hülfe. Er war gleichsam des Kaiserreichs oberster Finanzminister und Schatzmeister. Daher war er zur Zeit der Finanznoth auch am mächtigsten, indem dann der Kaiser auf Wolff's Gegner gar keine Rücksichten mehr nahm. Freilich in dem letzten Decennium der Regierung Leopold's wagte es in Wien überhaupt Niemand, als sein Gegner offen zu erscheinen. Fürchtete sich doch die ganze Beamtenschaar der Hauptstadt, mit den Abgesandten des Breslauer Raths freundlich zu verkehren, — aus Angst vor dem Pater Wolff!

Im Juni des Jahres 1696 war im Hauptquartier der Kaiserlichen Armee in Ungarn, welche die Türken bekriegte, große Uneinigkeit. Der Kurfürst Friedrich August I. von Sachsen (als König von Polen späterhin August II. genannt, oder der Starke) führte den Oberbefehl über das Oesterreichisch-Sächsische Heer nicht sehr talentvoll; die Generale geriethen untereinander in Streit, und die Sache kam in Gefahr. Da schickte der Kaiser seinen Kapellan Friedrich Wolff von Ludwigshausen in's Lager: und alsbald kehrte Friede und Einigkeit wieder. Der Kurfürst von Sachsen bewunderte den Jesuiten und wollte ihn gar nicht mehr fortlassen, hielt ihn auch über einen Monat bei der Armee fest. Mir scheint es nicht umsichtig, daß man bei der Besprechung der Rückkehr Friedrich August's in die katholische Kirche, die etwa zehn Monate später erfolgte (23. Mai 1697), den Eindruck, welchen Wolff auf ihn gemacht, nicht mit in die Wagschale fallen läßt. Aber vielleicht weiß man das nicht.

Wie schwierig die Lage der Jesuiten in Breslau war, welche Anstrengungen nöthig waren, eh' sie zu einer ruhigen Wohnung in der Stadt gelangten, haben wir gesehen. Im Jahre 1687 hatte Wolff zum ersten Male das Rektorat des Collegiums übernommen. Kurz vorher, eh' der Streit um die Universität entbrannte, finden wir ihn im freundschaftlichsten Verkehr mit den Rathmannen, sie schätzen ihn alle hoch, er ist wie ihr Protektor am Kaiserlichen Hofe, und durch ihn sind alle mit den Jesuiten versöhnt. Selbst in dem Gutachten über Wolff's Petition, welches der Rath dem Ober-Amte einreichte, als die Stimmung schon die erregteste war, sagen die Rathmanne noch, sie würden sich, so viel immer möglich, auch ferner mit den Jesuiten friedlich vertragen und ihnen, wenn sie nur die Universitäts-Gedanken fahren ließen, alle Liebe und Freundschaft wie bisher geschehen und es der Herr P. Rektor selbst gestehe, erzeigen. Allerdings hatte Wolff auch ihnen viel Liebe und Freundschaft erwiesen. Den Raths-Präses überraschte er eines Tages mit dem Titel eines Kaiserlichen Raths; denselben hatte er dem Herrn von Kampusch und dem Proto-Syndicus Schwemler erwirkt, dem ganzen Rathe aber gegen das Ende des J. 1694 das erwünschte Prädicat „Ehrenfest;" Herr von Seydel verdankte ihm seinen Ritterstand. Daß aber diese Männer sich dadurch nicht bestimmen ließen, weniger entschieden gegen die Universität, die sie nun einmal für ein Unglück der Stadt hielten, aufzutreten, mag gegen Wolff's Berechnung gewesen sein: aber edel war es. **) —

§ 11.

Die wohlinstruirte Gesandtschaft und das unüberwindliche Hinderniß.

Am Tage vor der Abreise der Breslauer Gesandten genehmigte der Rath eine ausführliche Instruktion für dieselben, die jedem Zweifel zuvorkam und es auch an dem rechten Schlusse nicht fehlen ließ; denn sie schloß mit den Worten: „Der höchste Gott segne Ihre Verrichtung, und verleihe Ihnen nach glücklicher Expedition gesunde Wiederkunft aus Gnaden!" 30) Es wird ihnen zunächst anbefohlen, sich sobald als möglich „unter göttlichem Schutz und Geleite" in die Kaiserliche Residenzstadt Wien zu begeben und sofort nach ihrer Ankunft dem Obersten Kanzler und den Assessoren der Böhmischen Hofkanzlei „gehorsamst aufzuwarten", ihr Beglaubigungsschreiben zu überreichen und ihre Motive gegen die Universität in der Hauptsache zu erwähnen. An die Kaiserlichen Hausminister, durch welche die Audienz erwirkt werden sollte, erhielten sie besondere Creditive. Das Verhalten bei der Audienz wurde genau vorgeschrieben; dabei hatten sie eine Deutschrift zu übergeben, welche „summarisch und auf's Kürzeste" den Inhalt der bei dem Ober-Amte eingereichten Deduction enthielt. Sie sollten den Kaiser „demüthigst und fußfälligst anflehen;" ob aber durch den von der Bürgerschaft und den Zünften und Zechen vorgeschlagenen wirklichen Fußfall der Gesandten von dem Kaiser mehr Gnadenbezeigung und günstigere Entschließung zu erlangen sei, das möchten sie erst „bei den des Hofes Erfahrenen" fleißig erforschen, und dann „auf dessen erlangte Gewißheit auch solches nicht unterlassen." Der Fußfall wurde also nur bedingungsweise vorgeschrieben. Den beiden Abgeordneten des Rathes wurde die Pflicht eingeschärft, den auf Verlangen der Bürgerschaft zugelassenen beiden Vertretern der Kaufmannschaft und der Zünfte und Zechen immer Alles „offenherzig mitzutheilen." In bedenklichen Fällen sollten sie schleunig durch die Post und für den Nothfall auch durch eine eigene Staffette an den Rath berichten und dessen Resolution einholen.

Die Abgeordneten verließen also, mit Allem, was Rang und Bequemlichkeit forderte, reichlich ausgestattet, am 15. November Breslau und trafen in Wien ein am 23. November gegen Abend. Sie hatten nicht weniger als 15 Creditivschreiben und überdies 6 freie Bogen mit aufgedrücktem Rathssiegel für den Fall, daß sie deren noch mehr bedürften, die sie dann selbst schreiben sollten. Am 26. November zeigten von Seyler und John dem Rathe zu Breslau ihre glückliche Ankunft in Wien an. Sie ahnten nicht, daß ihr Aufenthalt bis zum 31. Juli 1696 dauern sollte. Während der ganzen Zeit berichteten von Seyler und John regelmäßig alle drei oder vier Tage an den Breslauer Rath, und John fügte häufig noch ein vertrauliches Schreiben an Schwemler hinzu. Ihre Ausdauer ist bewundernswerth, wie das unerschütterliche Vertrauen, daß sie für eine gute Sache kämpften, wovon doch Niemand, der außerhalb der aufgeregten Breslauer Bürgerschaft stand, auch mit dem besten Willen, sich überzeugen konnte. —

Sie begegneten von vorne herein unüberwindlichen Schwierigkeiten. Die erste, die allein geeignet gewesen wäre, sie zu entmuthigen, lag in Kaiser Leopold selbst. Die übereilte Immediat-Eingabe der Rathmanne vom 2. März an den Kaiser war doch nicht so aufs Gerathewohl hin geschehen, wie es schien; sie war nicht durch ein bloßes vages Gerede veranlaßt, sondern Wolff hatte in der That im Anfange des Jahres „da und dort privatim", z. B. vor dem Raths-Präses, vor dem Herrn von Rampusch und Dr. Schwemler geäußert, er denke an die Gründung einer Universität in Breslau, und der Kaiser habe bei sich die Stiftung auch bereits beschlossen („es sei eine in pectore Imperatoris bereits resolvirte Sache"), — eine Aeußerung, die er vor einer Repräsentation des ganzen Fürstenthums Breslau, nämlich bei der feierlichen Installation des neuen Landeshauptmanns, Freiherrn von Churschwant, öffentlich wiederholte. Das ganze Verhalten des Kaisers in der Folge zeigt, daß Wolff die Wahrheit gesagt hatte. Der Beschluß des Kaisers stand von vorneherein fest, und es war der Versuch, ihn wankend zu machen, vergebliche Mühe.

Man ist von vielen Seiten gewohnt, Leopold I. einen „schwachen Kaiser" zu nennen. Meint man damit, er sei leicht zu bestimmen, und je nach den verschiedenen Einflüssen schwankend, abhängig und veränderlich in seinen Entschlüssen gewesen: so muß ich dem auf das Bestimmteste widersprechen. Der wissenschaftlich und ästhetisch wohldurchgebildete fromme und milde Kaiser, der nicht blos ein Vater der Armen, sondern auch ein Vater sieg- und ruhmgekrönter Kriegshelden war,[20]) hat bekanntlich, seit Menzel Eusebius Fürst von Lobkowitz in Ungnade gefallen (1674), dreißig Jahre hindurch dem Staatsrathe präsidirend des Reichs Geschäfte selbst geleitet. Verzögert wurde dadurch Vieles, aber was entschieden wurde, entschied er meistens selbst. Ich habe weder den Willen, noch ist es hier der Ort, alle seine Thaten zu vertheidigen: aber fest bin ich überzeugt, daß Vieles nicht so glücklich durch die Kanzleien entschieden worden wäre, als es jetzt durch ihn geschehen ist.[27]) In seine feste Tagesordnung, die er bei gewissenhaftester Zurückgezogenheit treu befolgte, gehörte auch die Sorge für die Universitäten. Wie die Gründung der Universitäten zu Innsbruck und Olmütz ihm Herzenssache war, so auch die Stiftung der Universität zu Breslau, von der ihn keine Umgebung oder Kanzlei hätte abbringen können. Die böhmische Hofkanzlei gesteht wiederholt und deutlich genug den Deputirten von Breslau ihre Ohnmacht gegen den Willen des Kaisers, der das Gewicht der Breslauer Gegengründe selbst wohl erwog und zu leicht befand. Er ließ nur den Geschäftsgang seinen Lauf, um dem Vorwurf der Willkür zu entgehen, aber sein Entschluß stand fest, und diese Festigkeit war dem Wunsche des Breslauer Rathes im Wege als ein unüberwindliches Hinderniß.

Es war nur Ein Mann um diese Zeit mächtig genug, den Entschluß wankend zu machen, aber dieser Mann betrieb gerade die Ausführung desselben, nämlich Wolff.

Die böhmische Hofkanzlei war in dieser Angelegenheit nicht blos ohnmächtig, sondern in einzelnen Beamten auch voll Intrigue und Eigennutz, wodurch überdies der Breslauer Gesandtschaft noch eine Menge der zweclosesten und verdrießlichsten Schwierigkeiten erregt wurde.

Da gab es vor Allen einen Hans Ernst von Pein, Hofkanzlei-Referendar, den sich Breslau schon früher in andern Angelegenheiten zum Patron erwählt hatte. Die Abgeordneten nennen ihn in ihren Berichten „den bewußten Freund;" aber John beklagt in seinem Tagebuche das unglückliche Geschick der Stadt, daß sie durch frühere Verbindungen an diesen schlimmen Freund gewiesen sei, von dem sie theuer erkaufen müsse, was sie von der Hofkanzlei umsonst haben könne. Er wollte aber nicht rathen, sich von ihm abzuwenden, weil er dann ein gefährlicher Feind sein würde. Dem Herrn von Pein war Wohl und Wehe der Unterthanen des Kaisers ebenso gleichgültig als Wahrheit und Gerechtigkeit. Er war in jeder Sache, in der er das Referat hatte, der Advocat einer Partei, mit der er die verschiedenen Formen des Referats, welche der ausgeforschte Wille des Kaisers möglich ließ, im Voraus besprach, indem er für jede sich eines bestimmten Kaufpreises zu versichern suchte. Dabei war er sehr eitel und hochfahrend und geübt in höfischer Verstellungskunst. Zwischen ihm und den übrigen Referenten herrschte große Eifersucht; mit Herrn von Hartig lebte er in Feindschaft. Wenn Wolff in Wien war, überfiel ihn eine große Angst; er zitterte für Amt und Glück; er klagte dann, der Jesuit „mache sie Alle dumm", oder er suchte sich selbst zu ermuthigen durch ein witziges Wort über den Namen seines Gegners, dem er jedoch Aug in Aug freundlich und dienstwillig war.

Der Referendar Georg Ulrich Pechini von Laschan war den Jesuiten befreundet, — „ei, es ist wohl eine gar liebe Societät", sagte er; und stimmte schon deshalb nicht mit von Pein. Der vierte Referendar, Kuschinsky von Kuschin. trat in der Universitäts-Angelegenheit nicht besonders hervor.

Während der langwierigen Gesandtschaft in Wien haben die Breslauer Abgeordneten es zu einer wesentlichen Verhandlung nicht bringen können, aber der unnützen Gänge und Ceremonien gab es für sie unzählige. Es war zufällig, daß John bei seiner zweiten Gesandtschaft sieben Jahre später eine komische Scene mit dem obersten Kanzler erlebte, doch ist sie in gewissem Sinne charakteristisch. Als John sich nämlich bei demselben verabschiedete, bückte er sich vor dem Kanzler, von dem er lächerliche Dinge erzählt und durchaus Nichts, was besondere Achtung einflößen könnte, so tief, daß er mit seiner „stark gepuderten Perrücke" ihm den ganzen Aermel weiß machte, ohne daß jener in seiner steifen Würde im Geringsten darauf achtete. — Es war aber im J. 1695 der Kanzler ein anderer.

§ 12.
Bemühungen und Erfolg der Gesandtschaft.

Herr von Pein gedachte die Breslauer Universitäts-Angelegenheit für sich so ergiebig als möglich zu machen. Am Tage ihrer Ankunft in der Leopoldstadt erhielten die Gesandten von ihm die Anweisung, ihre bereits gemiethete Wohnung in Wien zu beziehen, aber vorläufig incognito dort zu leben und mit ihren Aufträgen nicht hervorzutreten, da Wolff im Begriffe sei, ein Decret zu erwirken, wodurch sie gleich bei ihrer Ankunft zur Rückkehr aufgefordert werden sollten, weil es noch an den nöthigen Instruktionen fehle, namentlich das Oberamtliche Gutachten noch nicht da sei, um die Sache mit ihnen zu verhandeln. Von einer solchen Aufforderung zur Rückkehr ist wohl unter einigen Beamten die Rede gewesen, und Wolff versicherte später, er habe das Decret abgewandt: allein Herr von Pein scheint mit seinem Rathe beabsichtigt zu haben, die Abgeordneten zu verleiten, daß sie durch Versäumniß des zeitigen Besuchs die ganze übrige Hofkanzlei gegen sich einnähmen, damit er hernach als einziger Patron ein glänzendes Geschäft mache. Bald war in Wien ihre Anwesenheit bekannt, und der Oberste Kanzler erwartete Tag für Tag ihre Anmeldung. Sie kamen nicht; der Breslauer Senat war in der mündlichen Instruktion der Meinung gewesen, von Pein kenne den Hof besser als sie, sein Rath müsse maßgebend sein. Herr von Pein rieth nun, sie sollten sich ein Nebengeschäft auftragen lassen und sich damit bei dem Obersten Kanzler melden. Der Oberste Kanzler, Franz Ulrich Graf von Kinsky, wunderte sich mehr und mehr und sprach sein Befremden darüber offen aus, daß Breslauer Gesandte so lange schon in Wien seien, ohne sich bei ihm anzumelden. Von Seyler und John berichteten an den Rath. Dieser trat in Breslau mit dem Ausschuß der Kaufmannschaft und der Zünfte und Zechen sammt deren Advocaten Matthias Besser und Ernst Sigmund Schildbach wieder zusammen zur Berathung. Am 5. Dezember schrieb der Ober-Syndicus Dr. Schwemler an die Abgeordneten und gab ihnen nach einmüthigem Beschluß den Auftrag, keinen Augenblick länger zu zögern, sondern sofort die Universitäts-Angelegenheit bei dem Obersten Kanzler im Namen Gottes zu beginnen gemäß der schriftlichen Instruktion.

Nachdem sie noch wegen der Form der Creditschreiben Belästigungen erfahren, von denen sie sich jedoch durch die Berufung auf den fürstlichen Rang und das Gewohnheitsrecht der Stadt Breslau befreiten, begehrten sie, drei Wochen nach ihrer Ankunft, Audienz beim Obersten Kanzler, der sie Anfangs „wegen überhäufter Geschäfte", vielleicht auch wegen ihres langen Zögerns nicht annahm. Sie beschlossen, alle Nachmittage in seinem Vorzimmer zu erscheinen, bis sie vorgelassen würden, was aber schon am 15. December geschah. Graf Khinsky war sehr artig hörte sie eine Viertelstunde an, dankte für das Vertrauen und die Information, ließ den Breslauer Rath grüßen und gab die Versicherung, eine Kaiserliche Entschließung sei noch nicht gefaßt (d. h. dem Kanzler noch nicht bekannt geworden), es werde nichts geschehen, ohne daß ihre Vertheidigung vernommen worden sei, der Kaiser werde sich daher Alles **buchstäblich** vortragen lassen; freilich habe Se. Majestät trotzdem „ungebundene Hände", und was „aus Kaiserlicher Macht und der durch lange Erfahrung erworbenen Regierungs-Weisheit" beschlossen werde, dem müsse man sich gehorsamst unterwerfen und anhangen. Zu dem Vice-Kanzler und den Referendarien kamen sie am 16. Dezember. Der Vice-Kanzler Thomas, Graf von Tschernin, hob insbesondere hervor, daß er auf das Interesse des Kaisers geschworen habe. Er suchte sie aber mit der Erklärung zu beruhigen, daß, wenn die Stiftung der Universität nicht unterbleiben könnte, die Einrichtungen der Art sein würden, daß sie der Stadt mehr nützlich als schädlich sei.

Diese Aeußerungen waren so klar und bestimmt, daß die Abgeordneten, wenn sie nur einigermaßen den Geist des Kaisers und den seiner Hofkanzlei gekannt hätten, mit der größten Gewissensruhe hätten zurückkehren können. Da war offenbar nichts mehr zu ändern. Die vier Referendarien versprachen natürlich „alle mögliche Hülfe", wenn auch Worte fielen von der Präoccupation des Hofes (durch Wolff), und von dem fatalen Ausbleiben des Oberamtlichen Gutachtens.

Demnächst wurde die Audienz beim Kaiser betrieben. Hindernisse aller Art verursachten Verzögerungen. Die Weihnachtsferien nahten, und vor den Festtagen pflegte der Kaiser „seine Andacht zu halten;" der Graf von Waldstein, der Oberste Kämmerer, bei welchem die Kaiserliche Audienz auszubeten werden mußte, lag am Podagra darnieder. Erst beim Jahresschlusse erhielten sie bei diesem Zutritt und gnädiges Gehör; die Zulassung zum Kaiser wurde in nahe Aussicht gestellt; auch wollte der Graf Waldstein im Geheimen Rathe des Kaisers, wenn ihre Angelegenheit zum Berichte komme, ihnen günstig sein.

Unterdessen war Wolff sehr thätig. Es war ihm mitgetheilt worden, die Stadt Breslau wolle der Kaiserlichen Hof-Cammer 90,000 Reichsthaler anbieten, um mit der Universität verschont zu bleiben. Er soll darüber vor dem Hof-Cammer-Präsidenten, dem Grafen von Breuner, sich geäußert und ihn vor der Annahme gewarnt haben. Am 7. Januar schrieben die Deputirten an den Rath, Wolff arbeite Tag und Nacht und unterlasse keine nur ersinnlichen Mittel, ihnen die Audienz beim Kaiser zu erschweren oder den Erfolg im Voraus zu entkräften.

Aber die Audienz kam zu Stande am 14. Januar 1696, am Tage des heil. Felix, der gerade auf einen Sonnabend fiel. John erzählt dieselbe in seinem Tagebuch (S. 22–23) in folgender Weise mit einer Art von volksthümlichem Einfalt: „Gegen Abend halb fünf Uhr fuhren wir auf die Burg zur Kaiserlichen Audienz, Herr von Seyler und ich in seidenem spanischem Kleid mit Spitzen, — Flügel daran, — und den Mantel doppelt mit einer schon darauf stehenden breiten und noch einer zugesetzten schmalen Spitze bebrämt; item gespitzte Koller; Herr Kretschmer in schlecht seidenem Kleide, Rocke und Mantel, aber mit einem gespitzten Koller; Herr Weber in geringem Tuchkleide und geringem Koller. Einige meinten, wir müßten zu den Mänteln schwarze corduanische Schuhe haben; andere anders, es sei nicht nöthig, wir folgten den Letztern und hielten unsere gewöhnlichen Schuhe an. Als wir auf die Burg kamen, vernahmen wir, daß Niemand Audienz haben würde, als der Venetianische Botschafter unter uns, und es also eine außerordentliche Audienz wäre. Um Schlag 5 Uhr fand sich der Venetianische Botschafter ein, und ging gleich in das Audienz-Zimmer, indem wir in dem andern Antichambro aufwarteten. Kurz nach ihm that der Fürst von Solms das Gleiche, und sie warteten beide in dem Audienzzimmer so lange, bis nicht längst hernach Ihre Majestät ankamen; da kamen sie beide zurück in die andere Antichambre. Hierauf wurde der Venetianische Botschafter vorgelassen, und als er wieder herauskam, wir. Der Kammerdiener rief uns: „Die Deputirten von Breslau!" und machte die Thür auf und zu. Ihre Majestät standen auf einer erhabenen und ziemlich breiten Stufe vor einem an der Wand stehenden und mit rothem Sammet bedeckten Tische, angelehnt, hatten einen rothsammtnen leeren Sessel zur rechten Hand, und hinter diesem auf dem Tische zwei Leuchter mit weißen Wachslichtern. Nach gemachten drei Reverenzen ohne Niederknieen blieben wir nahe an der Stufe stehen, der Oberste dem Kaiser zur Linken, und allezeit Sequens dem Oberen ebenfalls zur linken Hand, ungeachtet der Kaiser weit zur rechten Hand des Zimmers stund und also unser Letzter an's Fenster, wo von rechtswegen die oberste Stelle ist, zu stehen kam. Aber Alle, die von uns hierüber befragt wurden, antworteten, so wäre es Brauch, so hielten es alle Gesandten bei Lehns- und anderen Audienzien. Ich that meine Rede über eine Viertelstunde lang, Gott lob! glücklich und mit Ihrer Majestät großer Geduld, als Die nicht ein Auge von uns wendeten, und während der ganzen Zeit nur ein paar Mal mit den Füßen umwechselten. Kurz vor dem Petito übergab Herr von Seyler das Supplicatum; er mußte mit beiden Füßen auf die Staffel hinaufsteigen, weil er andern wegen ihrer Breite zu Ihrer Majestät nicht gelangen konnte. Als das Petitum anging, fielen wir, bei den Worten: „Also sind wir abgeordnet Eurer Majestät im Namen der ganzen Stadt zu Füßen zu fallen" ꝛc. alle vier auf ein Knie nieder. Wir hatten zwar die Absprache getroffen, daß Herr von Seyler und ich gleich wieder aufstehen und die Herren Beigeordneten etwas länger bleiben sollten: in der Verwirrung aber geschah es, daß wir alle vier so lange lagen, bis das Petitum und die ganze Rede vollends zu Ende war, ungeachtet uns Ihre Majestät etliche Male winkten und befahlen aufzustehen. Hierauf gaben Ihre Majestät uns die allergnädigste Antwort, anfangs mit etwas schwacher, letztlich aber mit stärkerer Stimme: „Daß Sie unsere Vorbringung und was zur Erhaltung der Stadt erinnert worden, mit mehreren gehört hätten, selbes auch in Erwägung ziehen, sich in dem Uebergebenen ersehen, hernach, was gut und billig, befinden, und wie sie allerzeit geneigt gewesen, der Stadt Aufnehmen zu befördern, also auch in diesem besonderen Falle darauf bedacht sein würden, was ihr nicht zum Schaden, sondern zu Nutz und Consolation gereichen möge." Womit die Audienz aus war, und wir mit drei Reverenzen rückwärts zur Thür hinausgingen. Unterwegs gratulirten uns die Cammer- und Saalbedienten zur Audienz und forderten stillschweigend das Audienzgeld; wir aber bestellten sie auf den folgenden Morgen in unser Quartier. Man sagte uns aber ausdrücklich, da unser vier waren, daß man in Anzahl der Personen Unterschied im Audienzgelde machte, und wir noch dazu schon mehrere Male Dankbarkeit versprochen, wenn wir nur könnten je eher je besser zur Audienz gelangen, es auch schon vierzehn Tage so gewähret hätte, so gaben wir folgender Gestalt:

„Dem Geheimen Rathsansager, unter dem Vorwand weil unsere Sache doch in den Geheimen Rath kommen würde, 2 Rthlr. in spec. à 41 Sgr., welcher aber damit nicht zufrieden war, also daß wir es durch das Neujahr verbessern mußten; dem Cammerthürhüter 10 Rthlr. Currentgeld; dem Saalthürhüter 6 Rthlr. 20 Sgr.; den vier Cammertrabanten 5 Rthlr. 10 Sgr.; Hatschier und Leibtrabanten, — sind ihrer 20, — 10 Rthlr.; dem Thorsteher oder Schweizer 2 Rthlr. 20 Sgr. Summa des Audienzgeldes, sammt dem Ducaten in spec. für die Ansage à 86 Sgr.: Rthlr. 41 Currentgeld und 2 Sgr."

Auch das Resultat dieser Audienz war klar. Aber die Gesandten waren davon nicht unbefriedigt. Ja sie waren erfreut, da kurz vor der Audienz noch ein Sturm gedroht, indem die Vertrauensmänner ihnen mitgetheilt, der Oberste Kanzler habe am 3. Januar in der Sitzung der Hofkanzlei dem Herrn von Pein den Auftrag gegeben, ein „Zurückweisungsdecret" zu concipiren. Doch war ihnen von ihrem Patrone nicht gestattet worden, dem Obersten Kanzler darüber direkt Vorstellungen zu machen, weil dieser daraus ersehen würde, daß das Amtsgeheimniß verrathen sei. Auch der Breslauer Rath war durch ein Schreiben von dritter Hand über eine bevorstehende Gefahr beunruhigt worden: und nun hatten sie doch ein nächstes Ziel erreicht, dem Kaiser die motivirte Bittschrift selbst überreicht und in Namen der Stadt den Fußfall gethan. Hiernach war es nicht mehr in der Gewalt des Hofkanzlers, wie dieser selbst gestand, ohne Vorwissen des Kaisers die Deputirten nach Hause zu schicken. Er nahm daher den Auftrag an Herrn von Pein vorläufig zurück.

Aber gewonnen war Nichts, der Kaiser wollte den Gang der Verhandlungen eingehalten wissen, den er am 19. Mai des vorhergegangenen Jahres von Laxenburg aus vorgeschrieben hatte, d. h. Alles sollte unentschieden bleiben, bis das Oberamtliche Gutachten von Breslau eingegangen sein werde. Darnach wollte der Kaiser entscheiden, was „gut und billig", d. h. eventuell eine Modification der in Breslau zu gründenden Universität eintreten lassen, nicht aber ihre im Herzen beschlossene Stiftung völlig preisgeben.

Der Kaiser hat mit Wolff ohne Zweifel über die Universitäts-Angelegenheit wiederholt vertrauliche Unterredungen gehabt. Und es scheint, daß sie darin übereingekommen, bei der großen, krankhaften Aufregung der Stadt und während den Kriegsunruhen die Sache auf ein paar Jahre ruhen zu lassen, zumal da auch die Dotation noch große Schwierigkeiten machte. Es wäre sonst das Benehmen Wolff's, der Hofkanzlei und des Ober-Amtes nicht zu erklären. Denn zweierlei wird von jetzt an auf das Bestimmteste und Beharrlichste geltend gemacht: erstens, die Hofkanzlei legt dem Kaiser die Universitäts-Sache nicht eher zur definitiven Entscheidung vor, bis das Oberamtliche Gutachten eingegangen sein wird; zweitens, das Ober-Amt schickt sein Gutachten nicht ein, wenn nicht Wolff zuvor sich über die im voraus dem Kaiser vorgestellten Bedenken des Rathes geäußert hat. Der Rektor des Jesuiten-Collegiums zu Breslau hatte die Rathmanne auf unbillige Weise durch das Ober-Amt zur Antwort gedrängt, weil das Gutachten des letztern so bald als möglich abgefaßt werden müsse. Nun hält er dasselbe Gutachten absichtlich auf, indem er nicht antwortet. Und was geschieht? Weder mahnt der Kaiser die Hofkanzlei, noch die Hofkanzlei das Ober-Amt. Dieses hat ein einziges Mal die Jesuiten auf vielfaches schriftliches und mündliches Anbringen des Rathes gemahnt und von Einer die Antwort erhalten, Wolff wünsche noch eine kurze Frist. Dann erklärte das Ober-Amt dem Rathe, es werde sich vom Kaiser Verhaltungsmaßregeln ausbitten, was nicht geschah. Schließlich schrieb dasselbe, es könne dem Rathe nicht helfen. Warum seien auch die Deputirten vor Abgang des Gutachtens abgereist! So stand die Sache. —

Wollten also die Abgeordneten noch Etwas erreichen, so mußten sie Wolff mit Gewalt oder in Güte zu bewegen suchen, daß er dem Ober-Amte antwortete. Zu Ersterem fehlten ihnen alle Mittel. „Jedermann fürchtet sich vor Pater Wolff." „Wenn es Jemand gut mit der Deputation meint, will er vor Wolff den Schein nicht haben." Schwemler schrieb am 30. Januar an die Deputirten, der Generalvicar habe endlich dem Ober-Amte geantwortet. „Wenn nun Gott", fährt er fort, „diesen Pfaffen (P. Wolff) auch regieren wollte, mit seiner Antwort sich auch einzufinden, so dürfte das Ober-Amt mit dem Gutachten sich nicht lange differiren, welches auch die Ursache sein mag, daß unser Schreiben wegen Beschleunigung der Angelegenheit von dem Ober-Amte nicht nach Hofe geschickt worden, weil es selbst sieht, daß die Sache so lange nicht mehr anstehen kann." Am 10. März schrieben die Gesandten an den Rath, daß sie beabsichtigt hätten, schriftlich das Verlangen zu stellen, dem Wolff solle ein Termin für seine Antwort gesetzt werden. Das hat aber Herr von Pein durchaus nicht zugegeben, da Wolff für die Finanzen und auch sonst eben zu unentbehrlich sei. Sie reichten trotzdem am 22. Februar ein dahinzielendes Gesuch der Hofkanzlei ein. Darauf ließen die Abgeordneten im März ausstreuen, sie würden sich direkt an den Kaiser wenden, um Wolff zur Antwort zu nöthigen. Das wäre für Wolff und für den Kaiser unbequem gewesen; daher stellte sich ersterer eine Zeit lang, als mache er Ernst mit der Antwort; er erklärt wiederholt, mit nächster Post die Sache zu befördern, entschuldigt seine Zögern, er habe seine Gründe zusammengestellt und zur Ersparung der Zeit einem Andern die Ausarbeitung überlassen; nun sei aber der Stil zu scharf geworden; er müsse eine Umarbeitung vornehmen, um eine mildere Form zu gewinnen, denn er wolle alle Unfreundlichkeit der Stadt vergessen, selbst daß der Rath die Universität „eine Pest der Stadt" genannt habe. Im April wollte John wieder amtlich vorgehen gegen Wolff, aber Herr von Pein sagte: „Ei, bei Leibe nicht, so lange man noch immer mit Mobilmachung der Armee beschäftigt ist, ist P. Wolff unentbehrlich und mit ihm nichts anzufangen." Er wurde ganz heftig, drohte seine Hand von ihnen abzuwenden und sagte, der Erfolg würde sein, daß sie augenblicklich mit Schande nach Hause geschickt würden. Die Deputirten und ihr Patron erschöpften sich in Conjecturen, wann Wolff wohl seine Antwort einschicken werde: allein sie trafen alle nicht das Ziel. Sowohl die Rathmanne in Breslau als die Deputirten in Wien kamen in der Ueberzeugung, er wolle sie nur durch Hinhalten ermüden und die Gesandtschaft nöthigen, ohne jedes Resultat ihre Rückkehr anzutreten. Auch dadurch suchte er sie zu entmuthigen, daß er überall und beharrlich behauptete, die Gründung der Universität sei ganz gewiß. Bei persönlicher Begegnung mit den Abgeordneten war er stets freundlich, reichte die Hand, trug Empfehlungen an den Rath auf, bezeugte seine wohlwollende und dankbare Gesinnung gegen Breslau und bot sich ihnen in anderen städtischen Angelegenheiten zu persönlichen Diensten an. Er sprach aber ganz offen mit ihnen, wie er der Meinung sei, daß der Rath erst die Bürgerschaft in Aufregung versetzt. Er habe übrigens den Kanzler von dem Decrete, wodurch sie förmlich nach Haus hätten geschickt werden sollen, abgehalten, weil das für sie verdrießlich gewesen wäre und ihn, der in Breslau jederzeit so viel Liebe genossen, betrübt haben würde. Allerdings scheine es ihm auch besser, daß fernere Unkosten gespart würden und lieber künftig für die Kinder der Breslauer verwendet würden, welche die Universität besuchen sollten. An diesen etwas ironischen Scherz knüpfte er die Bemerkung, er habe auf vertraulichem Wege ihre ganze Kritik seiner Petition, die sie dem Ober-Amte eingereicht, zu Gesicht bekommen. Dem Dr. John sagte er einmal: wenn Rathsherren gegen die Universität seien, ginge es hin, aber nicht wenn Doktoren, welche Prämien und Gradus auf der Universität erhalten hätten, also gegen ihre Mutter sich erhöben. Er scherzte gern; den vier Referendarien der Hofkanzlei sagte er einmal in Gegenwart des Obersten Kanzlers: wenn sie ihm nicht zur Universität helfen wollten, würde er sie alle excommuniciren. Herr von Pein erzählte den Abgeordneten, er habe darauf geantwortet: „Wozu solche Drohung, wenn Ew. Hochwürden nach Ihrer häufigen Aussage der Universität schon versichert sind!"

Wolff war allen intriganten Hofleuten verhaßt. Er war nämlich klüger als Alle und durchschaute leicht ihr selbstsüchtiges Treiben. Sie rächten sich, wie sie konnten. Wolff besuchte im Monat Mai einen Jesuiten-Convent in Prag. Auf dem Wege starb sein Begleiter, der P. Homan. Gleich sagten die Wiener, es sei schade, daß Wolff als sein guter Freund ihm nicht Gesellschaft geleistet hätte. Sie streuten in Wien und in Breslau aus, Wolff sage den Abgeordneten Uebles nach, was John sehr schmerzte. Aber selbst Herr von Pein glaubt nicht Alles, was in dieser Hinsicht dem Jesuiten schuld gegeben wird. Der Fürst von Salm und Graf Tschernin geben nur zu, daß er „etwas geschwind im Reden" sei. Die Zuversicht, mit der er von der Stiftung der Universität sprach, war diplomatisch berechnet.

Die Abgeordneten besuchten nach der Audienz beim Kaiser die noch übrigen Minister oder Mitglieder des Geheimen Raths und waren entzückt über die gnädige Aufnahme. Auch dem Fürstbischof von Breslau, der im Januar nach Wien kam, machten sie am 22. Januar ihre Aufwartung, um ihm anzuzeigen, für sie zu thun, was möglich sei. Aber der nüchterne Schwemler schrieb am 30. Januar, sie sollten sich dem Fürstbischof nicht anvertrauen, nur das eine oder andere Mal sich ihm vorstellen; er sei nur durch die Kaiserin zu gewinnen, und diese sei in Wolff's Händen. Auf alle die gnädigen Audienzen sei kein festes Argument für einen günstigen Erfolg zu bauen. Und er hatte Recht. —

Sie machten sich auch viel zu schaffen mit der Frage, ob sie bei dem Könige von Rom und bei der Kaiserin Audienz suchen, und ob sie ihnen Geschenke darbringen sollten. Von den widerstreitenden Ansichten siegt zuletzt die, daß das Alles unterbleiben soll.

Als den „biedersten Deutschen" bezeichnen sie den Obersten Kanzler, den Grafen Khinsky. Der hat ihnen aber auch die offene Wahrheit gesagt, und es ist auffallend, daß sie sich nicht durch ihn belehren ließen. „Es wundert mich nur", sagte er zu ihnen, „daß die Herren die Sache so treiben, und nicht das Gegentheil; sie muß mit Zeit und Gelegenheit vorgenommen werden, und wird mit Ihrer Gegenwart nicht ausgemacht werden; Sie machen nur vergebliche Unkosten, und ich muß es Ihnen nur sagen: man wird Sie auch dahin instruiren." John erwiederte — es war am 21. Februar —: „Ew. Excellenz wollen gnädigst erlauben, nur dies Wenige zu gedenken. Die Stadt ist einmal in der Bekümmerniß; wenn wir ohne Resolution zurückkommen sollten, würden wir mehr Furcht und Schrecken mitbringen, die Stadt unsere Zurückweisung als negative Entscheidung annehmen, und lauter Confusion entstehen." Darauf der Kanzler: „Je nun, wenn Ihnen mit unnöthigen Unkosten gedient ist, so kann man es wohl geschehen lassen." John erwiederte: „Der Magistrat schreibt uns ohnedieß gar beweglich, wie alles in Confusion sei, der Fürstentag erfordert viele Leistungen, Niemand wolle etwas contribuiren, sie wüßten nicht, wie sie würden folgen können." Da sagte der Kanzler, offenbar, diese Sprache übel nehmend: „Ihre Majestät würden schon Mittel hierzu haben, und die Devotion und der Eifer des Magistrats gegen die Stadt dadurch nicht vermindert werden." John antwortete: „Ei behüte Gott! das wäre nicht die Meinung." Darauf der Kanzler wieder: „Nun, das weiß ich wohl; versichere im Uebrigen die Herren, es solle in Allem legaliter in der Sache verfahren werden, will schauen, was zu thun sein wird." —

Alles, was sie nun thaten in der folgenden langen Zeit ihrer Gesandtschaft, beinahe bis Mitte Juni, bestand darin, daß sie das Referat ihrer Eingabe vom 22. Februar, welche den Wolff zur Einreichung seiner Antwort an das Ober-Amt innerhalb eines bestimmten Termins zwingen sollte, betrieben; aber von Pein weigerte beharrlich, darüber zu referiren, weil es nur schaden könnte. Außerdem beschwerten sie sich über dies Hinhalten von Seiten der Jesuiten allerorts, drohten dort, wo sie wußten, daß es Wolff wiedererfuhr, sich an den Kaiser zu wenden, sagten, Jener müsse Mißtrauen in seine Sache haben, da er so zögere, und bekämpften diejenigen seiner Gründe für die Universität, auf welche man in Wien am meisten gab, am entschiedensten.

Herr von Pein hatte sie aber vollkommen in seiner Hand und suchte sie auf alle Weise auszubeuten. Zunächst mußten sie sich's gefallen lassen, daß er seinen Secretär Köhler, der um Vieles wußte, was nicht offenbar werden durfte, als Stadtschreiber von Breslau anbrachte und versorgte. Am zehnten April reiste derselbe schon nach Breslau, während von dem frühern Stadtschreiber Kamper erst die Krankheit gemeldet war. Er war ein durchtriebener Schwindler, der seinem Herrn durch Wichtigthuerei und Aufschneiderei die Schande der Bestechlichkeit so reich als möglich mit Gold zu bedecken suchte. Dies erfuhren die Deputirten dermaßen, daß der Tuchmacherälteste „Herr Weber" mit seinem gesunden Menschenverstande ihn schnell durchschauend einen tiefen Groll gegen ihn faßte und hegte, und denselben eines Abends, — am 23. Januar, — nachdem er beim Gastmahl sich „einen großmächtigen Rausch" getrunken hatte, ohne alle Rücksicht gegen ihn ausließ in Vorwürfen. An demselben Abende sagte ihm von Seyler „derb und deutsch" die Wahrheit, wobei er unschuldig that. Diesem Menschen also mußten von Seyler und Kretschmer, um dem Herrn von Pein zu gefallen, Empfehlungsschreiben mit nach Breslau geben, damit er Stadtschreiber werde, was auch geschah. John konnte es nicht über sich gewinnen, ihn zu empfehlen.

Herr von Pein war empört, daß John einmal Herrn von Hartig consultirt hatte, und als er in den Argwohn verfiel, es sei dem Breslauer Agenten Fischer Vertrauen geschenkt worden, wollte er sich von ihrer Sache lossagen.

Auf eine alle Bescheidenheit hintansetzende Art nöthigte die Frau von Pein die Abgeordneten, ihr zu ihrem Namens- und Geburtstage, obgleich der Winter bereits zu Ende ging, einen Zobel-Muff mit goldenem und silbernem Bande für 50 fl. zu schenken, und ihrem Manne zum Namenstage zwei silberne Tassen- und Kaffeekännchen für 102 Rthlr.

Im Anfange der Gesandtschaft sprach Herr von Seyler mit Herrn von Pein über den Fall, daß es gelänge, Breslau von der Universität gänzlich zu befreien, indem dieselbe in einer anderen schlesischen Stadt gegründet würde, und bot dem Referenten für seine Mitwirkung dazu 3000 fl. Er nahm das Anerbieten weder ausdrücklich an, noch wies er es ab; verhieß aber Unterstützung nach Möglichkeit. Köhler insinuirte dann, es müßten für ein solches Resultat wenigstens 6000 fl. geboten werden. Sein Herr empfange für volles Gelingen in ganz geringen Privatsachen 1000 Ducaten. Auch habe unlängst Herr von Kuschini für ein günstiges Referat in einer Sache 12,000 Rthlr. erhalten und Herr von Pechini 8000. Der Breslauer Agent Fischer sagte später freilich, Herr von Kuschini habe in der erwähnten Sache nicht mehr als 1000 fl. bekommen. Eine Nachforschung über die Wahrheit des Einen oder des Anderen durfte wegen des schon zürnenden Herrn von Pein nicht angestellt werden.

Einmal kam Herr Köhler und fragte die Abgeordneten, ob sie die Universität mit 100,000 fl. redimiren wollten, nicht per modum eines Darlehens, sondern per modum pretii. Sie erklärten, in dieser Hinsicht keine Instruktion zu haben. Das Ansinnen war in jeder Weise unwürdig und eitel. Wuttke (a. a. O. S. 510) theilt mit, diese 100,000 fl. hätten zur Ausstattung der an einem andern Orte zu gründenden Universität dienen sollen. Ich habe eine solche Notiz nicht finden können. Aber auch diese Intention zugegeben, wäre es doch nichts als eine Expressung gewesen. Von Geschenken war außerdem noch viel die Rede. Herr von Pein meint auch, dem Fürsten von Salm seien 500 Ducaten in spec. anzubieten und dem Baron Blumberg 200 fl. Die Deputirten dachten sogar an Geschenke für die Kaiserin und für den König von Rom, sofern sie erkännten, daß deren Fürsprache förderlich und dadurch zu gewinnen sei.

Sie sahen jedoch endlich ein, daß alle diese heimlichen Verhandlungen mit all' dem Ansinnen und Anerbieten gänzlich nutzlos seien, da sie nicht bis an Wolff's mächtige Stellung und bis an des Kaisers festen Willen reichten. Es trat daher auf ihren sorgfältigen Bericht in Breslau der Ausschuß der Bürgerschaft mit dem Magistrate nochmals zur Berathung zusammen, und die Deputirten erhielten ein neues, von ihnen vorgeschlagenes, aber in jener Berathung etwas modificirtes Bittgesuch in authentischer Form, das sie der Hoftanzlei überreichen und dabei „inständigst und beweglichst anhalten" sollten, daß darüber so bald als möglich referirt und Beschluß gefaßt werden möchte. Die Ueberreichung geschah am 14. Juni. Die Audienz bei dem Obersten Kanzler war „an Miene, Geberde und Begleitung recht gnädig." Ueber die Sache sprach er sich ganz ähnlich aus wie in der früheren Audienz. Das Bittgesuch wurde nun bei allen Mitgliedern der Hoftanzlei angelegentlich empfohlen. Es zielte aber ab auf ein sogenanntes „Interims-Decret", wodurch „die bekümmerte Bürgerschaft einigermaßen getröstet und von der Furcht und Verwirrung, worein sie H. P. Wolff........ durch die gerühmte Gewißheit der Universität versetzt habe, befreit werden möchte." Der Ausschuß hatte zwar auch gewünscht, daß die Bitte hinzukäme, es möge dem Decrete die Erklärung beigefügt werden, daß der Kaiser „ohne der Stadt Vorwissen in der Universitäts-Angelegenheit dem P. Wolff Nichts bewilligen werde", allein der Rath hatte dies gefährlich gefunden; die Deputirten würden besser im letzten Augenblicke, wenn sie sähen, daß es zum Decrete käme, auf solchen Zusatz schriftlich und mündlich bringen. Dieses wurde aber von dem Referenten Herrn von Pein nicht zugelassen, und es trat an die Stelle die Verhandlung über eine dem Decrete zu inserirende „Clausula consolatoria." Das Referat erfolgte in der Hoftanzlei am 6. Juli. Am Nachmittage desselben Tages beschied Herr v. Pein die Abgeordneten zu sich, und theilte ihnen, das Amtsgeheimniß hintansetzend, mit, daß „ein Zurückweisungs-Decret cum clausula consolatoria beschlossen sei", das Tröstliche sollte aber nur darin liegen, daß ihnen gesagt werde, „weil die Sache noch nicht völlig instruirt sei, so sei es am besten, daß sie zurückgingen (nach Breslau); der Kaiser würde hernach befinden, wie es die Gerechtigkeit der Sache erfordere." John war anfangs außer sich, das sei eine schlechte Tröstung; barnach sei die Stadt keinen Augenblick sicher, P. Wolff würde den günstigen Moment schon wissen und Alles erreichen; es möchten wenigstens die Worte eingefügt werden: „es sei jetzt nicht zeitgemäß, an die Universität zu denken." von Pein bemerkte, das habe er bei der Berathung vorgeschlagen, es sei aber ausdrücklich verboten worden. Wolff sei eben überall „unentbehrlich und hochangesehen", es dürften ihm die Augen nicht zu sehr aufgethan werden; er würde bei seiner Rückkehr die ganze Hölle gegen sie in Bewegung setzen, wenn in seiner Abwesenheit — er war gerade bei der Armee in Ungarn — etwas Ungünstiges gegen ihn decretirt würde. Die Deputirten bestanden darauf, er sollte doch einen guten Zusatz wagen. Er meinte, einmal lasse der Oberste Kanzler einen solchen doch nicht stehen, dann würde er auch seine ganze Reputation auf's Spiel setzen, — „er könne sich aber nicht für einen Anderen massacriren". Sie erhitzten sich gegenseitig; aber Herr von Pein wollte nur seinen „tröstlichen Zusatz" so theuer als möglich verwerthen. Herr von Hartig sagte ihnen hernach, Herr von Pein könne das Concept schon nach ihrem Sinne einrichten. Allerdings müsse er behutsam sein, denn P. Wolff habe ihn bei dem Obersten Kanzler verdächtigt und gesagt, die Breslauer hätten 40,000 Fl. zu Bestechungen mitgebracht, wovon die Hälfte für Herrn von Pein bestimmt sei. Darauf verhandelte Vogel, der Secretär des Herrn von Pein, mit ihnen. von Seyler und John wünschten auch neben dem tröstlichen Zusatz, daß ihnen in dem Decrete der Titel „Herr" gegeben werde. Am 7. erfuhren sie, das Concept liege dem Kanzler vor, es stünden die Worte darin: „noch zur Zeit", und „daß wir Ihre Majestät jederzeit auf die Conservation der Stadt bedacht gewesen, also werde Er in statu publico nichts nachtheiliges widerfahren lassen." Und als Vogel am 8. Juli meldete, das Decret sei ohne Aenderung unterzeichnet, rief John aus: „Deo sit laus et gloria in sempiterna saecula! Gott! Du erhörest Gebet, darum kommt alles Fleisch zu Dir!" So sprach er auch am 9. Juli, als das Decret ihnen eingehändigt wurde, ein Dankgebet, das mit den Worten schließt: „Ach Du heilige Dreifaltigkeit, erbarme Dich ferner über uns, wende Alles zum Besten und verleihe ein glückseliges Ende!" Doch gestand er, daß die Ursache des Dankes kein vollständiger Sieg sei, sondern das Glück, „daß sie nicht schimpflicher abgewiesen worden." Der Hoftanzlei bezahlten sie nach freiem Ermessen aber officiell für die Ausfertigung des Decrets 50 Fl., und als die Kanzlisten unzufrieden waren und noch 10 Fl. dazu wünschten, auch diese, also 60 Fl. Außerdem erhielt Herr von Pein für seinen tröstlichen Zusatz 1500 Fl., Kuschinsky und Pechini jeder 300 Fl., Bischer 100 Fl. und Vogel

50 Fl. Dem Vice-Kanzler wurden 1000 Fl. angeboten und Herrn von Hartig 400 Fl.: diese beiden nahmen aber die Geschenke nicht an, waren jedoch sehr freundlich. Herr von Seyler und John hatten noch einen Wunsch, nämlich, daß den Beigeordneten, Kretschmer und Weber, in dem Decret der Titel „Ehrbar" statt „Ehrsam" möchte gegeben sein. Herr von Pein erfüllte den Wunsch, indem er auf eigene Auctorität in dem Original-Decret durch Rabirung und Ausfüllung die Aenderung vornahm.

Der Hauptinhalt des Decretes lautete dahin: Wegen der augenblicklichen Lage des Staates und noch nicht vollständiger Instruction könne die definitive Entscheidung in der Universitäts-Angelegenheit sich noch etwas verziehen, so daß die Abgeordneten der Stadt Breslau darauf in Wien zu warten nicht nöthig hätten. Es werde aber der Kaiser, der für den Wohlstand und die Erhaltung seiner Königl. Stadt Breslau jederzeit gnädigst Vorsorge trage, die Sache noch genügender Instruirung mit aller erforderlichen Legalität und gebührender Beobachtung der Umstände, auch der Justiz gemäß fassen zu lassen bedacht sein. Es werde der Stadt Breslau nichts Unbilliges oder Nachtheiliges widerfahren; die Resolution über die Universitäts-Angelegenheit werde also ergehen, daß die Stadt mit Fug darüber sich zu beschweren nicht Ursache haben, noch zuversichtlich dessentwegen in Abfall gerathen werde.

Die Deputirten schickten am 11. Juli ihr theures Decret nach Breslau. Am 19. Juli erklärte der Rath mit dem Ausschuß der Bürgerschaft, „daß das Decret also beschaffen wäre, daß man Gott dafür zu danken hätte, und die Abgeordneten nunmehr nach genommenen Abschieds-Audienzen zurückkehren sollten." So wurde es ihnen nach Wien geschrieben. An demselben Tage war ihnen schon die Abschieds-Audienz beim Kaiser bewilligt worden. Es war die Gelegenheit aber diesmal eine allgemeine Audienz, bei welcher sie erst an dreizehnter Stelle vorgelassen wurden. Nach den üblichen Ceremonien sprach wieder Dr. John, und zwar ungefähr Folgendes: Seine Majestät werde sich gnädigst entsinnen, wie sie zu Anfang des Jahres vor Dero Gnadenthrone fußfällig geworden und die Universität deshalb deprecirt hätten, weil dadurch der Stadt vornehmste Privilegien vernichtet, die Commercia und Manufakturen in die benachbarten Länder verjagt, die bisherige Ruhe und Sicherheit der Stadt zerstört, die öffentlichen und die Privatverhältnisse in die größte Verwirrung gebracht würden und die Stadt also in Kurzem ruinirt, woraus denn auch Verarmung des Landes erfolge, so daß die Kaiserl. Königl. Cammer jährlich viel Tonnen Goldes verlieren würde. Nun hätten zwar der Breslauer Rath und die Abgeordneten bis dahin eine definitive Abwendung dieser Gefahr erseufzet und von aller Furcht gänzlich befreit zu werden gehofft: da es indessen Sr. Majestät anders gefallen und zwar sie gemäß dem Interims-Decret zu bescheiden, so venerirten ihre Principalen und sie diese allergnädigste Interims-Resolution mit Submission und Danksagung, des Vertrauens lebend, der Kaiser werde die treugehorsamsten Rathmanne und die Bürgerschaft ferner unter seinem Schutz und in Gnaden halten, und weil doch gewiß und wahrhaftig der Stadt kein größeres Unglück und kein größerer Schaden widerfahren könnte, als wenn eine Universität in ihr gegründet würde, sie insonderheit hiermit allezeit verschonen. Es war ein heißer Tag, und der Kaiser durch die zwölf vorangegangenen Audienzen schon ziemlich müde und matt. Er mußte sich öfter den Schweiß abtrocknen und konnte nur mit schwacher Stimme erwiedern, so daß die Deputirten nicht Alles verstanden. Doch hatten sie den Eindruck, daß die Antwort sehr gnädig sei. An nachdrücklichen Stellen hob er auch die Stimme, doch ließ er sie bald wieder sinken. So viel hörten sie aber: Er hätte ihren Vortrag vernommen. Da es für diesmal die Beschaffenheit der Sache und Zeit und Gelegenheit nicht anders hätte leiden wollen, so sollte die Stadt mit der Interims-Resolution nur zufrieden sein. Gleichwie er der Stadt Devotion versichert wäre, also wolle er hinwiederum gegen sie weder jetzt noch künftig etwas befinden, was zu ihrem Präjudiz oder Nachtheil gereichen könnte. „Und bleibe ich", so schloß er, „im Uebrigen dem Magistrate und der ganzen Bürgerschaft, wie auch Euch Abgeordneten mit Kaiserlicher Huld und Gnade beigethan und gewogen."

Es wurden wieder 25 Rthlr. Audienzgelder bezahlt.

Auch mit den übrigen Abschieds-Audienzen waren sie sehr zufrieden, besonders bei dem Fürsten von Salm, der nicht sehr gut mit dem Grafen Khinsky stand und ein systematischer Gegner der Jesuiten war.

Am 27. Juli erhielt Kretschmer von der gesammten Kaufmannschaft noch eine besondere Mission, wonach er, wie unangenehm es ihm auch war, in Wien zurückbleiben mußte bis zur Entscheidung der Vermögensteuer=Sache der Kaufmannschaft. Die Uebrigen aber traten am Tage des h. Stifters des Jesuiten=Ordens, am 31sten Juli, Nachmittags um 5 Uhr ihre Rückreise an. Am 8. August brachen sie von Ohlau auf, und nachdem sie 1¾ Meilen den Weg fortgesetzt, trafen sie zu Rabelwitz ihre Verwandten und Freunde, die ihnen entgegengekommen waren. Mit diesen zogen sie froh nach Breslau, wo sie zuerst dem Raths=Präses ihren Gruß brachten und dann nach Hause gingen.

§ 13.
Verschiedene Auffassung.

Wie sehr auch John in dem ersten Gespräche mit Herrn von Pein wegen des Interims=Decretes erschrocken war und ganz richtig bemerkt hatte, daß so die Stadt keinen Augenblick sicher sei vor der Universität, so hatte er sich doch nach und nach bis zu dem Grade beruhigt, daß er selbst die Meinung anzunehmen schien, Wolff sei auf geschickte Art in Bezug auf die Stiftung der Universität ad Calendas Graecas vertröstet. Referenten der Hof=Kanzlei und Mitglieder des Geheimen Rathes hatten ihn durch ihre Aeußerungen auf diesen Standpunkt zu versetzen gesucht, insbesondere aber der Fürst von Salm. Dieser bezeugte bei der Abschieds=Audienz große Freude über das Decret und behauptete, Wolff werde nun und nimmermehr etwas erreichen; die Sache würde jetzt in statu quo verbleiben.

Nach der Rückkehr besuchte John am 10. August das Rathhaus und das Consistorium; am 11ten speiste er bei dem Raths=Präses, dem er nach dem Essen die für ihn mitgebrachten Geschenke zu dessen großer Freude übergab. Die Geschenke zeugten von dem harmlosen Verhältnisse, in dem sie standen; denn es befanden sich darunter unter Anderm auch „zwei feine Schlafmützen", worin gewiß keine schlimme Beziehung zu suchen war. Am 14. August trug er in geheimer Sitzung des Magistrats seinen schriftlich abgefaßten schönen Bericht vor mit mündlichen Erklärungen und Ergänzungen. Darauf folgte am 18. August ein Bericht in pleno, bei welchem das Kaiserliche Decret in originali vorgelesen und dem Senat übergeben wurde. In dieser Sitzung wurde beschlossen, mit dem Vortrage vor der Bürgerschaft zu warten, bis Kretschmer zurückkomme, damit dieser die Gemüther der Kaufleute durch seine Erzählungen für das Resultat der Gesandtschaft im Voraus günstig stimme; und zweitens sollte der Vortrag nicht in dem großen Saale vor der gesammten Bürgerschaft geschehen, sondern in der Rathsstube vor einem starken Ausschusse. Am 21. August kehrte Kretschmer zurück und am 28eiusd. gab er in dem Hause der Kaufleute einen Bericht aus seinem Tagebuche, lobte die Reden, welche John gehalten, und theilte eine Abschrift des Decretes mit, die er nach der Abreise der übrigen Gesandten von der böhmischen Hof=Canzlei sich hatte geben lassen. Die Kaufmannschaft gab ihre Zufriedenheit mit der Wirksamkeit der Gesandtschaft zu erkennen. Der schriftlich abgefaßte Bericht des Kretschmer wurde in dem Archiv der Kaufmannschaft niedergelegt. Schließlich erstattete John am 1. September dem Ausschusse der Bürgerschaft in der Rathsstube Bericht, und zwar indem er einen Auszug von dem am 18. August in pleno des Rathes gehaltenen Vortrag mittheilte. Es leuchtet überall die bestimmte Tendenz hervor, die Bürgerschaft zu beruhigen. Das Interims=Decret, sagt er, „mit göttlicher Verleihung und des Herrn Referenten gnädiger Hülfe erreicht." Er hebt die tröstlichen Versicherungen in den Abschieds=Audienzen hervor und betheuert, daß Alles geschehen und Alles erreicht worden sei, was möglich gewesen. Jedem der Abgeordneten „gebe Gott und sein gutes Gewissen das Zeugniß", daß es „an Beten und Arbeiten, und sowohl an Demuth und Geduld, als auch durch göttliche Verleihung an nöthigem Herz und Muth nicht ermangelt habe." Dann macht er auf den Erfolg aufmerksam, der Anfangs geringer scheinen mag, als er ist. Es ist aber durch die Gesandtschaft bewirkt worden: 1) daß in Wien nichts übereilt und vor gehörter Einsprache der Stadt geschehen ist; 2) daß die Bürgerschaft nun weiß, daß der Kaiser die Universität noch nicht resolvirt hat, und 3) daß er der Stadt in Gnaden zugethan ist und nichts willkürlich oder gewaltthätig thun wird, sondern Alles der Gerechtigkeit gemäß. Daher kann 4) die Stadt nun wieder in Ruhe und Frieden ihren Handel und Wandel fortsetzen. Jedenfalls werde ja nun Nichts in der Stadt ohne ihr Vorwissen geschehen. „Inmittelst wollen wir es Gott befehlen, daß, wie in diesem negotio seine eigene Ehre concurrirt und Er darin fleißig und inbrünstig angerufen werden, derselbe auch nach seinem unerforschlichen Rath und Willen Alles gut gemacht habe und noch ferner gut machen werde." — Schließlich wird der Ausschuß der Bürgerschaft ermahnt, von dem Berichte nicht an ungeziemenden Orten „unnöthige Discurse" zu führen, oder „zur Verachtung des Gegentheils" damit groß zu thuen. Dadurch könne Alles verderben werden. Endlich weist er noch darauf hin, in welcher Art die Kosten der Gesandtschaft gedeckt werden sollten.

So war die Stadt denn wieder ruhig. Der Rath und sein Syndicus hatten Alles zur Beruhigung gethan, und es läßt sich nicht leugnen, daß sie, wie unrichtig auch sonst ihr Standpunkt sein mochte, der Bürgerschaft gegenüber edel und mit weiser Zurückhaltung gehandelt haben.

Aber lag denn so viel Grund der Beruhigung in dem Decrete, als sie darin fanden oder vor der Bürgerschaft finden mußten? Für den Sinn des Decrets ist wohl der competenteste Interpret der oberste Kanzler, Graf Khünßl. Er verabschiedete aber die Abgeordneten mit folgenden Worten: „Ich kann nichts anderes thuen, als den Herren Millionen Mal Glück auf den Weg wünschen und sie versichern, daß die Sache nicht übereilet, sondern legaliter verhandelt werden soll. Die Herren dürfen sich auch nicht fürchten, daß etwas ex affectu geschehen werde, sondern Alles nach der Prudenz und der Legalität gemäß." Das heißt: es wird die Sache nicht auf sich beruhen bleiben, sondern entschieden werden, und zwar ohne Ansehen der Person, also auch ohne Ansehen der Stadt, sondern wie es die Weisheit, und wie es unser Beruf für das höhere Wohl der Völker fordert. So hat auch der Kaiser gesagt: „Ihr werdet Euch nicht mit Fug beschweren können." Weder der Oberste Kanzler noch der Kaiser hat irgend ein Motiv der Breslauer gegen die Universität anerkannt; sie sagen nur: was entschieden werden wird, ist weder gegen die Weisheit, noch gegen die Gerechtigkeit.

Es unterliegt auch gar keinem Zweifel, selbst nach den Aeußerungen des Herrn von Pein und besonders nach der Sprache des obersten Kanzlers, daß Wolff, wenn er seine Antwort dem Ober-Amte hätte zugehen lassen, eine günstige Kaiserliche Resolution würde erhalten haben. Zur definitiven Entschließung hatte der Kaiser Information mehr als genug. Die augenblickliche Lage des Staates war nur Vorwand; Wolff hatte einen triftigen Grund, die Stiftung der Universität hinauszuschieben zu lassen; aber sie war beschlossen im Herzen des Kaisers. Den günstigen Zeitpunkt für die Eröffnung erwartete er noch. Das wußte Wolff, und darum trug er Sorge, daß die Universität von dem Collegium vorbereitet werde.

§ 14.

Die Vorbereitung.

Das Zögern des P. Wolff mit der Antwort an das Ober-Amt lag nicht in einem Mangel an Vertrauen auf seine Sache, sondern in Verlegenheit, welche die Dotation bereitete. Die geistliche Behörde zu der Domkirche hatte deutlich genug in der dem Rektor der Jesuiten auch nicht verborgenen Antwort an das Ober-Amt erklärt, daß nur dann auf ihre Unterstützung bei der Gründung der Universität zu rechnen sei, wenn man nicht an die Verleihung geistlicher Pfründen an Professoren und überhaupt nicht an die Verwendung geistlicher Güter für die neue Stiftung denke. Wolff hatte für die Besetzung der Professoren der Jurisprudenz und Medicin Kaiserl. Königl. Lehen in Aussicht genommen, während die beiden andern Facultäten von dem Vermögen der

Gesellschaft Jesu existiren sollten. Aber das Reich war in Finanznoth, der Kaiser brauchte Alles, was er hatte und noch mehr zu den Kriegsrüstungen, und in letzterer Hinsicht hatte Wolff seine eigene Societät gegen sich.

Die Erwartung des Herrn von Prin und der Abgeordneten, Wolff werde seine Antwort nach der großen Conferenz der Jesuiten aller Kaiserl. Erbländer zu Prag am 12. Mai 1696 einreichen, war nicht ganz ohne Grund. Er scheint damals mit seiner Ausarbeitung wirklich fertig gewesen zu sein, und er wußte, daß ihm nach Einreichung derselben die Universität bewilligt werden würde. Darum irrte man, wenn man sein Zurückhalten der Antwort aus der Absicht, die Breslauer Abgeordneten zu ermüden, erklärte: er harrte vielmehr auf die Zustimmung der Societät zur Verwendung bestimmter ihr zugehöriger Güter für die Universität. Was ein gewisser Dr. Ettner damals den Abgeordneten in Wien sagte: „das Privilegium der Universität läge schon, in blauen Sammet und mit silbernen Buckeln eingebunden, bei Sr. Majestät, und es mangele nichts daran, als die Kaiserliche Unterschrift", ist nicht so unwahrscheinlich, als diese meinten. Ihr Einwand, es sei noch kein Gutachten da und in der böhmischen Kanzlei noch nichts vorgekommen, ist nicht von besonderem Gewicht. Der Kaiser hatte Gutachten nur zu seiner eigenen Information verlangt; über Wolff's Gründe für die Universität war er längst informirt. Die böhmische Hofkanzlei sollte das Privilegium selbst nicht entwerfen, sondern nur mit unterschreiben. Wolff's Antwort, das Oberamtliche Gutachten, der Antrag der Hofkanzlei konnte sehr schnell aufeinander folgen. Dr. Ettner deckte das Geheimniß auf, ohne daß es verstanden wurde; er sagte nämlich: „Wolff verzögere es (das Privilegium) nur darum noch, damit er die Universität mit um so größerem Erfolge und mit genugsamen Fundationen und Unterhaltungsmitteln" in's Dasein rufe.

Nun traf es sich aber, daß gerade damals die Regierung zu Liegnitz in Vereinigung mit dem katholischen Stadtrathe (die acatholischen Mitglieder nicht eingerechnet) die Absicht aussprach, ein Jesuiten-Seminarium oder „Collegium daselbst zu gründen. Dazu war bereits ein Stiftungsfond vorhanden, und Wolff hoffte wohl, es in Prag durchzusetzen, daß dieser Fond vielmehr der neuen Universität überwiesen werde. So erfuhren es wenigstens die Abgeordneten. Doch die Societät wollte sich darauf durchaus nicht einlassen; in Bezug auf „Fundations-Geld und Stiftsgüter" zu Liegnitz war sie für die Verwendung zur Errichtung eines Collegiums. Der Besitz der Güter als Universitätsfond war ihr ohne Zweifel nicht sicher genug. Eine Universität war auch in den Händen der Jesuiten immer eine selbstständige Corporation, die neben ihrer Genossenschaft stand. Kam eine solche aus ihren Händen, so waren die Güter derselben für die Societät mit verloren. Diese Reflexion erregte dem P. Wolff eine unüberwindliche Schwierigkeit. Daher brauchte er noch einige Jahre Zeit zur besseren Vorbereitung.

Es schien am zweckmäßigsten, zunächst den Besitz des Collegiums zu Breslau zu vergrößern, und auch gelang. Während die Stadt Beschwerde führte, daß die Jesuiten den Sterbenden den Katholicismus aufdrängten (22. Januar 1698 — im September des Jahres 1694 wies die Stadt selbst noch eine solche Klage ab, weil der Sterbende nur als Freund von den Jesuiten besucht worden sei —), und während sie durch eine Broschüre zur Beantwortung der Frage, ob sich Breslau zu einer Universität eigne? die öffentliche Meinung zu bestimmen suchte, erwarb das Collegium einen Garten mit mehreren Häusern. Der Magistrat erhob sich zwar darüber und wurde auch vernommen am 20. Juni und 16. Septbr. 1698 und den 19. Febr. 1690; aber der Kaiser befahl in einem Rescript vom 23. März 1699, „daß der von weiland Hanns Georg von Frölich und Freudenfels dem allhiesigen Collegio Soc. Jes. titulo legati vermachte auf dem sog. Schweidnitzischen Anger liegende Garten sammt den zugehörigen Häusern jetzt ermeldten Collegio ohne weiteren Anstand doch solchergestalt gerichtlich tradirt und eingeräumt werden solle, daß dasselbe diesen Garten nur ratione laicali zu besitzen befugt und also alle Reallasten, Steuern und dergleichen davon jederzeit vollständig abzuführen schuldig bleiben werde." Das war ein neuer Riß in den Linzer Receß. Dazu erhielt der Rath einen Verweis, daß er in seinen Gegenvorstellungen durch seine Ausdrucksweise dem Königlichen Rechte und der seligmachenden Religion zu nahe getreten. Am 28. Juli 1690 kaufte der zeitige Landeshauptmann des Fürstenthums Breslau, Johann Heinrich Sebastian Graf von Churschwand, drei Gerberhäuser neben dem Collegium, jedoch mit der contractlichen Verpflichtung, „wofern er die Häuser nicht wirklich gebrauchen oder dieselben über Kurz oder Lang wieder verkaufen oder sonst auf andern Wege, sei es bei selnem Leben oder für den Fall des Todes, darüber disponiren möchte", die Veräußerung nur unter Zuziehung eines vereideten Bürgersmannes vorzunehmen. Sobald er dieselben aber rechtskräftig besaß, wollte er sie den Jesuiten zur Vergrößerung des Convicts schenken. Die Stadt protestirte (am 7. Mai 1700 beim Oberamte und am 12. Mai eiusd. beim Kaiser). Es kam von Seiten des Oberamts zum schließlichen Bericht erst am 30. August 1702, und am 20. November 1703 annullirte der Kaiser den Kaufakt des Grafen von Churschwand, gestattete dagegen den Jesuiten, die Häuser selbst zu kaufen, jedoch mit allen Real- und Personal-Lasten, wie sie sonst die bürgerlichen Grundstücke hätten. Auch sollten sie in Zukunft nicht ohne dringende Noth ihren Besitz in der Stadt erweitern dürfen. Der im J. 1695 schon angeregte Streit um den Besitz alles ursprünglich zur Kaiserburg gehörigen Rammes, um die Stallungen und Häuser, welche sich an die Stadtmauer anlehnten, und um den sog. Sperlingsberg mit seinen Häusern, in dem sie schon am 28. April 1696 einen theilweisen Erfolg errungen hatten, wurde ebensowenig aufgegeben, als die Realisirung des um dieselbe Zeit bereits entworfenen Planes für das neue Universitätsgebäude. Nachdem am 30. Juli 1698 die Kirche, an der sie keine Pracht und Kunst im Geiste der damaligen Zeit hatten sparen lassen, eingeweiht worden war, richteten sie ihre frühere Kapelle, den einstmaligen Huldigungssaal, zu einer Aula und zum Theater ein.

Im Herbste des Jahres 1701 wurde Jacob Mibes Rektor des Collegiums. Dieser wiederholte die Bitte an den Kaiser um Gründung der Universität, wahrscheinlich mit Benutzung der von Wolff im Frühjahr 1696 entworfenen Widerlegung der Bedenken der Stadt, die für das Oberamt bestimmt, aber demselben nicht übergeben worden war. Jedoch beschränkte er die Bitte und verlangte vorläufig nur die Universitäts-Privilegien für die theologische und philosophische Facultät, namentlich das Recht, „gradus in Theologia et Philosophia conferendi."

§ 15.

Stiftung und Eröffnung.

Der Kaiser forderte diesmal weder Gutachten, noch gab er die Sache in die Hofkanzlei. Es war wohl dort einmal ein „wenig" die Rede davon, der Vicekanzler hatte auch gemeint, die Universität könnte vielleicht zweckmäßiger in Liegnitz gegründet werden, weil dort schon ein Fond sei (in den zu Gunsten der Jesuiten geschehenen Stiftungen) und auch die Verbindung mit Leipzig leicht; aber des Kaisers Majestät entschied allein. Das Diplom hatten die Jesuiten selbst entworfen, und der Kaiser ließ seine Hofkanzlei mit unterschreiben. Diese Unterzeichnung geschah am 21. October 1702.

Schon am 2. November wurde der Breslauer Rath und das Collegium der Jesuiten von der definitiven Kaiserlichen Entschließung in Bezug auf die Gründung durch das Oberamt benachrichtigt. Das Intimationsschreiben (wie man's nannte) an den P. Mibes enthielt in der Motivirung eine Abweichung von demjenigen, welches an den Rath gerichtet wurde; in ersterem hieß es, der Kaiser gründe die Universität „in allergnädigster Betrachtung, daß der alleinseligmachenden katholischen Religion nicht alleine, sondern auch in instructione Juventutis dem Publico viel und großen Nutzen zeithero durch die Societaet Jesu in Schlesien geschafft worden, und noch mehr geschehen könne, wenn die Studia in hiesiger Königl. Stadt Breslau noch mehr befördert würden;" in letztern aber fehlten die Worte: „Der allein seligmachenden katholischen Religion nicht alleine, sondern auch." Aber der Magistrat wußte doch, worum es sich handelte. Er wurde übrigens von dem Oberamte ermahnt, „sich dem Kaiserlich allergnädigsten Willen aus allerunterthänigster Pflicht zu unterwerfen." In ihrer Jurisdiktion sollte indeß die Stadt nicht gekränkt werden. Um das Verhältniß der Jurisdiktion der Universität zu jener der Stadt genauer und zur gegenseitigen Zufriedenheit zu ordnen, sollte zwischen dem Magistrat und dem Senate der Universität unter Leitung des Oberamtes eine Vereinbarung getroffen werden. —

Die Jesuiten verstanden auch die Bedeutung „der Logik der Thatsachen", welche heutzutage zwar über das historische Recht und über das christliche Sittengesetz erhoben und gestellt wird, aber in ihrer Berechtigung und Wichtigkeit für den Sieg des Guten viel zu wenig erkannt und geltend gemacht wird. Am 21. Oktober wurde die Stiftungsurkunde der „Leopoldinischen Universität" ausgefertigt; am 2. November erfolgte die Mittheilung durch das Königliche Ober-Amt; zehn Tage später, am 12. November, war an den Thüren der Kirche und des Collegiums der Jesuiten schon die allgemeine Einladung zu der feierlichen Inauguration und Eröffnung der neuen Universität, welche am 15. desselben Monats, am Namenstage des Kaisers, der sie gestiftet und dessen Namen sie tragen und ehren sollte, stattfinden werde, angeschlagen. Sie war von Wolff, dem General-Präfekt der Studien. Die Kaiserlichen Gesandten, die geistlichen und die weltlichen Behörden, auch Karl Philipp, Pfalzgraf, der spätere Churfürst von der Pfalz, der Breslauer Magistrat und die Klostergeistlichkeit erhielten alle besondere Einladungs-Zuschriften.

Am Tage des heil. Leopold, Morgens um 9 Uhr, erschienen in der erst seit vier Jahren dem Gottesdienste geweihten, noch im frischen Schmuck der reichsten Decoration künstlicher Marmerisirung und vieler Bergoldung, auch der freilich im Geschmacke des 18ten Jahrhunderts gemalten Frescobilder des Kaiserlichen Hofmalers Joh. Michael Rothmayer von Rosenbrun prangenden und wie zu diesem Feste erbauten Kirche der Jesuiten die Kaiserlichen Abgesandten, das Kaiserlich Königliche Ober-Amt mit Ausnahme des in Breslau nicht anwesenden Ober-Hauptmanns, des Fürstbischofs Franz Ludwig, der Pfalzgraf Karl Philipp, auch viele Vertreter der übrigen in Breslau befindlichen Collegien und der vornehmen Geistlichkeit und Bürgerschaft. Alsbald kam auch processionaliter die gesammte Körperschaft der vor wenigen Tagen erst gegründeten Universität. Die Zeit zwischen der Oberamtlichen Intimation und der Eröffnung konnte kaum hingereicht haben zur Anfertigung der Amtstrachten, nun kamen sie daher, als wäre das Alles schon einmal so gewesen. Voranschritt der Pedell, der ein großes silbernes Scepter trug. Der Syndicus und die Professoren der Philosophie waren angethan mit schwarzen Mänteln und violettsammetnem Pallium mit goldenen Borten; die Professoren der Theologie hatten alle ein carmoisinrothes Sammet-Pallium mit Silberborten, der Kanzler und der Rektor ein gleiches, doch mit Hermelin verbrämt. Die Feier wurde mit dem Te Deum laudamus, das unter rauschender Instrumentalbegleitung gesungen wurde — es fehlte bei einer Studenten-Zahl von circa 900 (die Gymnasiasten eingeschlossen) nicht an einem mächtigen Sängerchor — eröffnet. Darauf constituirte sich der academische Magistrat, welcher den Jacob Ribes, Doktor der Theologie und Rektor des Collegiums, zum Rektor magnificus wählte. Als Kanzler wurde Wolff bestätigt; auch die Decane und Senioren wurden ernannt, und alle übrigen Professoren sammt dem Syndicus und den Lehrern des Gymnasiums feierlich bestellt. Darauf überreichte Johann Adrian Freiherr von Plenden, Kanzler des Königlichen Ober-Amts im Herzogthum Ober- und Nieder-Schlesien, dem neuen Rektor der Universität die goldene Bulle, welche nach ihrem ganzen Wortlaute vorgelesen wurde. Dann beschloß die Feier eine Lobrede auf den heil. Leopold, gehalten von dem Schlesier P. Franz Schönfelder.

Sechs Jahrhunderte lang hatte die christliche Welt Promotionen vollzogen und geistig Bevorzugte mit einem höhern Adel geschmückt, als in Schlesien die erste geschah.

Indem die Jesuiten die Promotion als das wesentlichste Recht einer Universität, ohne welches sie nicht nur nicht existiren, sondern auch nicht gedacht werden kann, wohl erkannten, und eben auch geleitet von der „Logik der Thatsachen", erschien am Nachmittage des Inaugurationstages die neue Corporation in demselben Schmucke wie am Morgen in der Aula, d. h. noch in dem frühern Huldigungssaale der Kaiserlichen Burg, wo nun der Wissenschaft zur Ehre Gottes gehuldigt werden sollte. Der Kanzler und der Rektor nahmen ihre Sitze ein, der Decan der theologischen Facultät, Franz Fragstein, bestieg die höhere Stufe der Doppel-Cathedra, und auf der unteren zeigte sich der Prämonstratenser und Canonicus regularis bei St. Vincenz, Alexius Heinisch, der freien Künste und der Philosophie Magister. Dieser hatte in der Fürstbischöflichen Hofdruckerei bei Andr. Fr. Pega 50 Thesen aus der gesammten Theologie, nach scholastischer Methode motivirt, auf 9¼ Bogen drucken lassen, und war nun bereit, unter dem Präsidium des Decans dieselben zu vertheidigen, was denn auch geschah. Die Thesen waren vielfach gegen Wicleff und Luther gerichtet. Nach der Vertheidigung wurde ihm rite mit allen Formen das Doktorat der Theologie verliehen — und die Universität war in's Leben getreten.**)

Troß dieser schnellen und doch wohlberechneten, sichern Besitzergreifung meinte der Breslauer Rath Geschehenes ungeschehen machen zu können. Der unermüdliche Dr. John, nun im 47ten Jahre, seit zwölf Jahren Syndicus und vorher schon in anderen Aemtern der Stadt treuer Diener, der noch in demselben Jahre 1702 in Wien gewesen war wegen eines Reluitions-Traktates in Betreff des Verlaufs des Ramslauer Burglehens an den Fürstbischof Franz Ludwig, mußte am 12. Dezember wieder die Reise zur Kaiserlichen Hauptstadt antreten, um die Verlegung der Universität in eine andere schlesische Stadt, speciell nach Neiße zu beantragen, welcher specielle Antrag auf Befehl des Magistrats, während John schon in Wien sich befand, fallen gelassen wurde, da Wolff Kunde davon erhalten und geäußert hatte, es lasse ein hoher Herr (der Pfalzgraf Franz Ludwig, der die Universität nach Neiße wünschte) sich von der Stadt gebrauchen, — es werde ihn aber gereuen. So blieb der Antrag auf Verlegung im Allgemeinen. John erfuhr gleich von allen Seiten, daß es Unmögliches verlange, daß in dieser Sache der Kaiser allein handle und alle concurrirenden Beamten nur Werkzeuge seien. Gegen eine Kaiserliche Resolution aufzutreten, fanden die Herren alle absurd, — ein schlagender Beweis für die große Selbstständigkeit des Kaisers. Herr von Hartig und der Fürst von Salm waren noch viel erbitterter gegen die Jesuiten, als in den Jahren 1695 und 1696; letzterer drückte sich über die Universität höchst unwürdig aus. Herr von Pein hatte so lange reiche Geldgeschenke angenommen für tröstliche Zusätze in unlieben Referaten, daß er es in dem einfachen Adelstande nicht mehr aushalten konnte; er scheute darum auch nicht die 1300 Fl. Sporteln oder Taxe und wurde Freiherr. Aber sein dermaliger Chef, der Oberste Kanzler, war Johann Franz Graf von Wirben, ein wunderlicher Herr, der, wenn er Gäste geladen hatte, in Gegenwart derselben an einem kleinen Tischchen allein speiste, und dann die Geladenen mit seiner Dame zu Tische gehen ließ. Dieser konnte sich mit dem neugebornen Baron anfangs gar nicht zurechtfinden. Als nun Herr von Pein sich die Freude gönnte, die goldene Bulle für die Breslauer Universität in seiner neuen Eigenschaft als „Liber Baro" zu unterzeichnen, nahm Graf Wirben das übel und strich den Liber Baro dermaßen weg, daß das ganze Diplom neu gemacht werden mußte. Das neue unterzeichnete dann der Referent Daniel von Krisch, und Freiherr von Pein grollte eben mit Graf Wirben, als John in Wien ankam. Der Kaiser hatte Versöhnung gewünscht; man suchte mit Anerkennung des „Freiherrn" das Temperament, wie man sich ausdrückte, die Art und Weise des gegenseitigen Entgegenkommens. Der Oberste Kanzler war dem Dr. John gnädig, gab aber nicht die mindeste Hoffnung zur Verlegung der Universität. John möge indeß Audienz beim Kaiser nehmen und seine Bittschrift übergeben; wenn dieselbe in die Hofkanzlei gegeben werde, dann wolle er sie bald referiren lassen. Am 29. Dezember wurde die Audienz beim Kaiser bewilligt. Der Kaiser hörte wieder geduldig an; John that einen Fußfall, von dem er aber gleich aufzustehen geheißen wurde. Nachdem er den Vortrag beendigt, sagte der Kaiser, er habe vor seiner Entschließung zur Errichtung der Universität in Breslau die Sache reiflich erwogen und befunden, daß sie der Stadt zu keinerlei Beschwer gereichen solle; er wolle aber auch weiter noch, was jetzt neuerdings mündlich vorgebracht und schriftlich ihm überreicht worden, erwägen und dann verordnen, was er nach seiner Kaiserlichen Macht und Gewalt zu dem gemeinen Besten und sonst zu seinem Dienste befinden werde. Doch schloß er mit den Worten: „Und ich bleibe dabei den Rathmannen und der Bürgerschaft wie auch Euch Abgeordneten in Kaiserlich und Königlicher Gnade wohl zugethan und gewogen."

Herr von Pein rühmte sich, er habe die Universität so lange zurückgehalten als möglich, allein die Jesuiten hätten nun nicht mehr länger warten wollen, aus Besorgniß, der Kaiser möchte sterben. Die Breslauer könnten froh sein, daß nur zwei Facultäten herausgekommen. Das Gesuch um Verlegung sei ungereimt. Sie würden wohl selbst nicht an die Möglichkeit glauben; — indessen sei es ihnen nicht zu verdenken, wenn sie ihr Bestes thäten. Vielleicht wäre es zu erreichen, daß die medicinische und die juristische Facultät nach Liegnitz gelegt würden. (Das war auch ungereimt!) Doch habe er etwas vor, unter der Hand, wodurch er bewirke, daß die Jesuiten, wenn sie auch diese beiden Facultäten noch nach Breslau bekämen, doch keine großen Thaten damit thun würden. Der Fürst von Salm, ein Mann von 58 Jahren, ließ die thörichte Aeußerung fallen, es wäre für die Stadt gegen die Universität etwas zu erreichen gewesen, wenn Graf Khinsky noch gelebt hätte; „die Pfaffen könnten bei dem Kaiser Alles erhalten." Abgesehen von dem unabhängigen Handeln des Kaisers, hatte auch Graf Khinsky bei der ersten Gesandtschaft der Breslauer in der Universitäts-Angelegenheit nicht die geringste Neigung gezeigt, gegen die Universität zu arbeiten. Der Fürst von Salm sagte aber auch, es werde aus der Universität nichts werden, es sei eine „Lumperei mit allen Jesuiter-Universitäten, die sie allein innehätten." Er war um die Gründung der Breslauer Universität nicht gefragt worden, und wußte auch am 11. Januar noch nicht, daß sie inaugurirt und bereits zwei Monate in Thätigkeit war; er glaubte vielmehr noch immer, sie würde keine Studenten erhalten; vor der Kaiserlichen Resolution aber stand auch er wie vor einem unübersteiglichen Berge. Aus allen Gesprächen und Audienzen bei den einander selbst feindlichen Beamten hörte John immer zweierlei heraus: 1) es ist Thorheit, gegen die Kaiserliche Resolution anzukämpfen, zumal da der Kaiser an der Gründung der Breslauer Universität eine besondere Freude hat; und 2) die Universität wird der Stadt nicht schaden. Der Linzer Receß wurde weit weggeworfen, derselbe sei in seinen Hauptbestimmungen nie praktisch geworden. Da er nun die Hoffnung auf Verlegung verliert, so sucht er die Mitglieder der Hofkanzlei zu bestimmen, ihm das Kaiserliche Wort zu verschaffen, daß es bei den zwei Facultäten bleiben werde. Der Vice-Kanzler theilt ihm jedoch am 16. Januar mit, die Sache sei in der Hofkanzlei bereits abgemacht und werde an demselben Tage dem Kaiser referirt.

Zur Vorsicht hatten die Jesuiten dem P. Schedart, den Procurator der Böhmischen Provinz, nach Wien geschickt; es war aber überflüssig, derselbe durfte gar keine Anstrengungen machen.

Der Kaiser hatte sich, umgeben von 8 Geheimen Räthen, das Referat der Hofkanzlei vortragen lassen, und als jene schon abstimmten, es an sich genommen, um sich noch weiter darin umzusehen. So erzählte Herr von Krisch. Am 27. kam P. Wolff an, gewiß auf den Wunsch des Kaisers. Herr von Pein wurde unfreundlich; John schöpfte Verdacht, daß er Kanzler bei dem Könige von Rom werden wolle und deshalb den P. Wolff nöthig habe. Am 24. Februar erfuhr John, daß der Kaiser das Referat an die Hofkanzlei zurückgeschickt, und es mit einem Zusatz, den er selbst zur Aufnahme in das Decret draufgeschrieben, approbirt hätte. Er hat dann später die Resolution, welche der Kaiser auf das Referat geschrieben, im Original gesehen und copirt. Sie lautet wörtlich so: „Indem ich dieses Guttachten gar wohl eingerichtet befinde, als laße es in allem dabey bewenden. Indem aber Ich diese Universitaet mit guttem bedacht resolviret und aufgerichtet habe, so sol loco congruo in das dem Syndico zu ertheilen habende Decret, eingerücket werden, daß ich nit hoffen wolte, daß hinfüro ferners diese Universitaet impuguiret, noch auch auf die Transferirung drungen werde." Und also wurde das Decret ausgefertigt, und zwar, weil es so bitter war, umsonst.

Die Universität war gegründet, dem ganzen Lande und der Stadt insbesondere „zur außerordentlichen Zierde." Die Stadt erbebte vor dieser Zierde: aber die Häuser stürzten nicht ein, die Menschen blieben nicht todt, der Handel und Wandel hörte nicht auf; sondern die Stadt fuhr fort zu wachsen und zu blühen, — doch ohne durch Ausbreiten ihrer Handelszweige in den Himmel hinein zu wachsen.

Anmerkungen.

I.

1) Hinsichtlich der angeführten Thatsachen stütze ich mich vorzüglich auf die durch G. A. Stenzel erst mit genügender Kritik zugänglich gemachten Quellen für die schlesische Geschichte. Vgl. auch dessen „Geschichte Schlesiens" I. Theil, Breslau, 1853.

2) Stenzel, Geschichte Schlesiens, S. 324.

3) Auch Stenzel hat der Domschule in ihrer ältesten Gestalt das Trivium und Quadrivium nur durch Folgerung aus dem allgemeinen Charakter der geistlichen Schulen des Mittelalters zugewiesen. Die von Thebesius in den „Liegnitzischen Jahrbüchern" (Th. II. Cap. XXII. 14. p. 141—142) mitgetheilte Urkunde vom 31. Dec. 1309, wodurch der Breslauer Bischof Heinrich I. für die Schule zu St. Peter und Paul in Liegnitz das Verbot, freie Künste zu lehren, sofern es bestehe, aufhob und ausdrücklich gestattete, Grammatik, Logik und Naturwissenschaft, und was sonst der Fassungskraft der Schüler angemessen sei, in den Unterricht hereinzuziehen, zeigt zwar des Bischofs Absicht, dieser Schule gar keine Schranken zu setzen und sie zu einer der höchsten des Landes zu erheben, aber nicht die bekannte Eintheilung der Unterrichtsgegenstände für den freien Mann in Grammatik, Rhetorik und Dialektik, Geometrie, Arithmetik, Astronomie und Musik. Erfreulich ist's, wie gern und offen Heinrich I. in dieser Urkunde seine Liebe zur Wissenschaft ausspricht und bekennt, daß durch Förderung der Studien und der Schulwissenschaften die „scientiarum Professores" sich Gott und die Menschen (NB. die guten) gnädig und geneigt machten.

4) Der päpstliche Legat Cardinal Guido hat die von ihm ausgefertigte Stiftungsurkunde am 13. Februar im 2. Jahre des Pontificats Clemens' IV., d. I. im J. 1267, dem Bischofe von Meißen mit dem Befehle zugeschickt, dem Rath von Breslau in dem ertheilten Privilegium zu schützen. Die Urkunde ist vom 12. Februar desselben Jahres. Vgl. C. B. Stieff, „Kurzer Abriß einer Gesch. des Elisab.-Gymn. in Breslau ic." in der „Sammlung der Jubelschriften", die zu der 200jährigen Jubelfeier des genannten Gymnasiums erschienen sind bei J. F. Korn. 1762. 4. S. 309 ff.

5) Psalterium übersetzt Stenzel (Gesch. Schlesiens, I., S. 325) durch „Rosenkranz". Das ist ein bei einem so besonnenen Historiker etwas auffallendes Versehen. Ganz abgesehen von der Frage nach der Verbreitung des Rosenkranzgebetes im dreizehnten Jahrhundert, dürfte es schwer glaublich sein, daß die höchste geistliche Behörde in jener Zeit befohlen habe, die Knaben einer Pfarr- und Stadtschule sollten unter ihren Unterrichtsgegenständen den Rosenkranz beten. Und nachweisen ließe sich gewiß kein anderes Beispiel. Die Sache verhält sich so: Es sind die Anordnungen Karl's des Großen für die Schulen traditionell geworden in der Gesetzgebung der Synoden und Legaten und Bischöfe, und im dreizehnten Jahrhundert sind dieselben fast noch stereotyp. Nun kommt aber neben dem Vater Unser, dem Glaubensbekenntniß und den Bußpsalmen auch dieses vor: Die Schüler sollen lernen, wie man die Tagzeiten, insbesondere die Tercz, Sext, Non und Vesper singt, und wie man dazu läutet, damit sie im Verhinderungsfalle der Geistlichen diese vertreten können (Pertz, leg. T. l. p. 160). Das heißt aber „das Psalterium lernen"; denn die Tagzeiten nennt man Psalterium, weil sie alle Psalmen David's enthalten.

6) A. a. O.

II.

1) Samuel Benjamin Klose's Darstellung der inneren Verhältnisse der Stadt Breslau vom Jahre 1458 bis zum Jahre 1526. Herausgegeben von Gustav Adolf Stenzel. Scriptores Rer. Siles. III. Bd. S. 315—319. Leider konnte der betreffende Band der Briefe Mornberg's „Ad Reges et Principes", welcher die wichtigsten Aktenstücke enthält, und den Klose benutzt hat, trotz der gütigen Zuvorkommenheit des Herrn Syndicus und Stadtraths Anders und der freundlichen Hülfe des Herrn Assessors Lindenberg in dem hiesigen Rathhaus-Archive nicht mehr aufgefunden werden. Die Sammlung jener Documente geht nur zurück bis auf das Jahr 1529.

2) Klose, a. a. O. S. 377.

3) Urkunden zur Geschichte des Bisthums Breslau im Mittelalter, herausgegeben von Gustav Adolf Stenzel. Breslau, 1845. Urkunde 310 und 314. Dem Stenzel ist ein Versehen begegnet, indem er den Kolowrat'schen Vertrag sowohl S. XCVIII., als S. 365 und 373 vom 3. Februar datirt. Purificatio fiel im J. 1504 auf den Sonnabend, und der Sonnabend hernach war der 9. Februar.

4) Die gewöhnlichen Darstellungen lassen diese Universitäts-Angelegenheit von Hanns Haunold ausgehen und vorzugsweise betrieben werden, während nach der einzigen bis jetzt bekannten und im Auszuge bei Klose a. a. O. S. 315 bis 316 mitgetheilten Quelle Mornberg, von dem Legaten Peter angeregt, die Seele von Allem ist. Doch war im Jahre 1504, wo der Rath anfing, die Stiftung der Universität mit Ernst zu betreiben, Hanns Haunold Landeshauptmann, wodurch es leicht geschah, daß sein Name jedem großen Unternehmen des Rathes voranleuchtete.

5) A. a. O. S. 402.

6) Brief des Gregor Mornberg an den Cardinal Peter, im Auszuge bei Klose a. a. O.

7) Die Original-Urkunde habe ich im Breslauer Raths-Archiv gesehen, und eine vidimirte Abschrift in den Akten des ehemaligen Königl. Ober-Amts, im schles. Prov.-Archiv. Sie ist wiederholt abgedruckt, zuletzt bei „Heinrich Wuttke, Die Versuche der Gründung einer Universität in Schlesien", welche Abhandlung zuerst erschien in den Schlesischen Provinzialblättern, 112. Bd. (Juli bis December 1840), S. 412—424, u. S. 501—514. Außerdem bei Henel (Silesiographia, S. 181) und bei Kundmann (die „Hohen und Niedern Schulen Teuschlandes" S. 108). Keiner dieser Abdrücke ist zwar ganz genau, doch halte ich eine nochmalige Wiederholung für überflüssig, weil die Kenntniß des Wesentlichen für die Auffassung der Geschichte in diesem Falle vollkommen genügt. An der Original-Urkunde hängt das große Siegel des Königs Wladislaus, durch rothseidene und goldene Fäden befestigt, in einer blechernen Kapsel. Das Anfangswort: Wladislaus, ist mit goldenen Buchstaben geschrieben.

8) Diese ganze Stelle ist bei Wuttke ebenso fehlerhaft abgedruckt, wie bei Kundmann. Sie lautet im Original so: „quem (Episcopum) sane, sicuti inter Principes Silesiae primatum obtinere novimus, ita hunc et primum Gymnasii hujus nostri Vratislaviensis Cancellarium et moderatorem esse volumus et designamus, Vice-Cancellarium vero Rev. Johannem Thurzo, Decanum etc." Die Original-Urkunde, worin der Bischof Johann zum Kanzler genannt wird, datirt Ofen, Freitag vor Laur. (d. i. am 8. August) 1505, befindet sich ebenfalls im Arch. Wrat. Die betreffende Stelle hierin heißt: „cuius (generalis literarum Gymnasii) tc, utpote primum Silesie ducem, moderatorem etiam constituimus generalemque Cancellarium et gymnasiarchum."

9) Auch diese Stelle ist in den Abdrücken des Diploms corrumpirt.

10) Die Original-Urkunde ist im Arch. Wrat. Sie ist unter den beigefügten Urkunden mitgetheilt, weil sie bei der Gründung der Leopoldina wiederholt zur Sprache kommt.

11) A. a. O. S. 317.

12) Auszug aus Mornberg's Brief an den Card. Peter bei Klose a. a. O. S. 316.

13) Vgl. Kurzer Abriß einer Geschichte des Elisabetanischen Gymnasii in Breslau rc. von Carl Benjamin Stieff. In: Burg, Sammlung der Jubelschriften rc. Breslau, 1762. S. 833, wo auf die früheren Nachrichten hierüber hingewiesen wird.

14) Rerum Siles. et vicinar. Gentium. P. I. ed. de Anno 1607 (in fol.) p. 288.

15) Die ersten Urkunden der Universität Krakau von König Kasimir, von dem Rathe der Stadt und von dem Papste Urban V. sind datirt vom Jahre 1364. Die beiden Breven des Papstes Urban V. nehmen die theolo-

gistische Facultät von der Gründung aus. Die Bestätigung dieser Facultät fügte der Papst Bonifacius IX. auf Bitten des Königs Wladislaus und der Königin Hedwig hinzu im J. 1397. Daran schließt sich der neue Stiftungsbrief des Königs Wladislaus vom J. 1400, von wo ab die Universität in's volle Leben trat.

16) Die ganze Stelle lautet: (Scriptor. Rerum Polonic. T. II. l. 4. c. 85. p. 258.) „Eodem anno in aestate cives Vratislavienses, instigatione Hausoldi Capitanei et Gregorii Notarii Vratislaviensis animati, Gymnasium generale omnium bonarum disciplinarum, quod Universitas Vratislaviensis diceretur, erigere conati sunt, et super hoc Vladislai, Regis Hungariae et Bohemiae, consensum, auxilium, literas erectionis, iuris patronatus omnium praebendarum Ecclesiae Collegiatae S. Crucis de collatione regia donationem et literarum promotoriliarum, tam Regis quam Reginae Hungariae, ac episcopi Vratislaviensis ad Julium Papam secundum expeditionem obtinuerunt, et multo aere Budae in Cancellaria Regis solverunt. Quibuscum literis et promotionibus tria millia aureorum Romam pro expediendis bullis Papae et confirmatione destinarunt. Universitas autem Cracov. evigilans, ad sedem Apostolicam, dominica post omnium S. S., quae fuit secunda Novembris, literas Alexandri Regis Poloniae cassatorias et rationes confutatorias, per Doctores conceptas, misit, quibus Julius Papa II. acquiescens erectionem Universitatis Vratislaviensis inhibuit. Et quum putarent homines dormire, post duos annos Vratislavienses iterum apud Sedem Apostol. enixius ac occulte pro Universitatis erectione laborare coeperunt; sed eadem qua prius difficultate perculsi deciderunt atque repulsam passi sunt.

17) Diesen Unterschied scheint auch Buttke (a. a. O. S. 415) nicht zu kennen.

18) Vgl. „Die Gründung der Königl. Friedrich-Wilhelms-Universität zu Berlin. Von Rudolf Köpke. Berlin, Buchdruckerei von Gustav Schade." Eine Schrift, die sich ebensosehr durch geistvolle Auffassung, als durch historische Treue auszeichnet.

III.

1) „Es hat der grund-gütigste Gott von benelbter Zeit des 1506. Jahres an biß auf heutigen Tag die werthe Stadt Breslau reichlich gesegnet und in Aufnahme und Frieden erhalten. Alles, was nur einen Staat vollkommen macht und ihren Estat veranschaulichet, floriret binnen ihren Mauren. Und welches was glorieuses und ungemeinet, so erhöhen dieser Stadt Herrlichkeit über die Massen viele Geist- und weltliche Corpora und Collegia." Europäischer Helicon Auff welchem die Academien Ober Hohe Schuhlen Von Anfang der Welt biß jetzo Aller Nationen, besonders Europae Mit Ihren Fundationen, Unglücksfällen, Restaurationen, Privilegiis, Jubilaeis, Rothwendigkeiten und Hindernüssen, Wachsthum und Abnehmen, rechten Gebrauch und Mißbrauch; Sambt Ihren vornehmsten Lehrern, deren Verdienste Und Academischen Ehren-Tituln In sieben haupt Theilen vorgestellt durch Fridericum Lucae Mitglied des Collegii Historici Imperialis. Franckfurt am Mayn, Bei Samuel Tobias Hoder. An. MDCCXI.

2) P. Wolff in dem Supplicat an Kaiser Leopold I. vom 11. Mai 1695.

3) Schreiben der Breslauer Kaufmannschaft an den Rath, v. 27. August 1695.

4) Es scheint aber die Zunft der Parchner auch die zahlreichste gewesen zu sein, da auf ihre große Zahl sowohl die Zünfte selbst, als auch die Kaufleute hinweisen.

5) Diese Mittheilungen sind entnommen aus den beiden Petitionen der Kaufmannschaft und der Zünfte an den Rath vom J. 1695 und aus dem Supplicat des Letztern an den Kaiser, das diesem am 29. Dec. 1702 überreicht wurde.

6) Der Syndicus Dr. John beruft sich auf diese Aeußerung bei seiner Abschiedsaudienz am 16. März 1703.

7) A. a. O.

8) S. das Schreiben der Kaufmannschaft.

9) Ich werde nur Hauptmomente aus der frühesten Geschichte der Jesuiten in Breslau hervorheben, welche das Verständniß des äußersten Widerstandes der Stadt gegen die Gründung der Leopoldina bedingen. Die genaueren Nachrichten über Ankunft der Jesuiten, Gewinnung eines Collegiums und Lehrthätigkeit vor der Errichtung der Universität finden sich in der vortrefflichen Abhandlung: „Beiträge zur Geschichte des Königl. kath. Gymnasiums zu Breslau, von seiner Stiftung bis zur Gegenwart, von Dr. August Wissowa. Erste Abtheilung." In dem Jahresbericht des Königl. kath. Gymnasiums zu Breslau für das Schuljahr 1842/43.

10) Die gleichzeitigen Copien der lat. abgefaßten Schreiben werden im Rathsarchiv bis zum Ende des vorigen Jahrhunderts noch aufbewahrt. Klose theilt in seinem Repertorium Auszüge mit, deren Zuverlässigkeit nicht in Frage kommen kann. Gegenwärtig konnten die Documente selbst nicht aufgefunden werden.

11) In dem Supplicat an den Kaiser vom 2. März 1695.

12) Bissowa, a. a. O. S. 9.

13) Documentirte Geschichte und Beschreibung von Breslau (v. Klose) 3. Bd. 2. Thl. S. 343.

14) Die Petitionen der Kaufmannschaft und der Zünfte an den Rath, und das Gutachten des Raths an das Oberamt, woraus die Schilderung dessen, was Studenten seien, genommen ist, spiegeln durchaus die Wirklichkeit ab.

15) Die Original-Petition hat kein Datum; dieses wurde bei solchen Eingaben gewöhnlich dem Begleitschreiben hinzugefügt. Auf der Außenseite über der Adresse steht aber das Datum der Präsentation „11. May 1695". Daher ist das Datum, welches Buttke (a. a. O. S. 503) für das Bittschreiben selbst angiebt, „12. Mai", nicht genau, und verkehrt auch die Angabe in der Abhandlung: „Zur Geschichte der Universität und der Jesuiten in Breslau" in den Schles. Prov.-Blättern, Januar bis Junius 1802, S. 216, wonach die Ueberreichung an den Kaiser am 11. März stattgefunden haben soll.

16) Bissowa, a. a. O. S. 7, 8. u. 10.

17) Inwiefern die mir vorgekommene Nachricht begründet sei, daß die Jesuiten ihre Scholaren, d. h. solche Schüler, die ihrem Orden einverleibt waren, gleichviel in welchem Collegium sie unterrichtet worden, durch ihren Ordensgeneral hätten promoviren können, ist mir nicht klar geworden. Das Privilegium wäre ein doppeltes: 1) das Recht, Ordensmitglieder zu Graden zu erheben, ähnlich denen, welche die Universitäten verleihen, ohne daß sie auf Universitäten studirt hätten; und 2) daß dies nicht durch ein Doctoren-Collegium, sondern durch den General geschehe, wodurch die Idee der Promotion zerstört würde. Es wäre aber in diesem Privilegium nicht includirt, daß die Jesuiten Studenten, die nicht Jesuiten würden, promovirten, und ebensowenig, daß jedes Jesuiten-Collegium, an welchem Orte auch immer, Promotionen vollziehen könnte. Es wird dafür die Bulle des Papstes Julius III. „Exposcit debitum" angeführt mit den Worten: „ut suos discipulos ad gradus baccalaureatus, licentiatus et doctoratus promovere possint Universitatum more iisdemque privilegiis." 21. Juli 1550; in Bullar. Rom. T. I. p. 787 ff. Allein die citirten Worte fand ich weder in der bezeichneten Ausgabe, noch in einer andern in der Bulle. Außerdem soll folgende Stelle: „ut collegiorum (Soc. Jesu) extra studiorum generalium Universitates constitutorum scholares absoluto studiorum suorum cursu et rigoroso examine praecedente a Generali Praeposito . . . . quousque baccalaureatus, licentiaturae magisterii et doctoratus in Artibus et Theologia gradus accipere et postquam promoti fuerint, in eis legere, disputare et aliosquoscunque actus ad id necessarios facere et exaequi, omnibusque et singulis privilegiis, praerogativis, immunitatibus, exemtionibus, libertatibus . . . — quibus alii in Universitatibus studiorum generalium promoti, uti, potiri et gaudere possent" in einer Bulle Pius IV., d. d. 19. August 1561, „Expoui Nobis" enthalten sein. Aber ich habe diese ganze Bulle in dem Bullar. Roman. unter den Bullen des Papstes Pius' IV. vergebens gesucht.

18) Bissowa, a. a. O. S. 5 u. 6.

19) Diese Mittheilungen sind aus Wolff's Petition an den Kaiser Leopold.

20) Buttke giebt (a. a. O. S. 504) als Datum dieser Eingabe den 31. August an, welches den Original-Urkunden, die mir vorliegen, widerspricht. Auch ist dieselbe kein „Bittschreiben an den Kaiser", wie er sich ausdrückt, sondern die von dem Ober-Amte geforderte und an dieses gerichtete Kritik der Wolffschen Petition.

21) A. a. D. S. 505.

22) Was ich über die Gesandtschaft des Breslauer Raths an den Kaiser berichte, habe ich entnommen aus den amtlichen Schreiben der Gesandtschaft an den Rath und aus der vertraulichen Correspondenz des John und Schwemler im Arch. Wrat., und ferner aus dem Tagebuch des Dr. John über die Zeit der Gesandtschaft, wovon sich ein Auszug in der hiesigen St. Bernh.-Bibl. befindet.

23) Diesen Titel setzt er auch bei der Unterzeichnung seiner Petition an den Kaiser voran.

24) Vgl. böhmische, mährische und schlesische Gelehrte und Schriftsteller aus dem Orden der Jesuiten u. s. w. von Franz Martin Pelzel. Prag, 1786. S. 96. Zur Charakteristik habe ich die Nachrichten der Breslauer Gesandtschaft im Arch. Wrat. benutzt.

25) Zwei Concepte dieser Instruction, als solche original, auch dasjenige, welches in der Rathssitzung vorgelegen, besindern sich unter den Manuscripten der St. Bernh.-Bibliothek.

26) Prinz Eugen (von Savoyen) gestand es gerne, daß er in Kaiser Leopold einen „Vater" gehabt.

27) Buttke schreibt (a. a. O. S. 512): „Bloßer Formendienst war es geworden, wenn man an ihn (an den Kaiser) sich wendete; denn er wußte von nichts und entschied nichts. Geduldig hörte er an, was ihm vorgesagt wurde, und dann fiel Alles wieder in die Gewalt seiner Umgebung und seiner Kanzleien. Er nahm alle Vorstellungen an, um sie, ohne (wie Friedrich der Große und andere Selbstherrscher pflegten) seinen Willen darauf zu bemerken, an die Behörden zu schicken." Es fiel den Breslauern nicht ein, einen bloßen Formendienst zu verrichten, als sie sich an den Kaiser wendeten. Der Kaiser entschied dreißig Jahre lang, wo möglich, Alles. Daß er seinen Willen auf die Vorstellungen wohl bemerkte, erfahren wir gerade in unserer Universitäts-Angelegenheit. Es dürfte Buttke schwer fallen, durch authentische Dokumente seiner Aeußerung Anerkennung zu sichern.

28) In dem Repertorium des Archivs der Leopoldina kommt zwar folgender Hinweis vor: „Universitatem Leopoldinam oppugnantia argumenta refutantur Ao. 1696"; allein das ist wahrscheinlich das vorläufige Concept, das nie als amtliches Schreiben gebraucht, aber vielleicht vertraulich angebracht worden ist. Unter den oberamtlichen Original-Urkunden, welche diese Angelegenheit betreffen, findet sich keine Spur davon.

29) Vgl. Nova literaria Germaniae, 1703. p. 163, und Kundmann, a. a. O. S. 127. Es könnte zwar scheinen, als ob im 17. Jahrhundert schon Promotionen in dem Jesuiten-Collegium vollzogen worden wären, denn es wurden Baccalaurei und Magistri philos. bereits in dem Album des J. 1659—60 aufgeführt (Biskowa, a. a. O. S. 6). Aber das scheint eben nur so. Die Petition Wolff's um Gründung der Universität macht durch ihren Wortlaut eine solche Annahme unmöglich. Die graduirten Scholaren sind ohne Zweifel junge Jesuiten, die aus einem Collegium in's andere von den Obern geschickt werden. Hieraus erklärt es sich auch, daß es unter den Schülern des Breslauer Collegiums nicht bloß Böhmen, Mähren, Ungarn, Preußen, Sachsen, Braunschweiger und Oesterreicher, sondern auch Italiener, Wallachen und Tartaren gab. Daß Breslauer Jesuiten-Schüler vor der Errichtung der Leopoldina in Prag promovirt wurden, dafür habe ich in dem Repertorium des Leopoldinischen Archivs einen Hinweis gefunden.

Urkunden.

1) 1505. 10. August. Wladislaus, König von Ungarn und Böhmen, ruft das Collegium Beatae Mariae Virginis zu Leipzig nach Breslau zurück.

2) 1645. 10. Januar. Der sog. Lezer Receß. Bildet die Rechtsgrundlage für das Verhältniß der Jesuiten zur Stadt Breslau bis zur Einführung der academischen Jurisdiction.

3) 1695. 2. März. Bedenken der Breslauer Rathmanne gegen die Gründung einer Universität zu Breslau. Supplicat an den Kaiser Leopold I.

4) 1696. 11. Mai. (Datum der Präsentation; das andere fehlt.) Motive des P. Wolff zur Gründung einer Universität in Breslau. Supplicat an den Kaiser Leopold I.

5) 1696. 19. Mai. Kaiserl. Rescript an das Königl. Oberamt zu Breslau in Betreff der beiden vorhergehenden Aktenstücke.

6) 1695. 29. October. (Datum der Präsentation.) Denkschrift der Breslauer Rathmanne zur Prüfung der Motive des P. Wolff für die Universität (verfaßt von dem Ober-Syndicus Dr. Schwemler). An das Königl. Oberamt zu Breslau.

7) 1696. 14. Januar. Gutachtliche Aeußerung des Generalvicars des Bisthums Breslau in geistl. Sachen über die Gründung einer Universität in Breslau. An das Königl. Oberamt zu Breslau.

8) 1696. 6. Juli. Interims-Decret der Königl. Böhmischen Hofkanzlei in der Breslauer Universitäts-Angelegenheit. An die Abgeordneten der Stadt Breslau.

9) 1702. 2. November. Das Königl. Ober-Amt zu Breslau macht den dortigen Magistrat und den P. Ribes, Rektor des Jesuiten-Collegiums, bekannt mit der Kaiserl. Resolution wegen Errichtung der Universität.

Es liegen mir noch eine Menge Urkunden vor, z. B. die Petitionen der Kaufmannschaft und der Zünfte und Zechen an den Rath, die Reden des Dr. John bei den Audienzen in Wien, die Briefe und Berichte der Abgesandten u. s. w. Doch glaube ich, daß sie zu den vorstehenden und zu den Mittheilungen im Texte wesentlich neue Beiträge für das historische Verständniß nicht liefern würden. Ich beschränke daher den Abdruck auf meine mit Ueberlegung getroffene Auswahl.

1.

10. August 1505. Wladislaus, König von Ungarn und Böhmen, ruft das Collegium Beatae Mariae Virginis zu Leipzig nach Breslau zurück.

Wladislaus dei gracia Hungarie Bohemie etc. Rex, Dux Silesie ac Marchio Moravie etc. Vobis Egregiis ac venerabilibus doctoribus et Mgris Collegium beate Marie virginis in Lypczk incolentibus sincere nobis dilectis, Salutem et graciam nostram. Noverint universitates vre nos multis respectibus proque christiane potissimum Reipublice augmento ac singulari decore Corone nre Bohemie gymnasium universale in Civitate nra Wratislaviensi erexisse, idque singularibus privilegiis libertatibus et graciis dotasse. Quum igitur collegium id vrm ea lege fundatum et extructum intellexerimus, ut quam primum gymnasium aliquod generale ubicunque in ducatu nostro Silesie erigeretur, vos prenominatos doctores et magtrs ex prefato Collegio Beate Marie virginis revocare possimus, gymnasioque nostro quod erigeretur in Silesia una cum proventibus ad id deputatis apropriare, Unde et vos omnes in solidum ac unumquemque vestrum presentibus his literis monemus, ac vigore fundacionis et dotacionis sic et taliter prout premissum est facte, requirimus, et per expressum revocamus, ut ad prefatum gymnasium nostrum Wratislavie vos conferre, leccionesque illic publicas et privatas prout moris est legere et exercere curetis. Nihil nobis deinceps in bonis redditibus ac fructibus, prefato Collegio Beate Marie virginis in Lypczk deputatis iuris et proprietatis relinquentes, sed ea in usus et utilitatem prenominati gymnasii nostri Vratislaviensis sic (ut premissum est) in universum deputantes ac convertentes, in cuius quidem rei fidem presentes literas fieri ac Sigilli nostri regii impressione muniri precepimus Datas Bude die S. Laurencii. Anno Christi Millesimo quingentesimo quinto, Regnorum autem nostrorum hungarie quinto decimo, Boemie vero Tricesimo quarto.

Ex commissione propria Regis.

2.

10. Januar 1645. Der sog. Linzer Receß. Bildet die Rechtsgrundlage für das Verhältniß der Jesuiten zur Stadt Breslau bis zu Einführung der academischen Jurisdiktion.

(Diesem Abdruck liegt eine Abschrift aus der St. Bernhardin-Bibliothek zu Grunde. Als ich mich entschloß, den Linzer Receß drucken zu lassen, fehlte mir die Zeit zum Vergleiche des Originals in dem Rathhaus-Archiv. Die Urkunden, bei welchen ich nichts bemerke, sind von mir aus dem entsprechenden Original copirt.)

Nachdem die Röm. Kayl. auch zu Hungarn und Böheimb Kön. Maj., Unser allergnädigster Herr, sich in Gnaden resolviret haben, diejenige Fundation eines Collegii Soc. Jes. in Dero Hauptstadt Breßlau so Dero hochlöblichste Vorfahren vor langen Jahren angesiehlet gehabt, zu stand zu richten, und solches Collegium samt Kirchen und Schulen allbort vor der Stadt aufm Sande, an einem gewissen benanten Ort auferbauen zu lassen, so haben allerhöchstgedacht Ihr Kayl. und Kön. Maj. zu haltung gutter Einigkeit, freundschafft und vertrauliche Verständnisse, vor gutt angesehen, in nachfolgenden Puncten kürzlich vergreiffen zu lassen, wie es diesfalls eines und des andern Theils gegen einand gehalten werden soll.

Zuforderist, gleichwie allerhöchstgedacht Ihr Kayl. u. Kön. Maj. nicht gemeint seyn, durch diese Fundation mehrernannter Dero St. Breßl. in ihrer Religion Augspurgischer Confession einigen Eintrag zu thun, noch wieb(er) dasjenige zu beschweren, ob. durch jemanden andern beschweren zu lassen, wessen Sie dißfals der Prägerische Friedens-Recess in einem u. dem andern versorgen thut: also wird auch gedachter Rath, Bürgersch. und Gemein aldort zu Brl. nicht weniger den Catholischen in ihrem Gottesdienst keinen Eintrag noch hinderung thun, sond. wie bißhero, also auch hinführo, ein jedweder gutter Ruhe, Lieb und Einigkeit befleißigen, und was derme zuwied(er), zeitl. und mit gutter Bescheidenheit abstellen.

Dann und vors andere, so wollen Ihr K. u. K. M. auch selbst darauf gedacht seyn, damit besagtes Collegium samt Kirchen und Schulen aufs ehist als mögl. an dem ausgezeichneten Ort des Sandes angefangen, und fleißig daran gebauet werden soll: Immittelst aber und biß die Societaet zu einer füglichen Wohnung und Versehung des Gottesdienstes u. d. Kindlehr fügl. gelangen kan, so sollen

Vors Dritte die P. P. Soc. samt den Ihrigen in mehrernannter St. Brl. ihren Aufenthalt haben, auch an dem Ort u. in dem Stand, darinnen sie dato sind, den heiligen Gottesdienst u. ihre Schulen verrichten, auch wed. Sie noch die bey ihnen studirende Jugend daran gehindert werden.

Vors Vierdte soll auch ermelter Soc. in ihrem geistlichen Instituto, Gottesdienst, Kirchen und Schulen, wie auch derer gewöhnlichen Solenaltaeten, u. publicis et privatis Exercitiis Scholasticis, so sie alsdann auf dem bedeuten Ort des Sandes u. ihrem Collegio anstellen würden, kein Eintrag beschehen, noch die frequentation ihrer Schulen, wed. per directum noch indirectum abgestellet ob. verbotten, wed. diejenigen Bürger und Innwohner, welche ihre Kind in denselben Schulen frequentiren lassen, übel angesehen ob. tractirt werden, sond. wie des Raths Schulen u. Augsp. Conf., also auch diese catholische Schulen frequentabiles, u. mänßiglich derer Kirchen u. Schulen frey u. offen seyn: Allermassen hingegen auch ihre Kirchen u. Schulen weder von der Societ. noch den Ihrigen inquietirt u. beunruhiget, noch sonsten denselben einziger Eintrag ob. Hinderung angethan werden soll.

Fünftens, demnach Ihr K. u. K. M. insonderheit hierbey Dero allergnädigstes Absehen dahin gehabt, daß auch von anderen Orten bevorauß die Catholische ihre Kinder dahin nacher Brßl. schicken, u. also unter d. St. gutter Sicherheit, den freyen Künsten abwarten lassen möchten, so solle ebenfals derley fremden dahin kommenden Studenten die Wohnung u. die Kost nicht allein nicht geweigert, sond. auch denselben alle Liebe, Gunst u. freundsch. erwiesen werden: dabey es aber gleichwohl die Meinung nicht hat, daß einem ob. dem andern Bürger, wiedder Willen ein ob. ander Studiosus in die Kost eingenöthiget, ob. eingedrungen werden soll.

Sechstens, so viel Schlüs- und Aufsperrung des Sandthors betrifft, soll hinführo so wohl an Sonn- Feyer- u. Bettägen, als auch in d. Wochen nicht allein das gewöhnliche Pförtlein, vor die ju Fuß aus u. eingehende, sundern auch dieses Thor vor die Reitende u. fahrende des Tages stets offen seyn, und zwar im kürzesten Tag zum wenigsten das Pförtlein um halb Acht eröfnet, u. des Abends vor halb 5. nicht geschlossen werden: Jedoch mit diesem Verstand u. Beysaß, daß in des Raths Besindung, nach Gestalt der Lünfften Bewandniß, sichere solle, erstbesagtes Sandthor entweds. ganz offen halten, ob. dazumahlen annehmb Friedes Gefahr vorhanden wäre, ob. sonsten in d. Stadt etwa ein Lodschlag, oder anderer unglückseliger Fall, derentweg. die Stadtthor pflegen geschlossen zu werden, entstünde, (ganz zu schließen) im Aus u. einfahren (aber) denenjenigen, so zu Pferd ob. mit Wagen aus ob. einwollen, allemahl (jedoch ohne Auffuhl, Schäßung ob. Unwillen) alsobald eröffnen zu lassen, in summa, daß hinc inde bona fide treulich u. ungefährlich gebaret, u. es allenthalben also angestellet werde, damit an einem die frequentation der catholischen Schulen, u. Besuchung des catholischen Gottesdienstes, aufm Sande u. dem Thumb, durch Zu- u. Aufschließung des Sandthors, und des daben gewöhnlichen Pförtleins, nicht gehindert, am and. aber auch b. St. hierdurch kein Gefahr zugezogen werden möchte.

Vors Siebende: Gleichwie ohne diß bey dieser Dero Königl. St. Brl. der Geistlichkeit d. Zu u. Ausgang in u. aus d. Stadt frey u. offen stehet, auch auf den Nothfall einer Friedes Gefahr die freye Retirada in die Stadt uneingeschränkt ist; Also soll es auch noch förders dabey verbleiben, u. nicht mindere der Societät solches alles frey u. unverwehrt seyn, in dgleichen sich etwa ereignenten Gefährlichkeiten u. Feindes Nöthen, die Retirada frey u. bevorstehen, auch dieselbe samt den Ihrigen in gemeine Stadt Schutz genommen u. erhalten werden: Auf welchen Fall sich denn die Soc. in dem ihr bereit eingeräumten Schönaichischen Hause ruh- u. friedl. halten, u. niemanden keinen Ueberlast thun, auch so bald die Gefahr nach gelassen u. sich gewendet, Sie sich samt den Ihrigen wiedum in Ihr Collegium aufm Sande transferiren sollen; Maßen denn auch d. Soc. unverwehret seyn soll, daß im Fall ein ob. ander Pater sich etwa wegen eines Kranken ob. sonsten in d. Stadt verspätet hätte, dßelben alsdann sich in jetzbesagtem Schönaichischen Haus über Nacht aufhalten möge.

Was fürs achte die Jurisdictionalia antreichet, soll dem Rath und dessen Jurisdiction, wo u. wie er dieselbe bishero ordentl. hergebracht, hierdurch kein Eintrag beschehen; Jedoch so viel die Societ. u. Ihre Patres, Magistros, Fratres u. Coadjutores antreichet, soll dieselbe in Personalibus allerdings von des Raths Jurisdiction eximiret und entbunden seyn, auch im Fall etwa ein ob. der andere aus ihren Schülern in d. St. ob. aufs Rathes gebieth einen Muthwillen begienge, ob. sonsten einen losen Handel anfienge, so mag dselbe zwar von dem Rath u. dessen Bedienten angehalten u. verhaftet, jedoch dselbe alsobalden dem Patri Rectori Collegii zu gebührlicher Bestrafung überliefert werden, es treffe denn eine solche Sache an, die criminal wäre, u. poenam sanguinis nach sich führete, so solle b. Rath die Cognition darüber, u. was bselben anhängig gebühren: jedoch in diesem jetzbedeuten Special Fall allein (dann in andern hat es allerdings bey dem Herkommen zu verbleiben) ante executionem Sententiae das Verbrechen in seinen Umständern samt dem Urthel vorhero Ihrer Kayl. Maj. ad Ratificandum berichtet werden: Worbey aber dieses der Societ. absonderlich eingehalten wird, daß in ihrem Collegio die Delinquenten so sich in u. bey begebenden Criminal-Fällen aus d. St. zu ihnen möchten retiriren wollen, nicht angenommen noch aufgehalten werden sollen.

Neundtens, damit auch unter beyden Religions-Genossen, und der Studirenden Jugend, um so viel desto mehr alle gutte Verständniß, Lieb u. Einigkeit gepflanzet, u. alle occasiones woraus wiederwillen u. unvernehmen entstehen könte, zeitl. unterbrochen, u. abgewendet werden möchten, so sollen alle provocationes ad disputandum de Articulis fidei, beyderseits ernstl. eingestellet, alles scaliren (stichelu) auf d. Cantzel einer- u. andseits inhibiret, u. ein Theil des andern Predigen auf d. Cantzel fürzutragen u. zu refutiren gäntzlich untersaget, nicht weniger den Studiosis beydseits die Arma verboten, u. sich benebens aller Zanckhändel, Lästerworten und Zunöthigungen zu entschlagen, ernstl. angehalten, auch wied. die Autores u. Urheber derselben, auf beyden Theilen mit unnachläßlicher Straffe verfahren werden soll.

Es soll auch fürs Zehende mehrernantem Collegio u. dessen P. P. Soc. Jes. alba zu Breßl. hiemit verbotben seyn, breßlauische Kind ohne ihrer Eltern, ob. da sie unmündige Waisen wären, ohne ihrer Vormünd Wissen u. Willen, in das Collegium od. ihre Schulen anzunehmen, weniger dieselben ihnen ab- ob. vorzubalten, noch ander Orten zu verschicken, Gntgeg. aber ihren Bürgern und Inwohnern, Eltern u. Vormündern wed. heimlich noch offentl. verwehret werden, ihre Kind in d. Societ. Schulen zu schicken, u. daselbst studiren zu lassen.

Nicht weniger soll auch vors Eilffte d. Soc. verbothen seyn, in mehrernantem ihrem Künftigen Collegio einzigen Bräu- ob ander Urbar, auser was des Collegii eigene Nothdurfft seyn möchte, zu führen, ob durch andre führen zu lassen.

Schlüßlich so wollen allerhöchstermandt Ihr K. u. K. M. mehrgedachtem Rath zu Brl. offbesagte Societ. samt ihrem Collegio, u. allen ihren angehörigen Patribus, magistris, fratribus et coadiutoribus, und allen andern des Collegii anverwandtern in Kapl. u. Königl. Gnaden empfohlen haben, daß Er denselben bey allen Fürfallenheiten, alle Liebe, Ehr, Freundsch. Schutz u. allen gutten Willen erweise, u. wieder diejenigen, so ihnen ichtwas zu Leid, ob Ueberlast zufügen würden, alle schleunigste u. ernsthaffte Aufrichtung wiedfahren lassen.

Maßen die Societ. hingegen dahin gewiesen, u. ohne diß erbötig ist, daß ingleichen Sie samt den Ihrigen dem Rath, selbiger Bürgersch. u. Gemein allen Respect, Ehrerbietung, Lieb und Freundsch. erzeigen, u. wed. innerhalb noch außerhalb d. St. zu einzigem Unwillen Ursach geben, sond. sich aller Modestiae, Glimpfs u. Bescheidenheit, auch gutter Ruhe u. vertraulichen Vernehmens befleißigen werde.

Maßen denn auch im übrigen die Fundation dieses Collegii alba auffn Sande zu Brl. mit selbiger St. Statu publico et privato nichts zu thun haben, noch ihrer Bürger u. Inwohner schuldig seyn sollen, das Collegium zu besuchen, ob von demselben wed. publice noch privatim, wie es dann die Societaet ohne diß nie begehret hat, einzige Dependens zu haben, weniger daß die Societ. hierdurch über den Rath oder die Bürgersch. einiges Ius acquiriren, oder derselbe mit der Societ. seine Cosilia zu communiciren verbunden, sond. eines von dem andern gantz separiret, die Societaet sich in selbiger St. rechts- und Gerichtssachen nicht einmischen, sondern ihres Beruffes u. instituti warten, u. im übrigen den Statum publicum gehen lassen solle, wie demselben die Obrigkeit regieren u. führen thut.

Diesemnach so seynd allerhöchstgedacht Ihr K. u. K. M. zu Ihnen beydseits d. allergnädigsten Zuversicht, ist auch Deroselben gemeßener Will und Befehl, daß Sie ob diesem allem, was von Deroselben auß gnädigstem Vertrauen, u. Väterlicher Wohlmeinung also wohlbedächtl. außgesetzt, steiff u. fest halten, kein Theil das andere darwied in einigerley weiß beschweren, sondern sich vielmehr alles gutten Vernehmens gegen einand befleißigen, u. da ein Theil von dem andern ichtwas, so ihme zur Beschwer, u. wied diesen Kapl. u. Königl. Auffsatz zu lauffen bedünckte, vermerckte, sie sich selbst darüber unter einand mit gutter Modestia u. Bescheidenheit, gütl. u. glimpflich vernehmen u. vergleichen, ob da unter Ihnen es Bedencken haben wolte, es an Ihr. K. u. K. M. zeitl. gelangen lassen solten: die würde dann nicht unterlassen, die Sach gnädigl. zu vernehmen, u. die Gebühr darüber in Kapl. u. Königl. Gnaden zu verordnen. Alles treul. u. ohn Gefehrde. Es wird auch daran vollbracht allerhöchstgedacht Ihrer K. u. K. M. gnädigster Will u. Meinung.

Decretum per Imperatoriam Regiamque Majestatem in Consilio Bohemico Lincii d. 10. Mensis Ianuarii .Anno Domini 1645.

(Unterzeichnet von Gr. von Martinitz u. Freisleben.)

3.

2. März 1695. Bedenken der Breslauer Rathmanne gegen die Gründung einer Universität zu Breslau. Supplicat an den Kaiser Leopold I.

Allerdurchlauchtigster Großmächtigster und Unüberwindlichster Römischer Kaiser auch zu Hungarn und Böheimb König.

Eur Kaiser- und Königl. Majestät seind Unsere allerunterthänigste treugehorsamste Dienste in tiefster Demuth jederzeit zuvor.

Allergnädigster Kaiser König und Erbherr.

Euer Kaiser- und Königl. Majestät müßen wir auß Hochbringender Noth allerunterthänigst Vortragen, Welcher-gestalt in hiesiger Stadt eine gemeine und mehr und mehr zunehmende Rede gehet, sambt Eur. Mayt. allergnädigst resolvirt sein solten, ad instantiam Derer HH. Patrum Societ: Jesu eine Universität alhier zu fundiren, und also ein Studium Universale in hiesiger Stadt zu introduciren.

Ob Unß nun zwar, was es mit dieser Sache Vor Beschaffenheit habe, keine genaue Wissenschaft beywohnet, Wir auch In Der Allerunterthänigsten Hoffnung leben, es werde solches mehr Der gedachten Patrum desiderium, als Eur. Kaiserl: Maytt. Allergnädigster Wille seyn, Darneben aber sehr zweifeln, daß, wenn auch Eur. Kayl. Maytt. Hierzu allergnädigst incliniren solten, die Obstacula und wichtige Bedencken, so bei diesem importanten Werck in consideration kommen, Eur. Kaiser- und Königl. Maytt. werden Vorgestellt worden seyn. Als haben Wir, aufn Fall Diese communis fama einigen Grund haben solte, auß allerunterthänigster Devotion gegen Eur. Kayl. Maytt. nicht unterlaßen sollen, Dasjenige, was wegen Gemeiner Stadt, wir Ambts- und Gewißenshalber hierbey zu erinnern haben, in allertiefester Demuth kürzlich zu repraesentiren, allerunterthänigst Bittende, Eur. Kaiser- und Königl. Maytt. wollen solches In kriner Ungnaden aufnehmen, sondern Vielmehr den allerunterthänigsten Eyfer, welchen wir, Diese Haupt Stadt so Viel möglich in guttem Wohlstande noch ferner zu conserviren, jedesmal bezeiget, mit Kayser- und Königl. Clemens und Hulden allergnädigst erkennen.

Und zwar bescheiden wir unß zu förderst allerunterthänigst, daß unß nicht gebühret, Eur. Kayl. Maytt. hohen Königl. Gewalt, und Landesfürstlichen Regalien Ziel und Maaß zu sezen, oder im geringsten Dero allergnädigsten Willen etwas Vorzuschreiben, wir sind aber auch Dabey allergehorsambst Versichert, daß Eur. Maytt. bei diesem Wercke aller-gnädigst beherzigen werden, was vor große consternation und allerhand difficultäten Damals sich ereignet, als Die 1'. P. Societatis Die beständige reception in diese Stadt vor 50 Jahren gesucht und wir Eur. Kayl. Maytt. Glor-würdigster Herr Vatter, D. Ferdinandus III. non obstante assiduitate Precum gedachter Patrum, Dennoch Darzu nicht zu bewegen gewesen, biß Sie endlich von Eur. Kayl. Maytt. auß Gnaden Dero Kayserl. Burg sub certis condi-tionibus erhalten, und also in die Stadt würcklich recipiret, Die querulirende Bürgerschafft aber, Damals Daburch be-stillet worden, Daß Eur. Maytt. Denen H. H. P. P. die Burg zu beziehen, nur auf ein interim et pro nudo Hospitio allergnädigst Verstattet, Und uneracht Sie ex post facto ermelte Burg Von Eur. Kayl. und Königl. Maytt. titulo donationis Eigenthümlich erhalten, So hat Doch Die Stadt Dabey geduldig acquiesciret, und weil die H. H. Patres sich ruhig gehalten, amore Pacis, nichts Darwider erinnern wollen.

Wann aber mehrgedachte H. H. Patres anizo ihre fines weiter als Der Burg Bezirck, und eigentliche Zugehör sich erstrecket, extendiren, und mit erigirung einer Universität, Der Privatorum Aedes, ohne welche kein Collegia auf-gerichtet werden können, begehren, also Der Stadt Privilegiis (vermöge welcher kein Bürgerlicher Grund oder boden an die Geistlichkeit kommen soll) zu nahe treten, auch dem Linzer Receß de A. 1645, welcher Ihnen bloß Die Anrich-tung und haltung eines Collegii und übung des Gottesdienstes, und Schulwesens erlaubet, außer Augen sezen, und so wohl in Jurisdictionalibus, sonderlich aber in delictis Sanguinis poenam inferentibus, als auch in anderer Wege, wie es denn bey solcher erhaltener Freyheit und Execution nicht außen bleibet, die Stadt in ihren Rechten, Freyheiten, und guten alten Verfassungen betrüben wolten; So Versichern Eur. Kayser u. Königl. Maytt. hiermit bey Unsern theuren Eydes Pflichten, womit Eur. Maytt. wir allerunterthänigst Verbunden seyn, daß solches weitaussehendes Werd bey hiesiger gantzen Stadt eine unbeschreibliche Furcht, perplexität, und Kleinmüthigkeit erwecken, und es Dazu kommen wird, Daß, da ohne Diß bei izigen so gar schweren Contributionibus Jedermann lamentiret, und bey Eur. Maytt. Den lezten Groschen zusetzet, in Der Hoffnung', Daß nach erlangtem Friede, beßere Nahrung und Linderung der Gaben erfolgen werde, bey einführung eines so ungewöhnlichen, und der Stadt höchst praejudicirlichen Werckes, die sämbtliche Bürgerschafft die Hände sincken laßen, und ehender auf Veränderung ihres Domicilii bedacht seyn, als in Dergleichen unruhigem Zustande leben werden, Und dieses nicht ohne Ursache, weil Männiglich bekannt ist, Daß alle Dergleichen neuerliche Sachen, als auch die insonderheit Von solcher Wichtigkeit sind, nichts anders, als allerhand gefährliche Mutationes in Statu Ecclesiastico et Politico nach sich ziehen, und wir also sambt Der ganzen Bürgerschafft, Unß aus dieser Universität-fundation, nichts anders, als unzehlig Viel Unglück, stetes Zancken und Kämpffen, nebst andern incommodis, die sich alsdenn erst, wenn man die Last aufm Halse hat, zeigen werden, praefiguriren können; Welches alles aber die Ruhe Dieser friedsamen und treuen Stadt, welche Viel Jahr nicht nur in Schlesien, sondern auch in andern Ländern, wegen ihrer Policey, und guten Verfassung, den Ruhm gehabt, nicht nur zerstören, sondern auch, wie gedacht, biß nach sich ziehen würde, daß ob repentinam hanc mutationem Status publici, die Besten und Vermögensten Leuthe, sich von hier in die Laußnitz, Pohlen, und Marck Brandenburg begeben werden, Dadurch die Stadt depopuliret, aller Mittel enkkräfftet, und also in den niedersten Zustand gerathen Dörffte; Allermassen denn, weil diese Stadt zur Handlung, und Commercien Wesen gewidmet ist, Dieser tristis eventus umb so Viel mehr zu befürchten, nach dem bekant ist, Daß Handelsleute und Studenten, sich niemals mit einander comportiren, sondern in stetem Streit und Wiederwertigkeit leben, wie auß Der Stadt Leipzig Exempel, in welcher Doch, außer denen Mehzeiten, schlechte Handlung getrieben wird, erscheinet, und Deßwegen der alldortige Magistrat mit der Universität in stetem Haber, und Miß Verständnuß lebet, Ueber diß auch Von der Stadt Nürnberg unverborgen ist, Daß als dieselbe das jus erigendi Academiam Anno 1578 Von Kayser Rudolpho II. erlanget, Sie solche bloß Darumb, Daß Handlung und Universität sich nicht zusammen schicken, lieber nach Altdorff, als an einen kleinen, lustigen, und Zum Studiis Bequemern Orth, et ut, iuxta verba Privilegii, juventus commodius quam in ipsa Civitate Norimbergensi eo usque factum, in Linguis et Artibus Scientiisque liberalibus instrui posset, Verlegen, als solche in ihrer Handels Stadt, worinnen Sie täglich allerhand Schlägerey und Unruhe erwarten müssen, leiden wollen.

Ob nun Eur. Kayserl. und Königl. Maytt. an der Conservation dieser treugehorsamsten Stadt, auß welcher Eur. Maytt. Jährlich pro Camerali, auß der Handlung allein, so ein hohes emolumentum ziehen, mehr gelegen, als an etliche Hundert Polnischen und Schlesischen Studenten, welche Eur. Maytt. nicht einen Thaler eintragen, ja Derer Wirthe sich Der Studiosorum Privilegien bedienen, und alle Victualien frey einführen, Diese aber sub praetextu Libertatis et Exemtionis allerhand lose Händel impune anzufangen sich unterstehen werden; Da Doch den Nutzen Von Jhnen, hiesige Bürgerschafft gar nicht Verlanget, sondern tranquillitatem publicam Diesem schlechten Vortheil gerne Vorziehen wird, solches alles stellen Eur. Maytt. Allergnädigsten Resolution wir in tieffster Submission anheim; Und würden Eur. Kayserl. Maytt. wenn über alles Vermuthen Diß Werck zu der Stadt eusersten disconsolation Zum Stande kommen solte, alsdenn erst mit grossem Mißfallen gewahr werden, was Täglich Vor Mord, Todtschläge, Balgereyen, und andere Ungelegenheiten, unter so Vielerley Volck an Herren Dienern, Kauff- und Handwercks Purschen, welche dieser Gäste, und ihrer Lebens Art nicht gewohnt sind, Vorgehen werden, Denen man aller Orthen unmöglich steuren, noch so Viel Leuthe auf allen Gassen Derselben insolentien zu refrainiren haben könte; Allermassen Denn auch in puncto Jurisdictionis sich unzehlich Viel Schwürigkeiten ereignen, und, Da auch gleich solche nach dem Lintzer Recess eingerichtet, oder andere Temperamenta Vorgeschlagen werden solten, Dennoch auch quoad Civilia Die einrichtung eine diminutione unserer titulo oneroso erworbenen Jurisdiction und Privilegien schwerlich erfolgen Dörffte, sonderlich wenn Diese oder jene Personen sich ab oneribus zu liberiren, zu der Universität zu treten, und den numerum Contribuentium zu diminuiren trachten solten, wie zum höchsten Verderb Der Bürgerschafft in Denen meisten Klöstern alhier es Vor Augen lieget, als worinnen Viel Hundert Handwercker und andere Leuthe, welche zwar Denen Klöstern ihre Mitglieder erlegen, dem Publico aber im geringsten nichts beytragen, Vielmehr aber die Zünffte Verderben, sich enthalten; Ueber Dieses wüsten wir nicht, wo so Viel Studenten ihre bequeme Logiamenter alhier finden solten, indem Der Bürger Häuser hierzu gar schlecht accommodiret sind, Der hiesige Orth auch also beschaffen, Daß wegen Der Vielen distractionen, junge Leuthe Denen Studiis gar schlecht obliegen, sondern ihre recreationes anderwerts suchen, und also Die Collegia wenig frequentiren würden, Da doch Die Politici, insonderheit aber P. Conzen, è Soc. Jesu, Lib. 4. Politic. Cap. 13. §. 1. zu einer Universität nicht allein, locum salubrem, sondern auch quietum à turbis hominum, et à luxuria hortorum Urbanorum, cum mentis exercitationes quiete et solitudine gaudeant, erfordern; Welches auch die Ursache, Daß fast im gantzen Römischen Reiche, wie auch in Denen Niederlanden, man die Universitäten nicht in die Handels Städte, sondern auf gesunde, lustige, et à Mercatorum et Militum Consortio entlegene Oerther geleget, woselbst Sie auch wie die Erfahrung zeiget, bessere Profectus, als in Denen Städten, wo Viel Volck und also auch Viel avocamenta à Studiis Vorhanden seyn, zu erlangen pflegen; Also daß bey so gestalten Sachen, wir nebst Der gantzen Bürgerschafft, bey Gott und unsern guten Gewissen betheuren, Daß Dieser treugehorsamsten Stadt kein grösser Stoß, und bekümmerter Zufall begegnen könte, als wenn die hochlöbl. H. P. P. Societatis, ihre Intention erreichen und Die fundation einer Universität in hiesiger Stadt erlangen solten, welches aber Diese gutte Stadt nicht hoffen, Vielmehr aber Deß allerunterthänigsten Vertrauens leben will, Eur. Kayserl. Maytt. werden allergnädigst erwegen, wie willfährig man bey reciquirung Derer P. P. Capucinorum, Franciscanorum Strictioris Observantiae, wie auch der Ursuliner Jungfrauen, Eur. Maytt. zu allerunterthänigster Devotion sich erwiesen, und hingegen auf die Kayserliche allergnädigste Dreyfache Versicherungen, Daß nemlich die Stadt hinfühso bey ihrer Freyheit, und Privilegien, allergnädigst gelassen, und in nichts ferner graviret werden solte, sich festiglich Verlassen, wobey Sie auch nochmals in praesenti arduo negotio umb so Viel mehr geschützet zu werden, sich allerunterthänig Vertröstet, weil zumahl zu Denen Collegiis Die geringste Gelegenheit sich nicht ereignet, es sei Denn, Daß Die H. H. Patres mit destruirung Der Bürgerschafft Häuser, Dabey Denn Die armen Leuthe Seuffzen nicht aussen bleiben würden, solche Collegia aufbauen wolten; Dieses auf's kürtzste ad Oculum zu remonstriren, geruhen Eur. Kayser- und Königl. Maytt. allermildest in Vernehmen, Daß wenn schon Eur. Maytt. Denenselben nebst Der Burg auch Den Stall (worinnen itzo Herr Graff Schaffgotsche seine Pferde

9

hat, und welcher 80 Schritte von der Burg entlegen ist) Allergnädigst geschencket hatten, Die intermedia Aedificia, so in unterschiedenen neuerbauten Bürgerlichen Häusern, Dann Unserm Stadt Thor, worauff und Darneben unsere und gemeiner Stadt Diener wohnen, bestehen, Deßwegen nicht pro appertinentiis Der Burg zu halten, weil solche Uns, und gemeiner Stadt gehören, also Denen Privatis und der Stadt nicht entzogen werden können; Ueber Dieses aber ist hierbey nicht außer Augen zu setzen, Daß wenn auch an Diesem Orthe, einige Gelegenheit zu bauen, sich ereignete, solches Doch wegen Beschaffenheit der Festung nicht wohl geschehen könte, in Dem die P. P. Societatis Vom Ende Des gemelten Stalles, als à termino à quo, bis zum Ende Der Burg, die Stadt Mauer über 400 Ellen besitzen, und also die gantze Linie, wo unten gleich Die Ober Brücke lieget, behaupten würden, Dadurch denn bey Der Fortification sich allerhandt Ungelegenheit ereignen dörffte.

Sollten aber Die H. H. Patres Die impracticabilität an Diesem Orthe selbst erkennen, in ihre Gedancken auf andere Der Burg nahe gelegene Häuser richten wollen, So ist zwar Der meiste Theil Dieser fundorum Von schlechtem Ansehen, weil Sie aber fast alle Denen Rothgärbern zu stehen, und Diese ob commoditatem Loci, et vicinitatem Des Oder Strohms, woselbst Sie die Leder waschen und Trudern, Ihnen zu ihrer Nahrung Viel zuträglicher seyn, als alle andere Häuser in der Stadt, und also eine Gewißens Sache zu seyn scheinet, arme Handwercksleute Von Dem Ihrigen zu Vertreiben, zu geschweigen, Daß auch an Diesen Oertern Der Fortification und Stadt Wällen, eben so nahe und noch näher als an Der andern Seite getreten werden würde.

Als leben Wir in dem allerunterthänigsten Demühtigsten Vertrauen, Eur. Kayser- und Königl. Mayst. werden Dergleichen Opus novum so in detrimentum Civitatis et Privatorum gereichet, allergnädigst nicht Verstatten, noch diese treugehorsamste Stadt in solche Confusion, Unruhe und eusersten Kummer Versetzen laßen;

In fernerer allergnädigster Erwegung, Daß ob zwar Anno 1505 tempore Vladislai Regis Bohemiae man bedacht gewesen, eine Universität alhier aufzurichten, solches Dennoch theils ob contradictionem Universitatis Cracoviensis, theils ob alias gravissimas rationes, eingestellet werden müßen, welches bei itziger Zeit, Da die Handlung in Diesen 190 Jahren, sich umb ein mercklichs gebessert, und die Stadt in einen gantz andern Standt, als Sie Damals gewesen, gerathen, umb so Viel mehr zu consideriren ist; Zu geschweigen, Daß wenn auch eine Universität albier mit Nutz aufgerichtet werden könte, solches der Uhralten Königl. Universität Prage, zu grossem Schaden und Nachtheil gereichen, und Vielleicht eine neben der andern ruiniret: oder Doch ja jener Authorität, ob vicinitatem mercklich offusciret werden dörffte.

Bey welchen wahrhaften Umbständen Eur. Kayl. und Königl. Maytt. wir hiemit nebst Der gantzen Bürgerschafft Fußfällig und in allertiefster Submission anstehen, und auffs wehemühtigste bitten, Eur. Maytt. wollen sich Dero treugehorsamsten Stadt allergnädigst erbarmen, und Dieselbe nicht allein mit Der etwa Von Denen H. H. Patribus Societatis Jesu, (welchen wir sonst alle Liebe und Freundschafft zu erweisen, niemals unterlaßen werden) Vorgeschlagenen Universität allermildest und Kayserl. und Königlicher Clemenz Verschonen, sondern auch Diese Unsere offenhertzige Doch treugehorsamste Expressiones unserer Sorgfalt, in Kayser- und Königlichen Gnaden auffzunehmen, und also Unser und Gemeiner Stadt so sehnliches Demühtiges und flehentliches Bitten zu erhören, allergnädigst geruhen, Dadurch aber Diese gantze Stadt zu beharrlicher Standthafften Treue und Devotion, mehr und mehr Verbinden, Die wir ohne Diß Zeit Lebens Verharren werden.

Euer Kayser- und Königl. Majestät

Datum Den 2. Martii, Anno 1695.

allerunterthänigste und treugehorsambste Unterthanen,
Rathmanne der Stadt Breßlau.

4.

11. Mai 1695. (Datum der Präsentation; das andere fehlt.) Motive des P. Wolff zur Gründung einer Universität in Breslau. Supplicat an den Kaiser Leopold I.

Allerdurchleuchtigster-Großmächtigster, und unüberwindlichster Römischer Kayßer, auch Zu Hungarn und Böheimb König.

Allergnädigster Kayßer, König und Herr Herr.

Eure Kayl. Und Königl. Maytt. ist Unverborgen, Und mäniglich Bekhant, was in Deroselben Erbherzogthumb ober- und Nider Schlesien sich vor Ein grosser und Vortrefflicher Adl Befindet, dessen, wie auch Viler anderen Wohlhabenden in so Volckreichen Städten verbleibenden Personen, Zarte Jugend aber, anizo aus mangel der einheimbischen Universität, so wohl von Catholischen als Uncatholischen ausser aller Erbländer Jhro Kayl. Maytt. (und zwar auch offt in die örther, wo für die Catholische Rln einziges exercitium der religion zu finden) die Studia altiora zu absolvirten geschicket wird, wiewohl dise Jugend sonsten zu denen peregrinationibus in frembde länd, erst nach den absolvirten Studiis Gemeiniglich tauglich genug ist, womit dann nicht allein sehr grosse Gelt Summen aus dem Lande Geführet und Verzehret werden, sondern es kommet auch dise adeliche Jugend allzufrühe zeitig denen Eltern und Blueds Freinden aus denen Augen in eine gefährliche Licenz, imbibiret die ausländtliche nit alzeit die Besten Sitten und Gewohnheiten, Bevor Sye noch daß guette von dem Bösen, mit reiffer Vernunfft zu unterscheiden Weiß, die dann, nach dem Bekhandten Sprichwort: quo Semel est imbuta recens etc. sehr schwer Jhnen wider außzurotten, und die patrii mores etiam meliores zu imprimirn sind. Ich Geschweige, daß aus Mangl Einer solchen einländtlichen Universität Vill fürtreffliche und Zum Hochen Künsten sehr Taugliche Subiecta wegen deß Abgangß der darzue Benötigten mill in tenebris ignorantiae verbleiben, und daß Landt der Qualificirten Subjectorum Berauben müssen. Ist also disem übel alleine durch die fundation einer Vollkommenen Bon denen wohlmeinenden in disem Jhro Kayl. M^{tt} trewdevotisten Landte alleyeit gewünschten Universität in Schlesien abzuhelffen; Auf welche fundation, wann die Universität zu Leipzig, und in specie daß Collegium S. Mariae Genant alldortten fundirt worden schonn damahls (Ungezweiffelt Von Jhro Maytt. Trewgehorsambsten Landt Schlößen, weilen dessen Collegii einkomms meisten Theils im Landt Schlößen, wie Glorwürdtigister Gedächtnuß Vladislaus in Hung. und Böhelmb König in seinem diplomate fundationis Uviatis vratislaviensis Sub Lit. A. rebet, collectiret werden) reflectiret worden, Indeme in disem Collegii fundation außdrücklich, wie eben in disem diplomate zusehen, disses Bedungen worden, ut Si quando in Silesia Gymnasium publicum erigeretur, collegiati ipsius Collegii In Silesiam mox Se conferre debeant, proventus vero et reditus ipsius, qui maiori ex parte in Silesia colliguntur, Gymnasio Illic constituto deinceps deputari.

Daß aber Dise im Landt Schlesien so höchst nuzlich und nötige Universität, nirgends füeglicher und erspriesslicher, als in der Schlesischen Haupt-Stadt Breßlau seyn könne, erhöllet auß den folgenden Ursachen:

Weiln

1. Alle Gemeiniglich in allen anderen Wohlversaßten Ländern die Scientiae und doctrinae am Bequembsten aus dem Haupt in die andern Landes Glüder distribuiret werden, welches Zu Wienn, Praag, Rom, Pariß, und in fast allen anderen Wohlgeordneten Ländern mit grossem Nuzen Geschiehet.
2. Die Statt Breßlau selbsten, wie solches Cursseus und Shelekfusius, laut Beygelegten Extracten Sub B. et C. neben denen anderen Scribenten Bezeugen, die fundation einer Universität daselbst mit grossen Spesen und Viller arbeith von so Langer Zeit Gesuchet, und Bey gemelten König Vladislao darumb inständigst Supplicieret.
3. Weilen der König Vladislaus Ruhmwürdigster Gedächtnus nach Inhalt seines diplomatis, von welchem oben gemeldet Sub. Lit. A. schonn a. 1505 die Stadt Breßlau zu einer solchen Universität einzig erwöhlet, und zwar Haubtsächlich wegen der folgenden in seinem diplomate Begriffenen Ursachen; Dann nachdem des Königs Vladislai Maytt. Unterschiedlich hochwichtige Ursachen, unter welchen auch daß Exempel seiner glorwürdigsten Vorfahren gewesen, die Jhn eine Vollkommene Universität zu fundiren Beweget haben, erzehlet, Was das orth zu diser fundation Belanget, redet Er mit disen worten: Idquo in civitate nostra vratislaviensi, quae universae est Silis Metropolis, mirique felicitate, aedificiorumque ac insignium Structurarum praestantia, civium insuper humanitate, cunctas facile Germaniae urbes exsuperat. Bisshero Vladislaus, welcher auch zu der fundation der Universität zu Breßlau sogar Ecclesiam collegiatam canonicorum ad S. crucem alldortten zu appliciren kein Bedenken getragen.
4. Weilen die Schöne, wohleingerichtete und weltberühmbte policey zu Breßlau zu der erhaltung guter disciplin, welche in der auffrichtung einer Universität Hauptsächlich zu considerirn, Bey der Studirenden Jugend sehr Beförderlich seyn wird, auch solche Policey des Studiosi zugleich mit den Zarten Jahren Imprimiren, und durch das ganze Landt Schlesien, wie es zu wünschen, einführen werde können.

5. Zu welcher disciplin ferner ein grosses contribuiren wird, daß die Löbl. Statt Breßlau nit allein mit einer starcken guarnison versehen, sondern auch die Straßen in derselbigen sehr ordentlich gebauet sind, und die Döffnung zu rechter Zeit verschlossen wird, womit die Studiosi von dem Nächtlichen Außlauffen vor die Thore, und Strepitirung in der Statt coerciret werden.

6. So ist auch kein neuer Strepitus, der in denen einführungen deren hohen Schuelen sich zu erregen pfleget, zu Breßlau nicht zu besorgen, weilen schon alldorten ohne diß nicht allein artes Liberales sondern auch Theologia Speculativa und moralis, wie auch Physica etiam moralis atque mathesis offentlich dociret und mit getruckten thesibus nicht ohne Solemnität auf die academische arth disputiret wird, und zwar also, daß in disen Zweyen hochen facultäten zu der academischen würde schier nichts abgehe, als die ad gradus competentes promotionen, mit welchen der fleiß verehret, und aufgemundert, wie auch die besondere application Zum Studiren gecrönt werde; Es gehet also, was die facultates anbelanget der Statt Breßlau zu der Vollkommenen Universität nichts ab, alß die juridische und medicinische facultäten, unter welchen die juridische den meisten abl nach sich ziehet.

7. Zu dem allen haben Ihro Mayt. Glorwürdigster Gedächtnus Ferdinandus III., Ihro Kayl. Mayt. allerdurchleuchtigster Herr Vatter vor allen andern die Stadt Breßlau erwöhlet, durch die humaniora und altiora Studia gute lehr und Sitten von diser Haupt-Stadt in das gantze Landt Schlesien einzupflantzen, welcher auch ein solches, in welchem Sacra theologia — — cum aliis Scientiis et artibus liberalibus (wie daß Schreiben Einer Mayt. an die Päbstl. Heyligkeit lauthet) profitiret werden möchten, und also ein academisches collegium zu fundiren, dem Landt Schlesien allerheylsambste Gedancken getragen, darumb dan auch in resolutione Apostolica de bonis Sirlensibus cum bonis Nimbcaviensibus commutandis, Sacra congregatio cardinalium Anno 1671 zu Breßlau collegium und universitatem nennet. So haben auch die letzt gemelte damahls Zu Hungarn und Böheimb Königl. Mayt. Ferdinandus III. dises Heyl. Werck vollzubringen, Von beatissimae memoriae l'apa Urbano VIII. so gar die in dem Strehlischen gelegene, Vorzeits denen Closterfrauen S. Clara zugehörige Geistl. Güter außzubitten, für ein gar heylsammes Werck (welches auch von dem Gemeinen Pabst in seiner Bula a. 1632 überauß gerühmet worden) gehalten, solche Heylsambe Intention Ferdinandi hetten die allerschwehristen Zeitten schier zu nichts gebracht, indeme damahls die dem Collegio Soc. Jes. zu Breßlau wohlgemeinte, wiewohl gar grosse, doch unter dem Brigischen Fürsten Gelegene Strehlische Güetter entweder keinen, oder einen gar kleinen nutzen hetten bringen können. Wann auch in diser Ihro Kayl. Mtt. allermildreichste Handt nicht geholffen hatte. Indeme diselbe als der Vätterl. nicht weniger Tugenden und heylsamen Meinungen, als Königreichen u. ländern wahrer Erb, anstatt der Strehlischen, zu welchen wir ohne höchste Beschwernuß kaum hetten gelangen können, Zu den Rimbgauilschen güettern Unns allergnädigst geholffen, wie auch zur Wohnung Dero eigene Kayl. Burg geschencket, und eingeträumbt hetten, Zu dem auß denen Oppelisch- und Rhatiborischen reluitions tractaten, auß welchen die Societet wie die allergnädigste Ihro Kayl. Mtt. manificenz, und allermildesten zu dißer Geistigsten ordens tragender affection kaum zu etwas Ihr auß dem Caroli des Breßlauischen Bischoffs Testament Vermächtnis hette gelangen können, Zu dißer Societet Academi ein Nahmhaffte Summam angeordnet haben.

Welches zwar alles hintermahlen es auß purer Liberalität Ihrer Kayl. Mtt. für welche Wir Unns allerdemütigst bedancken herkommen, Wie auch ursach der außgebrachten und geschenckten Strehlischen güttern Dero Allerglorwürdigsten Herrn Vattern Ferdinandum III. einen fundatorem Collegii Soc. Jes. Gymnastici Vratislaviensis, also Ihro Kayl. Mayt. einen fundatorem eines grossen Collegii academici der Soc. Jes. zu Breßlau allergerechtigst demonstriret, also zwar, daß zu der Vollkommenheit einer würcklichen Universität zu Breßlau nur die zwey juridica und medica Facultäten abgehen; Solche Facultäten aber, wie oben gemeldet, und die Sach selbsten für sich peroriret, zu der Ehre deß grossen Gottes, und Dero treugehorsambsten Erblandes Schlesien Unvergleichen Nutzen allerdings Gedeylich seind.

Es ist zwar kein zweifel, daß der fundirung dißer Universität zu Breßlau als einem Gottseel. und zum auffkommen des Landes höchsersprießlichen Werck der seind aller wissenschafften Beförderer, dann auch einige andere bono quidem Vielleicht Zelo, weilen aber contra scientiam Gewißlich non secundum illam etweiche difficultäten moviren werden, solche aber werden nicht will grösser seyn können, als dieselbe welche in dem Ersten eingang deren nun mehro Zu Breßlau florirenden humaniorum, und sowohl Theologischen als Philosophischen hochen Schuelen non sine Strepitu moviret worden, solche difficultäten (wiewohl von der, wegen Ihres Eyffers die mit dem Bluet Jesu Christi erkaufften Seelen zu dem wahren Catholischen Glauben zu bringen, manchen Herrn Uncatholischen, nicht zwar auß einigen Bösen Willen, welchen Ich in den meisten den Besten Gesunden, sondern auß Bloser Unerkhantnuß deß allein seeligmachenden Glaubens nicht allerdings angenehmen Soc. Jes. die gemelte hoche- und nidrige Schuelen allein dependirend, dociret und moderirt worden;) Solche difficultät erhält Sprich Ich dannoch mit der Bißhero erfahrnen Schuldisciplin gäntzlich auffgehoben, wie auch die Stadt Breßlau mit den Studenten und Ihrem Confessoren nicht allein gantz früdlich sich comportiret, sondern auch dieselbe mit Unterschiedl. grossen Guetthatten zu begätigen pfleget, wohlmerckend, daß manche dißer Stadt Inwohner vor der einführung dißer facultäten timuerunt timore, ubi non erat timor. Wie billig ist es derentwegen Bey der accessirung der zwey weltlichen Facultäten juris et Medicinae, solche einigkeit besto mehr zu hoffen, je leichter es wird Zugelassen werden können, das auch dieselbe, die der Catholischen religion nicht zugethann, deren der mehrere

Theil zu Breßlau ist, nicht allein dise Zwey facultäten (:welches auch ihnen zu Unserer theologischen unnd Philosophischen, wie auch humanistischen facultäten nicht verwöhret:) frequentiren, sondern auch in denenselben Zweyen facultäten graduiret, und supremâ laureâ condecoriret werden, welches in Unsern der Soc. Jes. allein Gehörigen Schullen nicht füglich Geschehen kan. Was aber von der Khaufmanschafft, als wann dise mit der Menge der Studiosen, welche die Universitäten nach sich ziehen, nicht wohl bestehen könne, objiciret werden könte; nebst einer widrigen experienz in den Vornemmsten Handl Städten, der Vornemmsten fundirten Universitäten, alß Straßburg, Leipzig, Mainz, Cölln, wie auch der Wienner- und Praager- Uvtäten, die Ihrerseiths denen handlungen nichts Benommen, scheinet es auch gar seltzamb zu seyn, daß der Kauffmann Von der Menge der ein Khauffer, der Handlsmann von der Ville der abhandler abhorriren solte; So hat auch die Statt Breßlau eben in dieser Zeit, wo sie sich umb die Niderlage circa annum 1505 am meisten Beflißen, sich umb die Universität Beym König Vladislao ohne ersparung der mühe und Unkosten am hefftigsten Bearbeitet. Glaubte derowegen die damahlige auch nicht Unweise, und umb ihre ruhe, freyheiten, rechte und privilegien, nicht weniger, als die jezige sorgende Stadt Breßlau, es könne wohl die Menge der Studiosen mit der Khauffmanschafft ohne praeiudiz der Rechten, und Gerechtigkeiten dieser Stadt in der Ruhe stehen; Dann es wohl wan die Khauffmanschafft mit der Menge der Studenten nicht Bestehen könte, Will natürlicher zu ermessen wäre, daß die Khauffleuthe wegen der damahls meditirten Uvtät eher von der frischgesuchten Niderlage abgeschröckhet wären worden, alß nachdem Sie anjetzo in dem possess ihrer grossen Handlschafft zu Breßlau stehen, durch die neu eingeführte Universität ihren possess wie zu Suggeriren scheinet, Verlassen möchten. Weiln nun die damahlige Stadt Breßlau durch die also kümmerlich gesuchte Universität eine mit puren Fleis praetendirte Grosse Handlschafft gleichsamb in der Blühe zu verderben nicht vermeinte, kann Ich nicht Zweifeln, daß die jetzige sowohl in Ehren alß in der Handlschafft feste Stadt Breslau die tüeffeingewurzelte und reiffe Früchte bringende Khauffmannschafft mit einführung nur Zweyer neuen facultäten außzurotten gar keine, oder wenigstens keine Billiche Furcht deroselben wird Einfallen lassen.

Den Vorwurf, den man von der indisciplination der Universitäten herfür suchen möchte, ist schone oben genugsamb abgelaihnet, allwo erwisen, daß in keinem orth die academische Freyheit oder libertät von der exorbitanten Licenz oder frechheit praeservirt werden könne, als eben in der Wohlgeordneten Stadt Breßlau; zudem die allerweiseste und Vorsichtigste anordnungen Ihro Kayl. M^tt werden diser Freyheit zur Behilff der notwendig disciplin solches Zill und Maaß Geben, welches mann nicht Leichtlich wird überschreitten können.

Die übrige einwürffe, die man widder fundierung der Uvtät zu Breßlau höret, seint entweder von keiner importanz oder aber werden mit dem Von der Stadt Breßlau selbsten Vermittels grosser Unkosten außgebrachten diplomate Vladislai Regis zur gnüge Beantwortet. Es ist auch mit nichten zu muthmaffen, daß diser Stadt, quod Semel placuit, displicere de facto serio possit, wan sie nicht, welche eine treugehorsambste und beste meinung zu den allerunterthänigsten Diensten Ihro Maytt. (wie Ich's allezeit selbsten erfahren habe) traget, Von einigen, die was anders im Schild, anders im Sün tragen, angeführt wird.

Wann nun allergnädigster Kayßer König Und Herr Herr eine als die Schlösische insonderheit Adeliche Jugend von der, so eine frühezeitige auß dem Vatterland Verschickhung Leuchtig Verursachet, untugend zu bewahren, wie auch in Lehr- und Tugend zu Stabiliren ersprießliche der außn Landt Schlösien außführung großmächtiger Summen Geldtes Verhinderliche, zu der Nahmhafften Summen aus denen frembden Ländern in dasselbige einführung Behülfliche, von und im Landt Schlesien Lange zeit inbrünstigste Gewünschte, von der Stadt Breßlau mit grosser mühe und Unkosten bey Vladislao dem König gesuchte, von disem König mit applicirung der Geistl. güetter fundirte (:wiewohl per causas extrinsecas, welche [:Gott sey lob:] anjetzo mit Vorhanden, mit Betrüebnus der Statt Breßlau damahls Verhinderte:) von allerglorwürdigster Gedächtnus Dero Herrn Vattern Ferdinando III. auch mit Außbittung Geistl. Closter Güetter so darzue Gewidmet, meditirte, Von Ihro Kayl. M^tt. selbsten größeren theils allergnädigst außgerichtete fundation einer Vollkommenen Universität zu Breßlau, alle Bißhero Gemelte Ursachen, insonderheit aber die Ehre Gottes und Euer Kayl. M^tt. angeborne landes Vätterliche Clemenz, welche dieselbe allen nuzen und fromben Dero allerunterthänigsten Erbunterthannen zu befördern von sich selbsten antreibet, die fundirung solcher Vollkhommenen Universität zu Breßlau rathen, und keine erhebliche solche fundation widerrathet.

Alß gelanget an Ihro Kayl. und Königl. Maytt. mein allerunterthänigste bitt, Sie geruhen

1. Dero Hoche Kays. in der aufrichtung der andern facultäten erwisene Gnade auch in der fundirung der übrigen Zweyen juridisch- und medicinischen facultäten zu continuiren, damit aber die mit Eyl erthellte eine doppelte Gnad seye, und dero Land Schlesien desto Geschwinder Succurrirt werde, Unterdessen, Bis daß in Besseren Zeiten andere erspriessliche mittl Gefunden werden, einiges vacirendes, davon anjetzo in Schlesien mehrzufinden, Lehengut, zur unterhaltung etlicher Juris und medicinae Professorum (:in erwegung, daß solches Vill Leichter seye, alß Geistliche Güetter dahin zuzueignen, wie Es dannoch Ihro M^tt Glorwürdigste Vorfahrer Löblichist Gethann haben:) nur ad interim zu appliciren.
2. Dise also neu fundirte Universität mit allen aller in orbe Christiano Vornemmen Universitäten privilegien pariformiter allergnädigst zu begaben.
3. Auch dise Universität mit dem allerglorwürdigsten Ihro Kayl. und Königl. M^tt. als fundatoris Namen allermildreichist zu begnaden, unnd Leopoldinische Uvtät zu benambsen. Dise Unvergleichliche Kayl. Gnadt wird Ihro Kayl. und Königl. M^tt. Von der Seiten zwar Dero treugehorsambsten Soc. Jesu die Suffragia

eines fundators, das ist, sehr Viel Tausend Seel. Meßopfer Von allen Priestern dieses gantzen geringsten ordens und Rosenkrantz Von allen denen, die in disem orden mit Priester seint, zum allerunterthänigsten Danckh einbringen ersetzen, Von der seiten aber der Leopoldinischen Uviät die glorwürdigste immerwehrente beit deß grossen Namens Leopoldy durch die gantze Christenheit mit allerley academischen schrifften und Büchern wie auch in diser Universität zur perfection qualifizirten, dem Publico ersprießlichen Subjectis Verkhündigen, durch das Landt aber Schlesien die erfrischung in den Wissenschafften, die Menge der Gelehrten den Glantz der gueten Sitten und Tugenden, und, welches auß disem folget, das Heyl der Seelen und Gemeinen Wesens Nutzen ohne unterlaß promoviren, Jhro Kayl. M°tt. aber mit mehrern titula alß einen Gemeinen Landes Vatter applaudiret werden. Hiermit in Jhro Kayl. und Königl. May't. Huld- und Gnade Mich alleruntertthänigst Empfehlend

Ersterbe

Euer Kayl. u. Königl. Maytt.

alleruntertthänigst
unwürdigster Capellan Fridericus Wolff,
Soc. Jesu, Coll. Wratisl. Rector.

5.

19. Mai 1695. Kaiserl. Rescript an das Königl. Oberamt in Betreff der beiden vorhergehenden Aktenstücke.

Leopold von Gottes gnaden Erwehlter Römischer Kayser
auch zu Hungarn und Böheimb König.

Hochwürdiger, Durchleuchtig-Hochgebohrner Lieber Vetter und Fürst, auch Wohlgebohrne und Gestrenger, Liebe getreue. Euer Liebden: und Jhr ersehen auß denen Beschlüssen Deß mehrern, auß was für wichtigen motivis Bey Uns Der Würdige, Unser Lieber Andächtiger P. Fridericus Wolff, Der Societet JESU Priester und Des Collegii zu Breßlau Rector, umb aufrichtung einer Universität Daselbsten Unterthänigst Supplicando einkommen, wie auch was Bereits in antecessum Bey Uns zu abwendung sothanen desiderii Die Rathmanne Unserer Königlichen Stadt Breßlau gehorsamist angebracht haben.

Wann Wir nun zwar iederzeit gnädigst geneigt seyn auf Das senige, was zu Beförderung Der Ehre Gottes zum Besten Unserer treugehorsamisten Länder, guetter auferziehung Der Jugendt, und Derselben informirung in anständigen Sitten und Studiis gereichen mag, so Viel es sich immer Thun Lasset, gnädigst Vorzuhaben; Bey Diesem gehorsamisten Anbringen aber, umb Uns eines gewissen in sothanem wichtigen werck zuverlässig und gnädigst resolviren zu können, vorhero ein und anderes untersuchen zu lassen und zu erwegen gnädigst Befunden.

Als remittiren Wir Diese Beyderseits Unterthänigst eingereichte Memorialia hiermit an Euer L'den: und Euch mit dem gnädigsten Befehl daß Selbte und Jhr des Patris Wolff Demühtigstes Supplicatum Denen Rathmannen Unserer Königlichen Stadt Breßlau communiciren, Sie darüber Vernehmen, und zugleich eine Authentische Copiam Von Dem originaliter Zu produciren habenden Privilegio Vladislai, Dessen copiam Besagter Pater Wolff Beygeschlossen hat, abfordern, hingegen ihme Pater Wolff Derer Rathmanne hieber kommende gegen-remunstrationes gleichfalls zufertigen und ihn darüber Vernehmen, wie nicht weniger auß Daß consistorium auf dem Thumb zu Breßlau, was Selbtes Bey Diesem Beyderseitigen gehorsamisten petitis etwa zu erinnern haben möchte, hören; Und so Dann nach Beschehenen sothanen reciprocis communicationibus und darauf erstatteten Berichten, Uns Darüber Euer L'den: und Eueren in allen punctis wohlerwogenes guttachtliches Befund, nebst disen actitatis, zu handen Unserer Königlichen Böhmischen Hoff Canzley gehorsamist einschicken sollen; Hieran Beschicht Unser gnädigster will und meinung; Und Wir Verbleiben Euer L'den: Dabeneben mit freundschafft Kayser- undt Königlichen Hulden und allem guten forderist wohlbeygethan, wie auch Euch mit Kayser- und Königlichen Gnaden wohlgewogen. Geben zu Larenburg, den Neunzehenden Monathstag May, im Sechzehenhundert-fünf und Neunzigsten, Unserer Reiche, Deß Römischen im Sieben und Dreyßigsten, Deß Hungarischen im Vierzigsten und Deß Böheimischen im Neun und Dreyßigsten Jahr.

Leopold.

Fran. Udal. Gr. Khinsky
R. Boh. supr. Cancell.

Ad mandatum Sac. Caes.
Regiaeque Mattis proprium.
Thomas Grf. Tschernin.

H. E. von Pein.

6.

29. October. 1695. (Datum der Präsentation.) Denkschrift der Breslauer Rathmanne zur Prüfung der Motive des P. Wolff für die Universität (verfaßt von dem Ober-Syndicus Dr. Schwentner). An das Königl. Oberamt zu Breslau.

Hochwürdigster Durchlauchtigster
  Herzog.
Genädigster Fürst und Herr.
Hoch und Wohlgebohrner Grafe,
Hoch Wohlgebohrne Freyherren.
Hoch und Wohlgebohrner Grafe,
Hoch Wohlgebohrne Freyherren.
HochEdelgebohrner Gestrenger.
Genädige und Hochgeehrteste Herren.

Auß der den 21. Junii jüngsthin an Uns beschehenen Königl. OberAmbts-Insinuation haben Wir mit gehorsambsten Respect vernommen, was bey Ihro Kayser: und Königl. Maytt. Unserm allergenädigsten Herrn, Titul Ihr Hochwürden Herr Pater Fridericus Wolff, der Societät Jesu Prister, und des hiesigen Collegii Rector, wegen Aufrichtung einer Universität in dieser Stadt allerunterthänigst gesuchet, und welcher gestalt Allerhöchstgedacht Ihro Maytt. darauf allergenädigst rescribiret: Daß Wir über diesem Anbringen vernommen, auch Zugleich eine Authentische Copia von dem Original-Privilegio Divi Wladislai Regis Bohemiae von Uns abgefordert werden solle.

Wie nun Eur: Hochfürstl: Durchl: und dem Hochlöbl: Königl: OberAmbts-Collegio vor die beschehene Communication Wir hiermit gehorsamsten Danck abstatten; Also referiren Wir Uns nochmals auf Unsere bey allerhöchst gedacht Ihro Kayserl. Maytt. allbereit vor 5 Monathen eingereichte wichtige Motiven, welche nach Bewandnüß Der itzigen Zeiten gewißlich also beschaffen, daß selbigen cum Fundamento wol nichts erhebliches entgegengesetzet werden kan. Maßen die Wolfarth dieser Stadt zuförderst in Beobachtung der gutten alten Verfassung und Ordnungen, Dann in Beförderung des Commercien-Wesens eigentlich bestehet; Welche beide Stücke dieselbe bißher glückseelig gemachet, also daß ieder bey seiner Profession, Thun und Wesen gantz ruhig und friedlich leben, und vor aller unrechtmäßigen Gewalt sicher seyn können. Wann nun aber eines von diesen Zweyen Stücken violiret und unterbrochen werden solte, so ist leicht zu schlüßen, was albern vor eine Confusio Status publici daraus entstehen würde.

Wir haben in antecessum solches alles, was diese Universität vor schädlichen Effect in dieser Stadt produciren würde Ihro Kayser: und Königl: Majestät allerunterthänigst repraesentiret, wollen auch nicht hoffen, daß Ihro Maytt: diese treugehorsambste Stadt, welche Sie vor diesem zum öfftern den Edelsten Stein in Dero Krone genennet, dergestalt aufs euserste disconsoliren, und Sie mit dieser unerträglichen Laß bebürden laßen werden, wenn Sie nochmals zu erwegen allergenädigst geruhen wolten: Daß

1. Ihrer Kayser: und Königl: Maytt: an Conservation dieser Stadt, und zwar in Dero gegenwärtigen Zustande so viel gelegen. Denn, so lange Sie als eine Handelsstadt in Ihrer Freyheit und bey Ihren Privilegien in Ecclesiastico et Politico Statu allergenädigst gelaßen, und darinnen durch dergleichen gefährliche und weit außsehende Neuigkeiten nicht turbiret wird; So lange werden auch Ihre Maytt: den bißherigen Vortheil und Emolumenta darauß zu ziehen haben. Wird aber diese Verfassung durch solch gefährliches Accident nur in etwas alteriret, so muß nothwendig das gantze Werd in eine schädliche Confusion, welche viel böses generiren wird, verfallen; Welche zwar primario die Bürgerschafft treffen, nachmals aber auch zu Ihrer Maytt: selbst eigenem großen Schaden gereichen dörffte.

Und eben darumb haben

2. Allerhöchstgedacht Ihr: Maytt: Glorwürdigster Herr Vater, D. Ferdinandus III. bey Introducirung der P. P. Societatis JESU Anno 1643 vermeldte Patres anfangs nicht einmal in die Stadt aufnehmen wollen, sondern Sie in die Vor-Stadt aufn Sand anweisen laßen, bloß zu dem Ende, damit die Stadt in keine Unordnung gerathen, sondern bey Ihrer Ruhe und Verfassung allergenädigst geschützet werden möge; Nachgehends aber bey derselben Admission Sie und Ihre, vermöge der Lintzer-Recessus, in sehr enge Cancellos eingeschloßen, also daß in criminibus, auff Poena Sanguinis infligitur, der Stadt die Jurisdiction gelaßen, und sonst Ihrer Scholaren Freyheit sehr coarctiret worden ist. So haben auch

3. Die Itzo regierende Kayser: und Königl: Maytt: Unser allergenädigster Herr, bei Reception der P. P. Capucinorum P. P. Franciscanorum Strictioris observantiae, wie auch der UrsulinerJungfrauen den Magistrat und die Stadt unter Dero Kayser: und Königlichen Worten jedesmal aller-

genädigst versichert: „Daß solche Receptiones der Stadt an Ihren Privilegien, Freyheiten, Exercitio Religionis und gutten Verfaßung, dem Instrumento Pacis Osnabrug: und Prager Reben-Recess gemäß, keinesweges nachtheilig noch verfänglich seyn, sondern die Stadt dabey jederzeit allergenädigst geschützet werden sollte.

Wenn nun gleich

4. Bei Fundirung dieser unglücklichen Universität dergleichen allergenädigste Assecurationes ertheilet würden; So ist doch notorisch, wie wenig die unbändigen jungen Leute solche attendiren, und wie schlecht Uns selbige allhier zu statten kommen dörfften. Die Exempla anderer Universitäten, Sie seyn Catholische oder Evangelische, sind nicht unverborgen, und denen am besten bekannt, welche eine Zeit lang auf solchen sich aufgehalten, wie wenig Respect die Professores bei Ihren Studiosis haben, und wie sehr Sie, wollen Sie nicht das Emolumentum von Ihnen verlieren, in allen Ihren Insolentien zu conniviren, und die Delicta so schlecht zu bestraffen pflegen; Inmittelst müste das Publicum und in privato ein jeder unschuldiger Bürger und die Seinigen allerhand Torto und Unrecht von Ihnen ertragen; Und wenn es nicht mehr auszustehen wäre, auß dieser Universität nichts anders, als ein Theatrum vielerley Ungelücks werden, welches

5. Insonderheit daher zubefürchten ist, Daß keine Universität in Europa zu finden, in welcher Catholische und Evangelische Ihr freyes Exercitium Religionis haben, und Zugleich ruhig beisammen leben. Die Universität zu Straßburg ist vor diesem in grossem Flor gestanden; Ist aber, nachdem die Frantzosen Sie in Ihrer Gewalt haben, und damit Zweyerley Religionen eingeführet worden, in solche Decadens gerathen, Daß, sicherem Bericht nach, wegen der steten Unruhe Zwischen Ihnen, kaum 50 Studiosi mehr daselbst zu finden.

Die Erffurtische Universität ist deswegen auch in sehr schlechtem Zustande, und also Daraus leicht zu schlüßen, was vor Hoffnung von Dieser zu machen sey. Die Studenten incliniren ohne diß allezeit zu Erregung allerhand Händel, wenn sie nur die geringste Ursache vom Zaune brechen können, und bedencken den Eventum nicht. Wer wolte denn sich überreden lassen, daß Sie wieder die hiesige Evangelische Bürgerschafft so grosse Höfflichkeit gebrauchen, und gegen dieselbe sich besser, als gegen Ihre Glaubensgenossen verhalten solten?

6. Ist unnöthig Ihr: Kayser: und Königl: Mayst: allerunterthänigst vorzustellen, was in Materia Jurisdictionis vor Wiederwertigkeit zwischen dieser Stadt und der Universität unfehlbar entstehen wird. Der Linzer-Recess zeiget zwar, wie es mit denen Scholaren in Collegio Societ: JESU gehalten werden sol. Wenn aber, wie der Herr P. Rector verlanget, eine gantz neue Jurisdiction ad Exemplum anderer vornehmen Universitäten allhier eingeführet, und also merum et mixtum Imperium etlichen fremden und hiesiger Verfaßung unerfahrnen Professoribus gegeben werden solte; So ist auser allen Zweifel zu sehen, daß alle die Inconvenientien, davon wir itzo und in Unserer vorigen Deduction Meldung gethan, sich täglich ereignen, und diese Leute, umb die Pohlen und Schlesier desto eher hertzlocken Ihren Scholaribus alle Licens verstatten würden. Wie nun Unsere Vorfahren die Jurisdiction in dieser Stadt von etlich hundert Jahren der Titulo oneroso erlanget, und bis dato manuteniret; Als würde durch diese neuverlangte Jurisdictionem Academicam der Stadt Jurisdiction nicht allein sehr geschmälert, sondern auch denen Studiosis Thür und Thor die Bürgerschafft bey Tag und Nacht zu kräncken, zu überfallen, und zu verfolgen, eröfnet werden.

Vorwieder denn

7. Kein Mittel dieses rohe Volck zu compesciren zu finden were, weil man in einer so weitläufftigen Stadt nicht aller Orthen zugegen seyn, noch weniger durch Arrest die Pollnischen und andere undisciplinirte Bursche zwingen, auch nach ausgeübter Bossheit der Delinquenten nicht bald habhafft werden kan. Hiesige Bürgerschafft ist solcher Gäste und Ihrer Insolens nicht gewohnet, wird sich mit Ihnen wegen Ihrer unruhigen Lebens-Arth wol niemal comportiren; Dadurch denn die schöne Ordnung dieser Stadt, welche Herr P. Wolff selbst so sehr rühmet, nothwendig unterbrochen, und alles in die grösste Disordre, woraus Todtschläge, Balgen und Rauffen entstehen, gesetzet werden muß.

Und ob zwar wohlgedachter Herr P. Rector in seinem Ihrer Kayser: und Königl: Mayst: überrichten demüthigen Supplicato allerhand scheinbare Rationes zu Befestigung seiner Intention pro obtinendâ Universitate anführet; so sind doch dieselben, wenn sie in etwas genauere Consideration genommen werden, gar nicht von der Erheblickeit die im wege stehende Obstacula zu removiren.

Denn was Anfangs in genere von dem vortrefflichen Adel in Schlesien, daß solcher keine Studia altiora in Ihrem Vaterlande ob Defectum Universitatis absolviren könte, promittiret wird, ist eine Sache, welche die Unkosten zur Universität nicht meritiren dörffte. Der wenigste Adel in Schlesien hat die Mittel seine Kinder zum Studiis altioribus zu halten, und die noch was im Vermögen haben, machen keine, oder doch sehr selten einige Reflexion auffs Studium Juris, auß Medicum aber gar nicht, sondern laßen Ihre Söhne allhier die Exercitia begreiffen, und beynebenst in Studio Politico die Fundamenta legen, Welche hernach ein paar Jahr in frembde Länder gehen, und damit den Cursum Ihrer Studien absolviren, dergestalt, daß die intendirten Breßlauischen Professores Juris et Medicinae denen Edelleuten zu gefallen wol wenige oder gar keine Collegia werden halten dörffen. Der Gemeinen Leute Kinder haben die Mittel nicht hier zu leben, scheinet auch nicht der Mühe werth zu seyn, dieser armen Purſche halber ein Collegium Juridicum und Medicum aufzurichten, weil die wenigen, ſo von einiger Capacität ſeyn, zu Prag und Olmütz, wie auch Leipzig und Franckfurt mit leichterer Mühe was lernen, auch die Principia juris von hieſigen berühmten Juriſten und ein ſchlechtes begreiffen können.

Daß aber ein oder der andere von Adel in frembden Ländern ein Stück Geld verzehret, das geſchicht an allen Orthen, wo gleich Univerſitäten in der Nähe ſeyn, und wird auch hier, wenn ſchon eine Univerſität da wäre, nicht unterlaſſen werden.   Denn wenn ein junger Menſch zehen und mehr Jahre auf ſeines Vaterlandes hohen Schule ſtudirte, wird doch ſchwerlich auß Ihm ein qualificirtes Subiectum werden, wenn Er nicht anderer Länder gutte Sitten, Gewohnheiten, Sprachen und Politiſche Wiſſenſchafften zugleich geſehen und begriffen, und dadurch das Böſe vom Gutten zu unterſcheiden gelernet hat.

Ob aber nicht vielmehr bey Stabilirung der hieſigen Univerſität die Licenz denen jungen Leuten imbibiret, und Sie bey dieſer Volckreichen Stadt, in welcher vielerley genera Hominum ſich befinden, nicht ehender als auf andern hohen Schulen verführet, und in Grund verterbet werden dörfften, ſolches iſt allbereit zuvor wegen der vielen Gelegenheiten, ſo ſich hier ereignen, und welchen ein junger Menſch nicht allemal entgehen kan, ad oculum von Uns demonſtriret worden; Da es denn bernach freylich heiſſen würde: quo semel est imbuta etc. und folgends ſchwer hergehen, ſolche Mores pravos et corruptos, welche die jungen Studenten, wenn ſie e Sinu Paterno in groſſe Städte kommen, annehmen, bei Ihnen wieder außzurotten.

Was hierauf ferner angeführet wird, daß ob defectum Univerſitatis viel herrliche Ingenia in Ermangelung der Mittel in tenebris Ignorantiae verbleiben, und das Land der qualificirten Subjectorum entbehren müſſe; welchem Uebel aber durch dergleichen Univerſität leicht abgeholffen werden könte.

Da iſt zwar zu wünſchen, daß allen gutten Ingeniis ſolche Mittel zu emergiren an die Hand gegeben werden möchten; Wie aber dieſes durch Fundation der Univerſität geſchehen könne, iſt nicht abzuſehen, weil die Salaria pro Profeſſoribus zwar conſtituiret, nicht aber bald Fundationes allen armen Studenten (Derer ſich auf ſolchen Fall von allen Oerthern eine groſſe Menge allhier einfinden würden, und ſchon bei der itzigen Verfaſſung des Collegii überflüßig vorhanden ſeyn) aufzuhelfen gemachet werden können.

Zudem finden dieſenigen, ſo geſchickte Köpffe und Luſt zum Studiis haben, noch immer ſolche Patronos, durch welche Sie Ihren Zweck erreichen, und mit der Zeit ſich hervorthun können.

Und wenn nun auch das gantze Land mit Gelehrten Juriſten und Medicis, auf welcher Vermehrung das Abſehen vom Herrn P. Rectore genommen wird, angefüllet ſeyn würde, können Wir nicht begreiffen, daß dem Gemeinen Weſen damit ſonderlich geholffen ſey. Bey dieſer Stadt und in andern Orthen des Landes Schleſien iſt, wie Männiglich geſtehen muß, an dergleichen Gelehrten Leuten kein Mangel, ſondern ein groſſer Ueberfluß, worunter allerhand ſtattliche Subjecta, welche wol Meritirten, daß Sie beſſer accommodiret würden, ſo doch wegen derſelben Menge unmöglich geſchehen kan.   Der Adel aber, wie gedacht, thut in iure wenig oder gar nichts.   Wenn nun zum Beſten dieſe beide Facultäten (weil die Facultas Theologica et Philosophica allbereit allhier fundiret ſein ſoll) mit ſo groſſem Coſten und Unkoſten eingeführet werden ſollen, können Wir nicht ergründen. Die berühmteſten Politici, wenn Sie von Aufnehmung der Städte und Länder handeln, ſind der beſtändigen Meinung: Daß nur Drey Stände in Vita civili ſeyen, wordurch das Gemeinen Weſens Wolfarth ſtabiliret, und ein Eſtat in Flor gebracht und erhalten werden kan, nemlich: Durch die Commercien Der Kaufleute, durch die Manufacturen der Handwerker, und durch den Ackerbau des Land-Mannes; Welche Drey Stände feſte aneinander verknüpfet ſeyn, und von ſelbigen das gantze Syſtema des Gemeinen Weſens erhalten werden muß. Gelehrte Leute ſind zwar auch bey Land und Städten höchſtnöhtig; aber Sie ſind doch nur Miniſtri Status, und ſuchen vielmehr Ihre Conſervation vom Gemeinen Weſen, alſo Daß, wenn derer zu viel und überflüßig ſeyn, ſolches mehr pro morbo Civitatis zu halten, und alſo ſchon genung, wenn derſelben nur ſo viel vorhanden, als es des Landes oder Stadt Neceſſität erfordert.

Und ferner iſt auch nicht thulich, alle geſchickte Köpffe zum Studiren zu appliciren, weil auch zu andern Profeſſionen gutte Ingenia erfordert werden, und es alſo insgemein ein falſcher Wahn iſt, Daß man die beſten Köpffe zum Studiren, die hebetiora Ingenia aber zur Kauffmannſchafft und andern Profeſſionen anverweiſen ſolle.

Was ſolchemnach die Fundation der Univerſität zu facilitiren vermeinet vom Collegio St. Mariae Virginis zu Leipzig, und daß deſſelben reditus von Dr. Wladislav Rege Bohemiae zu der Univerſität in Schleſien, wenn ſolche mit der Zeit geſtifftet würde, deputiret worden, laſſen Wir, als eine Uns nicht angehende Sache, an Ihren Orth geſtellet ſeyn; zweifeln aber ſehr, daß die Collegiati von Leipzig hierher kommen, oder die in Händen habende Reditus zurücke geben werden.

Wie nun hierdurch die von dem Herrn P. Rectore angeführten Rationes generales hoffentlich zur Genüge diluiret ſeyn;

Alſo hat demſelben beliebet Ihro Kayſer- und Königl. Mayſt. unterſchiedene Special-Motiven, warumb dieſe Univerſität nirgends füglicher und beſſer, als in der Stadt Breßlau aufgerichtet werden könne, allerdemüthigſt vorzuſtellen; Und zwar

I. Daß außn Haubt Städten die Wissenschaften in die Landes-Glieder distribuiret würden, nach dem Exempel der Kayserl: Residenz-Stadt Wienn, Prag, Rom, Paris und Dergleichen; also sey auch die Stadt Breßlau vor andern Städten hierzu am geschicktesten zu achten, weil solche Metropolis Silesiae wäre.

Allein, wer weiß (1.) nicht, Daß die Stadt Breßlau von alten Zeiten her nicht zu Dem, daß Dergleichen Schul-Sachen in derselben cultiviret werden sollen, sondern bloß zur Handlung und Manufacturen gewiedmet und fundiret worden ist; Maßen auch die meisten Privilegia bloß dahin, wie die Stadt an Handel und Wandel zunehmen möge, zielen, also daß die Studiosi ebender Das Commercium als große Scienzien allhier begreiffen könten. Daher müste nun dieser Wissenschaften Distribution auf etliche Außländische in Corpore Juris und Arte medica erfahrne Doctores ankommen, derer Bemühung wol in Wahrheit einen sehr schlechten Effect haben, vielweniger die Unkosten meritiren Dörffte, ein Opus tantae molis anzufangen, und des Landes Wolstand damit so wenig zu befördern. (2.) Ist gar gewiß, und allen, so in der Welt ein wenig sich umbgesehen haben, bekannt, daß die Universitäten an keinem Orthe schädlicher, als in Haubt-Städten seyn. Von licentiosis et turbulentis Attentatis der Studenten weiß die Haubt Stadt Prag in Böhmen, die Stadt Wittenberg in Sachsen, Leipzig in Meißen, Cracau in Pohlen, vielleicht auch die Kayserliche Residenz-Stadt Wien, und Cölln am Rhein zu sagen; in welchen letzten Orthe die sogenandten Montani, Laurentiani und Jesuiter-Studiosi nur neulich, nemlich den 25. Junii dieses Jahres eine Proba von der größten Insolenz abgeleget, wie der Extract sub A. außm wochentlichen Relations-Currier es außweiset. Wie es in Padua, Bologna und andern großen Städten, wo Universitäten seyn, hergehet, und wie des Nachts vor Ihnen kein Mensch auf der Gaße sicher ist, noch ohne Lebens-Gefahr gehen darf; am Tage aber Jedermann diesen Leuten, wil Er nicht die Stürmung seines Hauses oder eines andern öffentlichen Affronts gewärtig seyn, außm Wege treten muß; ist als eine notorische Sache unnöthig zuerzehlen. Würden also (3.) diese Professores Ihre Erudition viel besser in einem andern Orthe des Landes Schlesien, wo Sie mit Ihren Studenten bey Fundirung einer Universität das Fac totum seyn, und von denen Innwohnern pro Diis Tutelaribus geachtet werden, anbringen können; Allhier aber würden Sie mit Ihrer Doctrina dem Publico sehr schlechten Nutzen schaffen, hingegen die Stadt in die größte Unruhe setzen. Das

II. Agument, warumb zu Breßlau die Fundatio Academiae am besten sich schicken solle, bestehet in dem, daß diese Stadt vor alten Zeiten, nemlich Anno 1505. und vor 190. Jahren die Universität von Divo Wladislao Könige in Böheimb, selbst verlanget hette, also solche vor izo nicht depreciren könte.

Wann aber wolgedachter Herr P. Rector die Circumstantias Derselben Zeiten gegen die itzigen halten wolte, würde Er vielleicht selbst erkennen, daß solche gar weit von einander unterschieden seyn. Denn (1.) war zwar von D. Wladislao Rege das offtgedachte Privilegium erigendi Academiam ertheilet, kam aber zu ihren Kräfften, sondern wurde von Julio II. Pont. Max: abrogiret und gäntzlich entkräfftet. (2.) Suchte der damalige Magistratus diß Privilegium, jedoch sub certis conditionibus, und zwar pro qualitate Temporum istorum, Status Provinciae, et Civitatis; In dem zur selbigen Zeit Die hiesigen Schulen ultra Grammatices et Rhetorices Studia sich nicht erstreckten, und daher die studirende Jugend, so was mehreres zu lernen begierig war, sehr zeitlich auf die hohe Schulen abgeschicket werden muste; Diese weite Universitäten aber zu besuchen wolten theils die Kräffte und Zustand der Studirenden, theils der Eltern Vermögen, theils auch der Status rerum publicarum nicht allemal zulassen; Sonderlich aber ist (3.) die Abschildung in die vicinas Academias Cracoviensem et Pragensem auß damaligen im Wege gestandenen Uhrsachen auf alle weise decliniret worden, weil nicht allein das in Studio Pragensi eine gutte Zeit zuvor entstandene Dissidium noch in animis et Oculis Hominum war; sondern auch die Odia Polonorum contra Silesios ob Separationem Provinciae et Episcopatus eben noch effervesciretn, und wegen ein und anderer Ungemach die Gemüther ie mehr und mehr alieniiretn; Welches alles aber sich nunmehr in totum also geändert, Daß die Studia sowol hier als in vicinis Provinciis zur Gnüge floriren, und keiner neuen Universität bedürffen.

Ferner und (4.) war damals einerley Jurisdiction und einerley Religion: Izo praetendiren die Herren P. P. Societatis mit der Universität eine gantz neue Jurisdiction, und zwar ad instar aliarum Universitatum zu introduciren, und dadurch einen Theil von der Stadt Breßlau vornehmsten Kleynode an sich zu ziehen, dergestalt aber Unser uhraltes Privilegium zu durchlöchern.

Und wenn keine andere Differenz zwischen jenen alten, und Unseren itzigen Zeiten, als die Diversitas Religionis wäre; So ist diese schon eine der größten Uhrsachen Ihro Kayserl: und Königl: Mayt: fußfällig und allerunthänigst zu bitten, Das Unglück, welches von dieser Universität der gantzen Stadt, und insonderheit Unsern Religions-Verwandten imminiret, von Uns allergnädigst abzuwenden. Maßen (5.) die Erfahrung bey andern Ländern bezeuget, was vor Unheil und Persecution die Societät der Dissentienten in Religione außgeübet wird. Noch vor wenigen Zeiten haben die Polnischen Studenten zu Cracau dann und wann ein Evangelisches Hauß geplündert, beraubet und alles zerschlagen; welches von Ihren Superioribus conniviret werden müssen. Stirbet noch heute zu Tage ein Un-Catholischer daselbst, und wird nicht alsobald heimlich fortgeschaffet, so wird, gewißen Berichte nach, dessen Cörper von Ihnen auf denen Gaßen als ein Aas herumbgeschleppet, und aufs ärgste tractiret. Was würden Wir denn anders bey Unseren Kirchen, Schulen, und deren Bedienten, wie auch jeder Privatus mit den Seinigen bey Tag und Nacht von diesen unbändigen Gästen zu gewarten haben? Und wer muß nicht gestehen: Daß wir als Magistrat mit diesen Leuten, welche von sondern Universitäten herkommen, und die Licentiam Academicam und großen Haß wieder Unsere Religions-Verwandten mit sich bringen dörfften, täglich zu Felde ziehen, und von Ihnen unzehlich viel Ungemach würden erhalten müssen? Welche Collisiones aber, woraus nichts anders, als unzehlich viel Unglück erfolgen kan, allhier auf alle weise zu praecaviren, in einer kleineren Stadt aber auß oben angeführten Motiven nicht zu befürchten seyn.

(6.) War auch Damals das Commercien-Wesen nicht in dem Zustande wie izo; sondern bestund in einer schlechten Negotiation mit Tuchen und allerhand Krahm-Waaren nach Pohlen und die benachbarten Provincien. Sryben- und Specerey-Waaren wurden, so viel derer die Stadt benöthiget war, von denen sogenandten Venedigern oder Fremb- den hergebracht, und darinnen bestund der gantze Handel. Denn der Holländer Schiff-fahrt und große Handlung lag noch in tenebris; Und als der König in Pohlen Sigismundus eben zu derselben Zeit, nemlich Anno 1511. wegen der Niederlage die Breßlauischen Kaufleute nicht in Pohlen, auch keinen Polacken nach Breßlau lassen wolte, sondern Ihnen die Handlung sperrete, meldet der Historicus Schickfus: daß auffm Marckte zu Breßlau Graß gewachsen und nichts zu negotiiren gewesen sey; Woraus zu schlüßen, daß die Handlung damals müße schlecht bestellet gewesen seyn. Izo hat die Stadt Breßlau durch die Landes-Manufacturen Gelegenheit in gantz Europam zu correspondiren, und die Handlung, wenn zumal Ihrer Kayl: Mayt: ferner allergnädigste Privilegirung und Protection darzu treten solte, in besseren Flor zu sezen. Solte aber die Universität hier fundiret werden; So können Ihro Kayser- und Königl. Mayt: Wir allerunterthänigst versichern: Daß die meisten und besten Leute umb vielerley Unglück zeitlich zu entgehen, die Stadt quittiren, und diesen alle diejenigen Zunfften und Zechen, welche die Schlesischen Manufacturen arbeiten und zubereiten, als die große Zunfft der Parchner, Tuchmacher, Stricker und dergleichen, weil Ihnen die Nahrung zugleich entgehet, unfehlbar folgen werden; Also daß in kurzer Zeit die Handlung und Manufacturen auß Furcht der Verfolgung, in völliges Abnehmen gerathen, die benachbarten Länder aber und in specie die Laußnitz durch diesen unvermutheten Zufall in größten Flor zu Ihr: Kayserl: Mayt: eusersten Schaden gebracht werden dörfften.

Daß aber die Stadt damals das Jus Stapulae gesuchet und erhalten, ist zu Evitirung derer sich damalen wegen der wenigen Commercien ereigneten Incommoditäten cum Gente Polonica beschehen; So aber, wie oben gedacht, schlechten Effect gehabt. Das

III. Motivum des Herrn P. Rectoris, ist genommen außm alten Diplomate D. Wladislai Regis Bohemiae, welcher diese Stadt Metropolim totius Silesiae genennet: quae mira loci felicitate, Aedificiorum ac Insignium Structurarum praestantia, Civium insuper humanitate cunctas facile Germaniae Urbes exsuperaret. Woraus geschlossen wird, daß sich die Universität hierher sehr wohl schicken würde.

Wie nun aber die angeführten Elogia von damaliger Königl: Mayt: bloß von der großen Gnade und Hulde, womit Sie hiesiger Stadt allergnädigst zugethan gewesen, herrühren; Also können wir wol nach genauer der Sachen Ueberlegung nicht penetriren, was die schönen Gebäude an Kirchen und Vornehmen Herren Palatiis zu Beförderung der Scholarum Qualitäten und Erlernung gutter Künste helffen sollten? Loca deserta et à communi Hominum consortio remota sind viel bequemer zum Studiren; Alle große Städte sind der Studirenden Verterb; Objecta enim movens Sensus; Wo Diese nicht seyn, bleibet der Student über seinen Büchern, wo aber viel Volck, und immer was anzusehn, Da bleiben die Bücher liegen, und suchet einer diese, der andere eine andere Ergözlichkeit; Woran es insonderheit in hiesiger Stadt nicht mangelt, und also auß folget: Daß die schönen Häuser und Humanität der Innwohner jungen rohen Studenten mehr schäd- als nützlich seyn würden. Die

IV. Ratio movens eine Universität praecise in dieser Stadt aufzurichten, bestehet in einem sonderlichen Eacomio hiesiger schönen und wohl eingeführten Policey, welche die Scholares Ihnen imprimiren, und solche mit der Zeit durch das gantze Land Schlesien einführen könten.

So wäre auch
V. Zu Erhaltung gutter Disciplin eine starke Guarnison allhier, und die Straßen ordentlich gebauet; Die Festung würde auch zu rechter Zeit geschlossen, und was Dergleichen mehr in Laudem Civitatis angeführet werden wollen.

Wie nun zwar ein Jeder, welcher in dieser Stadt nur eine wenige Zeit sich aufgehalten, wird bekennen müssen: Daß allhier Eine sehr wohl regulirte Policey in allen Sachen zu finden, Wir auch sowol all Unsere Vorfahren dieses die vornehmste Sorge bei Unserem Ambte seyn lassen, wol darauß ein quietus et pacatus Reip. Status, Darüber auch sich ein Jeder erfreuet, erfolgen muß;

Also halten Wir nebst der ganzen Bürgerschafft und vielen andern vornehmen Leuten beständig dafür: daß bey Fundirung einer Universität alle diese gutten und heilsamen Verfaßungen übern Haufen fallen, und alles in die eusersten Confusion gerathen würde. Scholarn achten meistentheils gutte Ordnungen wenig, sondern haben die Villa Juventutis an sich, unruhig zu leben, und Ungelegenheit anzufangen. Und wenn auch ein und anderer Studiosus umb Unsere Verfaßung sich bekümmern, und derer Fundamenta ergründen wolte und könte; So würde Ihm schwer fallen mit der Zeit an dem Orthe, wo Er in Schlesien accommodiret würde, solche zu introduciren, weil hierzu ein mehreres, als die bloße erlangte Wissenschaft requiriret werden dörffte. Eine jede Stadt hat Ihre absonderliche Statuta, Ordnung und Verfaßung, bey welchen Sie, so lange solche Ihrem Statui diemlich seyn, verharret, und nicht leicht einige Neuigkeit einführen läßt.

Daß aber die hiesige Guarnison solche unruhige Leute allenthalben im Zaum halten, und sich Tag und Nacht mit Ihnen herumb balgen müssen sollte, daraus können anders nichts als allerhand gefährliche Exacerbationes Animorum, Mord, Todtschläge, Tumult und Auffstand erfolgen. Denn weil dieses junge Volck, wie auf vielen Universitäten, sonderlich zu Wittenberg, Leipzig, Prag, Franckfurt und allen andern Orthen, wo Guarnison lieget, mit denen Soldaten in ßerrr Feindschafft lebet, die hiesige Bürgerschafft auch ganz ungewohnet ist, sich von solchen Purschen, welche mehrentheils noch insolenter als die Soldaten selbst seyn molestiren zu lassen, So kan aus diesem gefährlichen Wesen nichts als große Unruhe entstehen; Welche, wenn Sie alhier einmal, Da Gott vor sey, zum Schwunge kommen solte, schwerlich oder gar langsam gedämpffet werden könte. So wird die Guarnison mit so großen Speeks der Stadt nicht darumb gehalten, daß Sie stets an allen Ecken und Enden der Stadt auf der Studenten liederliche Actiones Achtung geben, sondern vielmehr, daß Sie die Stadt bewachen, und Ihre Posten wol observiren solle. Auch, wenn die Guarnison noch so starck were; so zeiget das obenerwehnte Exempel der Stadt Cölln und anderer Festungen, wo Universitäten seyn, Daß solche gegen die Mänge der Studenten wenig thun kan.

VI. Wird dieses schwere Werck ganz leichte gemachet, wenn vorgegeben wird, die beiden Facultates Theologica und Philosophica wären allbereit allhier in Ihrem Collegio stabiliret; Also were nur noch Juridica et Medica von nöthen, welches gar wol, und eine ullo Strepitu durch etliche Professores eingerichtet werden könte.

Gleichwie aber in dieser Sache nicht auf Das Accessorium etliche Personen zusehen, sondern vielmehr anderer Respectus et Exemptiones eiusmodi Universitatem concomitantes zu consideriren seyn; Die itzige Verfassung aber des Collegii Societatis JEsu sowol quoad Possum Jurisdictionis als Religiosis durch den Linzer Recess bekräftiget ist; Also sol der Anis dieses ganzen Wercks itzo darinnen bestehen, daß der Adel und anderer, so Juri et Medicinam Studirem wollen, sich hier versammlen sollen; Dergleichen Negotium aber auß obern erzehlten Ursachen weder der Unkosten werth seyn, noch einiges Emolumentum dem Publico bringen, und gleichwol bey der Stadt die größte Querel und besorgende Confusion verursachen würde. Allermaßen denn auch instritig ist, daß auf denen Universitäten eben die Studiosi Juris et Medicinae den größten Numerum machen, und, weil Sie entweder von Adel, oder sonst von guttem Herkommen, und liberius erzogen sind, sich der größten Frevheit und Licenz anmaßen. Und nachdem die Stadt ohnediß von denen itzigen Alumnis Theologiae et Philosophiae zum öfftern molestiret wird, dörfften diese alsdann noch viel importuner werden, wenn Sie bey Aufrichtung der Universität das Praedicat oder Licenz rechter Studenten erhalten, und durch Zutretung der andern verstärcket werden solten.

Daß aber

VII. Ihr: Kayser: und Königl: Mayit: Div Ferdinandus III. Impor: denen Herren P. P. Societatis allergnädigst erlaubet, die Theologiam cum Philosophia in Ihrem hiesigen Collegio publice zu dociren, und daß folgends die itzo regierende Kayser: und Königl: Mayit: Dero Königliche Burg Ihnen einräumen lassen, haben Sie mit allerunthänigstem Dande zu erkennen, und werden Wir Ihnen auch diese Kayserl. Gnade niemals mißgönnen; Man wird sich auch an Seiten der Stadt mit Ihnen noch ferner so viel immer möglich, friedlich comportiren, und Ihnen, wenn Sie die Universität-Gebauden fahren lassen, alle Liebe und Freundschafft, wie bisher geschehen, und es der Herr P. Rector selbst gestehet, erzeigen.

Daß aber aus diesem allen erzwungen werden wil, daß Sie eine vollkommene Universität Deswegen, weil Sie allbereit Theologiam et Philosophiam dociren, haben müßen, scheinet gar nicht zu folgen; Und würde vielleicht ermelden Herren P. P. besser und ersprößlicher fallen, in Ihrem itzigen Zustande bey der Stadt zu bleiben, als durch solche schädliche Novitäten Ihnen selber so groß Ungelegenheit, Uns aber in Unserm Statu vielerley Turbas zu erregen.

Ist also nicht der Feind aller Wissenschafften, welcher des Herrn P. Rectoris Meinung nach, wieder die Universität solche Difficultät machet; sondern unser Gewissen und Pflichtschuldigste allerunterthänigste Devotion gegen Ihro Kayserl: Mayit: verbindet Uns, daß Wir, als Ehrliche Patrioten, welchen Ihro Mayit: diese treugehorsamste Stadt allergnädigst anvertrauet, solche im Grunde der Wahrheit bestehende Obstacula und wichtige Bedencken allerunterthänigst entdecken sollen und müssen, Damit Uns nicht ins Künfftige bey erfolgtem unglücklichem Zustande von hohen Ortten und der Posterität, samb Wir in der Sache nicht aufrichtig alles berichtet hetten, impuiret werden möge. Endlich, und

VIII. Bemühet sich der Herr P. Rector eine Demonstration zu thun, daß die Universität Denen hiesigen Handelsleuten und Commercien-Wesen nicht im wege stehen, sondern solche sowol denen Handels- als Handwercksleuten einen großen Nutzen bringen würde.

Weil aber von dieser Materia sowol in Unserem ersten allerunterthänigsten Berichte, als auch in vorhergehenden Passibus schon zur Genüge gehandelt worden, und die ibi: Kauffmannschafft sub B. wie auch Zunfften und Zechen sub C. gar ein anderes, und zwar mit der höchsten Consternation Ihres Gemüthes deduciren; So ist unnöthig dieses noch einmal zu wiederholen.

Der große Ruß, welchen hiesige Bürgerschafft gar gerne entbehren wil, würde sich ohnediß nicht weit erstrecken, vielmehr aber durch eines und des andern übele Zahlung die Bürgerschafft in Schaden versetzet werden; hingegen die Fastidien und euserste Beschwerlichkeit über die maßen groß seyn; Der vielen Exemptionen, Turbationen und Befreyungen, so die Universität-Verwandten praetendiren, und dadurch der Bürgerlichen Nahrung allerhand Nachtheil zufügen würden, zugeschweigen; woraus groß Unheil entstehen dörffte. Denn wenn die Bürgerschafft so schwere Contributiones geben, und gleichwol zusehen sol, daß andere die Mittel zur Nahrung Ihnen abschneiden; so kan diß kein gutt Geblütte machen.

Sie sind ohne diß wegen der großen und ferner ohne Ihren Ruin unerträglichen Eingriesse der Geistlichkeit in allen Klöstern, wo nur Gelegenheit darzu ist, aufs euserste bedränget; also daß nunmehr der meisten Religiosorum

Klöster Bezirck, so viele Bierhäuser seyn, worinnen Gäste gesetzet, und das Bier Faß- und Kannenweise in die Stadt geschritten und verkaufft, und überdiß allerhand Pfuscherey darinnen zu der armen Bürgerschafft eusersten Betränckung getrieben wird.

Ferner ist es hier nicht umb einen kleinen Profit, welchen die Studenten der Stadt bringen sollen, sondern darumb zu thun: Daß Universitäten an den Orth, wo Zweyerley Religionen seyn, und wo die Handlung floriret, also vielerley Diener, Jungen, Laquayen und Handwercks-Pursche vorhanden, sich nicht schicken, weil sie mit einander in stetem Krieg und Wiederwertigkeit leben; Prage, Straßburg und Maintz haben schlechte Handlung; Wie es zu Cölln biß Dato zugehet, ist schon oben erwehnet.

Zu Leipzig, da doch auser denen Meßzeiten schlechte Handlung getrieben wird, gehet zwischen Studenten und Kauf-Dienern wie auch zwischen Soldaten und Studenten öffters große Schlägerey vor, und leben in steter Feindschaft gegen einander; Hingegen hat der Herzog zu Braunschweig und Magistrat zu Nürnberg, unerachtet an beiden Orthen nur eine Religion ist, dennoch in gedachten großen Städten die Universitäten nicht haben wollen; sondern der Erste hat die Universität nach Helmstätt, der andere aber nach Altorff, als kleine und zum Studiren bequeme Örther geleget, woselbst Sie auch den Studien fleißig obliegen, und keine sonderliche Ungelegenheit machen können.

Auf die Zeit vor 190 Jahren ist in praesenti Statu wegen obengedachter Motiven im geringsten nicht zu reflectiren; Welche, wenn Sie nur reiflich consideriret werden, gar klärlich zeigen, daß der Stadt gegenwärtiger Zustand von jenem toto Coelo differire, und das, was damals als eine der Stadt erspriessliche Sache mag seyn erkennet worden, pro nunc derselben höchst schädlich seyn würde; Welches in Statu Politico nichts neues ist, sondern alles juxta Rationem Status pro diversitate Circumstantiarum eingerichtet wird.

Daß aber hierbey erinnert worden: Die Academische Freyheit müste von der exorbitirenden Licenz durch Unsere vorsichtige Anordnungen praeserviret werden, worinnen auch Ihr: Kayserl: Maytt: Ziel und Maaß allso allergnädigst geben würden, daß solches nicht überschritten werden könte; solches läst sich zwar in Theoria also hören: Allein (1.) sind auf andern Universitäten auch vorsichtige Leute im Regiment, und alle Leges Academicae durch Kayser- und Königl: Decreta befestiget, und dennoch sind fast aller Orthen der Studenten Excesse so groß, daß Ihnen unmöglich gesteuert werden kan. (2.) Läst sich die Coercitio contra Exemptos à Jurisdictione nicht leicht exerciren, wenn Sie gleich in flagranti ergriffen werden; Und (3.) Ist auch denen Querelen hiesiger Stadt-Officirer sub D. E. F. G. zu sehen, wessen die itzigen Scholares in der P. P. Societatis Convict-Hause sich allbereit unterfangen; Und ob Wir zwar bey dem H. P. Vice-Rectore umb Bestraffung angehalten, hat doch, weil die Thäter nicht zu erforschen, keine Remedirung erfolgen können; Welches genugsame Anzeigungen der künfftigen Früchte, so von der Universität zu hoffen seyn können.

Es ist (4.) auch unmöglich bei Einer Universität wieder eine so große Menge Tumultuanten, die sich zusammen rotten, schleunige Vorsorge zu thun; Kan auch (5.) nicht anders geschehen, als mit eines oder des andern Theils Leib- und Lebens-Gefahr, schweren Verwundungen und Todtschlägen; Woraus denn (6.) in einer Stadt von vielem Gemeinen Volck, wie hier, gar leicht ein völliger Aufruhr entstehen, und dadurch die euserste Ruin der gantzen Stadt erfolgen kan, wieder welches keine Leges, sie seyn so scharf als sie wollen, was helffen können. Und wenn (7.) bei solchen Gelegenheiten wieder einen und den andern jungen Pollnischen von Adel etwas fürgenommen, oder derselbe im Tumult und Handgemänge entweder schwer verwundet, oder gar erschlagen würde, was dörffte die Stadt nicht vor Verantwortung haben? Und was vor schwere Repressalien würde man nicht in Pohlen wieder die hiesigen Kauffleute mit Wegnehmung Ihrer Haab und Gütter, auch wol Arrestirung Ihrer Personen fürnehmen, und dadurch allen Handel und Wandel mit selbiger Cron zerstören.

Und diß ist auch die wahre und unhintertreibliche Ursache Unserer treuen aufrichtigen und auf den ruhigen Wohlstand des Gemeinen Wesens abzielenden Gegen-Erinnerungen, welche allen andern Respecten, Unsers Erachtens vorzuziehen, und wegen Ihrer Wichtigkeit bey Ihrer Kayser- und Königl: Maytt: hoffentlich, weil an dieser Stadt Conservation Deroselbten viel gelegen, ein allergnädigstes Gehör finden werden.

Und gleich wie Wir sambt der gantzen Bürgerschafft, Zunfften und Zechen in der Treue und Devotion gegen Ihr: Maytt: gewißlich Niemanden weichen, sondern wie bißher geschehen, solche bey allen Occasionen nochmals allergehorsamst contestiren, und in der That bezeugen werden; Also können Wir bey Gott, Unserem gutten Gewissen und dem Eyde, mit welchem Ihro Kayserl: Maytt. Wir verbunden seyn, ein anders nicht befinden, alß daß die Erectio Academiae in dieser Stadt nicht allein deroselben euserster Verterb seyn, und zu vielen Extremitäten Anlaß geben, sondern auch Ihro Maytt: selbst an Dero Cammer-Intraden höchst schädlich fallen werde; Welches vielleicht der unglückliche Eventus ehender, als man meinet, zeigen dörffte.

Wir wollen aber von Ihro Kayser- und Königl: Majestät als Unserem allergnädigsten Landes-Vater, welcher Zeit Dero Glorwürdigsten Regierung gegen diese Stadt so unzehlich viel Kayser- und Königliche Gnaden-Zeichen blicken lassen, der allergnädigsten Erhörung Unß getrösten, und in dem allerunterthänigsten Vertrauen beständigst verharren: Daß bei itzigen so schweren bekümmerten und elenden Zeiten, Da die Arme Bürgerschafft bei denen so viel Jahr nacheinander continuirten sehr schweren Contributionibus und abgenommener Nahrung ohnediß mehrentheils enerviret ist, und dennoch den letzten Heller bei Ihro Maytt: treuhertzig zusetzet, Ihre Kayser- und Königl: Maytt:

diese Stadt in so unbeschreiblichen Hertzens-Kummer, unerhörte Angst und Confusion, wieder Dero angestammte Ertz-hertzogliche Clementz nicht setzen, noch Sie unter dem vorgebildeten grossen Ruhen des Landes so empfindlich disconsoliren lassen werden; Sondern Wir getrösten Uns vielmehr in allertieffester Submission und getreuesten Devotion, Daß Ihre Maytt: diese Stadt in Ihrem ruhigen Zustande ohne dergleichen schädliche Neuerung allergnädigst lassen und Sie contra quoscunque, welche dergleichen periculosas Novitates introduciren wollen, allermildest schützen und protegiren werden.

Und dannenhero gelanget an Eur: Hochfürstl: Durchl: und das Hochlöbliche Königliche Ober-Ambts-Collegium, als welchem von vielen Jahren her der Zustand und die Verfassung dieser Stadt am besten bekannt ist, Unser gehorsamstes und unterdienstschuldigstes Bitten, Dieselben geruhen diese Unsere nothgedrängte Beschwerden genädigst, genädig und hochgünstig zu behertzigen, und nebenst Überschickung des in Copia Vidimata hierbengeschlossenen alten Wladislaischen Diplomatis sub Lit. H. bey allerhöchstgedacht Ihro Kayser: und Königl: Maytt: Diese treugehorsamste Stadt dahin verbitten zu helffen, womit Sie mit der von dem Collegio Societatis Jesu gesuchten Universität allergnädigst verschonet, und also bei Ihrer alten Verfassung in Friede und Ruhe noch länger gelassen werden möge.

Welche Hochfürstliche Clementz, Genade und Güte Wir nebenst der gantzen Bürgerschafft mit unsterblichem Danck jederzeit erkennen, und stets verbleiben werden.

Eur: Hochfürstl: Durchl:
und
Eines Hochlöbl: Königl: Ober-Ambts-Collegii

Gehorsamste und Unter-Dienstwillige
Rathmanne der Stadt Breßlau.

7.

14. Januar. 1696. Gutachtliche Aeußerung des Generalvicars des Bißthums Breßlau in geistl. Sachen über die Gründung einer Universität in Breßlau. An das Königl. Ober-Amt zu Breßlau.

Hoch undt Wohlgebohrner Graff.
Wohlgebohrne Freyherren
WohlEdle gestrenge.
Insonders hochgeehrt- und großgünstige Herren.

Nachdem Ein Hochlöbl. Königl. Oberambt Vermöge der hiernechst Wiederumb Zurückkommenden Beyschlüsse so wohl das Jenige Waß bey der Röm. Kayserl. auch zu Hungarn und Böheimb Königl. Maytt. Unserm Allergnädigsten Herrn (tit): P. Fridericus Wolff der Societät Jesu Priester und Rector des hiesigen Collegii, Wegen auffrichtung Einer Universität zu Breßlau Supplicando Eingebracht, alß auch der hiesige Stadt magistrat in antecessum entgegengesetzet, umb Meine etwan habende Erinnerung darüber zu vernehmen, schon unter dem 14. Julii des entwichenen Jahres an Mich hat gelangen lassen, so Würde Ich Mein gefaßtes Bedencken hiervob Ehender Zu eröffnen nicht ermanglet haben, Wenn nicht die Wichtigkeit der Sache solches alles Ihro Hochfürstl. Durchl. Meinem gnädigsten Bischoff und Herrn Zuforderist Vorzutragen erforderet, und bedentwegen Deroselben erwünschte Wiederkunfft Zuerwarthen genöthiget hätte;

Diesemnach Biß ich nach Reifflicher erwegung aller Umbstände, so beyderseits Vor- und angebracht Worden, keines Weges Zweiffeln, daß durch Eine solche Universität daß aufnehmen der heyligen Catholischen Religion gar sehr befördert, und dem gantzen Lande Schlesien, nicht Weniger alß dieser Königl. Stadt Breßlau Zum erwünschten Heyl der Seelen, bessere gelegenheit alß bisher geschehen können eröffnet Werden Möchte, da die Vornehmbste Jugend dieses Landes, mit Mercklichen Schaden deß Inländisch Vermögens, Mehrentheils anderwertshinn Verschicket, und auf Denen nechstgelegenen Hohen Schulen (Schulen) Zu Leipzig, Jena, Wittenberg und Franckfuhrt, in Ihren bey der Kindheit Eingesogenen Irrthümbern höchst Verterblich Verhärtet Worden.

Wenn aber dagegen auch Erwogen wird, Was für wichtige Beschwerung Ehemahls, nach erlangten Privilegio deß lobwürdigsten Königes Vladislai, solcher rühmlichen Intention entgegengestanden, und Wie die zugleich Verlangte Veränderung deß hiesig Collegiat Stiffts bevm heyl. Creutz auch sogar bey dem Päbstlichen Stuhle so Viel Bedencken Verursachet, daß das Breßlauische Magistrat mit aller angewendten Mühe und grossen Unkosten, dennoch Seinen damahls geführten Wunsch, Von dem damahligen Pabste Julio keines Weges hat Erlangen können.

So kan Ich Meines ohrts auch nicht Sehen, Wie Allerhöchsterwehnte Ihre Kayserl: und Königl. Mayst. nach Dero Weitberlanten Eyfer der gerechtigkeit anjetzo, da der Rath und die gemeine der gesambten Stadt Breßlau, nicht allein dieses Vermeinte Beneficium gantz nicht Verlanget, sondern auch mit allen Möglichsten Kräfften Wiederstrebet, zu Unverwindlichem Nachtheil deß Cleri Secularis, und Wieder die gottseelige intention der Vor Alters Löblich aufgerichteten Stiefftungen Ihrer Rühmblichen Vorfahrer etwas praeludicirliches enthun Möchte, Wie Wohl Ich Übrigens, im fahl hierzu irgendswo andere Mittel erfunden und angeordnet Werden könten, Salvo Iure Episcopali dieses heilsambe Vorhaben Vielmehr Zu fördern alß Zu hindern, Mich verpflichtet achte, Wonach Nebst Empfehlung Zu beharrlicher hohen gewogenheit allstets Verharre; Breßlau aufm Dohmb den 14. Januarii anno 1696.

Meiner Hochgeehrt und großgünstigster Herren

                                                    Dienstwilligster
                                                  Hochfürstl. Durchl. ꝛc. ꝛc.
                                                  Vicarius in griffl. Sach. Generalis
                                                  deß Bißthumbs Breßlau
                                                  Joan. Henr. Sivert B: de Reist.

An das Königl.
OberambtsCollegium
Pst: 15ten Jan. 1696.

8.

6. Juli 1696. Interims-Decret der Königl. Böhmischen Hofkanzlei in der Universitäts-Angelegenheit. An die Abgeordneten der Stadt Breslau.

Von der Römischen Kayser: auch zu Hungarn und Böheimb Königl. Mayst. Unseres allergnädigsten Herren wegen, Denen Ehrenvesten, Gelehrten und Ehrbaren, H. Maximillian von Seyller, auf Bunzelwitz, des Raths, H. Johann Christian John, J. U. Doctori, Syndico, Johann Kritschmer, Handelsmann, und Samuel Weber, Burgern, allerseits Abgeordneten der Königlichen Stadt Breßlau hirmit in Gnaden anzumelden.

Allerhöchst besagte Ihre Kayser- und Königl. Mayst. hetten auß Ihren sub Praesentatis Neunzehenden January, Zwey und Zwanzigsten February und Vierzehenden Juny lauffenden 1696sten Jahres gnädigst vernommen, was bey Deroselben Sie Herren Abgeordnete in puncto der von der Societät Jesu unterthänigst gesuchten und nach Breßlau zu legen bemühligst gebettenen Universität, auch letzthin umb den Patrem Rectorem zu Erstattung seiner Antwort anzuhalten, oder Sie, Abgeordnete mit einer gnädigsten Resolution zu versehen unterthänigst angebracht haben.

Wie nun aber die vielen überhauffsten Publica hieben nicht zugelassen, auch diese Sache vorzustimen, selbte auch der Zeit noch nicht dermassen instruiret ist, daß solche vorgenommen und etwas Zuverlässiges darob resolviret werden könne: Ihre Kayser- und Königl. Mayst. aber künfftig legaliter in allem und behörig das Werck instruiren zu lassen, daß es sodann in die Deliberation gebracht werden möge, gnädigst zu verordnen nicht ermangeln werden; Unterdessen Sie Herren Abgeordnete, da es sich ob praesentem Statum Publicum noch etwas verziehen dürffte, darauf albier zu warten nicht nöthig haben. Indem allerhöchsterwehnte Ihre Kayser- und Königl. Mayst., als welche für den Wolstand und Conservation Ihrer Königl. Stadt Breßlau jederzeit gnädigste Vorsorge tragen, die Sache nach gnädigster Instruirung mit aller erforderlichen Legalität und gebührender Beobachtung der Umbstände auch der Justiz gemäß fassen zu lassen gnädigst bedacht, und Dero Königlichen Stadt Breßlau nichts unbilliges oder nachtheiliges widerfahren, sondern Ihre künfftig nehmende allergnädigste Resolution über diesem Universitatis-Negotio dermassen ergehen zu lassen gnädigst gemeinet wären, daß die Stadt mit Fug darüber sich zu beschwärren nicht Ursach haben, noch zuversichtlich dessentwegen in Absall gerathen werde.

Welches allerhöchstgedachte Ihre Kayser- und Königl. Mayst. Ihnen Herren Abgeordneten, wie hiemit geschicht, zu bedeuten gnädigst verordnet haben.

Und es verbleiben Dieselben Ihnen anbeynebenst mit Kayser- u. Königlichen Gnaden wohlgewogen.

Decretum per Imperatoriam Regiamque Majestatem in Consilio Bohemico Aulico, Viennae, die 6ᵗᵃ Mensis Julii, Anno Domini 1696.

Frantz Ulrich Gr. Kinsky.

                                                   Thomas Grf. Tschernin
                                                  H. C. von Pein.

2.

2. November 1702. Das Königl. Ober-Amt zu Breßlau macht dem dortigen Magistrat und dem P. Mibes, Rector des Jesuiten-Collegiums, bekannt mit der Kaiserl. Resolution wegen Errichtung der Universität.

An Breßl. Rath intimatio Resolutionis Caesareae wegen Einer allhier aufzurichtenden Universität.

tuglich. mutat. mutand: an P. Rector allhier
Röthel.

Demnach Jhro Kayl. undt Königl: Majst. .... hier an uns unter Dato Wienn d. 21ten erstverwichenen Monaths Octobris allergdigst rescribiret: welchergestalt dieselbte auf ehemaliges allerunterthänigstes anhalten Patris Friderici Wolff Soc. Jesu, damahligen Rectoris des Collegii dictae Societatis allhier in Breßlau, undt dessen wiederhollung P. Jacobi Mibes dieser Zeit Rectoris alda, undt in allergnädigster Betrachtung das (NB. an die Jesuiten lautet dieser Passus so: undt dessen von Euch undt demselben geschehene wiederhollung, auch in allergdigster Betrachtung, daß der allein Seeligmachende Catholischen Religion nicht allein, sondern auch) in Instructione Juventutis dem Publico viel undt grosser nutzen zeithero durch die Societät Jesu in Schlesien geschaffet worden, undt noch mehr geschehen könne, wann die Studia in hiesiger Königl. Stadt Breßlau noch mehrers befördert würden; allergnädigst befunden hetten, Jhnen Patribus Societatis Jesu in hiesigem Collegio Eine Universität dergestalt allergdigst zu Verleihen, undt zu erigiren, daß die Societät nunmehro von dem, In dem allergdsten Rescript gesetzten oberwehnten Dato an, die macht undt völlige gewalt haben solle, nicht allein die Jura canonica, Theologiam undt Philosophiam allhier publice, jedoch in Collegio, zu dociren, sondern auch in utraque Facultate Doctores et Magistros zu promoviren undt alle andere gradus Academicos denen befundenen dignis zu conferiren; auch der anderer denen Universitatibus competirenden Jurium et praerogativorum sich zu erfreuen haben mögen; wie alles solches daß hierüber gefertigte Diploma in mehreren enthalten thäte; Undt wie nun mehrbesagte Societät die Proclamirung solchaner Universität mit dem nechsten Vorzunehmen intentioniret seyn würde: Also daß Königl. Oberambt dieses heilsame werck auf alle weise befördern, Jhnen Patribus mit aller oberambtl. Hülffe an der handt stehen, undt Sie kräfftiglich schützen solte; nachdeme aber ratione Jurisdictionis sich noch einiger anstandt ereignet, undt dießfals ein solch Expediens zu finden seye, daß weder die Stadt in Jhrer habenden Jurisdiction laediret, noch auch der Authorität dieser neuauffrichtenden Universität ratione furi einig nachtheil zuwachse; dieses aber am besten per amicabilem compositionem zu haben wäre; So sollen Wir sowohl Euch und die Herren als auch den Patrem Rectorem nebst dem Collegio (in dem Schreiben an die Jesuiten so: sowohl den Magistrat der Königl. Stadt Breßlau, als auch Euch undt denselben nebst dem Collegio) hierüber vernehmen, Eines und des andern Vorschläge anhören, undt ratione exercendae hujus Jurisdictionis ein abkommen zwischen der Stadt undt dem Collegio zu treffen bemühet seyn, undt sodann solches zu allergnädigster approbation allergehorsambst einschicken; In entstehung des Vergleiches aber ob der Sache gutachtl. allergehorsambst berichten.

Alß haben wir diese geschöpfte Kayl. allergnädigste Resolution Euch und denen Herren zu dem Ende hiermit oberambtl. intimiren wollen, auf daß Jhr undt dieselben nicht allein sich hienach richten, undt dem Kayl. allergnädigsten willen auß allerunterthänigster pflicht zu unterwerffen; sondern auch wegen eines gütlichen abkommens ratione exercendae Jurisdictionis, auf weiters erfordern billige Vorschläge zu thun, undt Vor Dero Jenigen, welche etwann zu unternehmung dieses werkes oberambtlich verordnet werden möchten, durch gewisse Deputirte auß dem Magistrat Jhre nothdurfft (deß Collegii nothdurfft) zu handeln wissen mögen ....

Breßlau den 2. November 1702.

J. E. Frh. von Pleucken

Wenzl
Röthel.

Zweiter Theil.

Organifation und Entwickelung.

I.
Die Organisation.

§ 1.
Die Idee.

Zur Bildung einer moralischen Person, zur Organisation einer Körperschaft gehört dreierlei: erstens eine Idee, zweitens materielles Vermögen und drittens das Recht gesunder und würdiger Existenz. Die Universität ist nach ihrem historischen Begriffe wesentlich eine Korporation. Welche Idee liegt ihr zu Grunde?

Wenn Friedrich August Wolf, „der genialste Alterthumsforscher und erste Kritiker seiner Zeit", dessen Verdienste wir, ohne seinen praktischen Standpunkt für ideal zu halten, vollkommen anerkennen, spricht in seiner Encyklopädie der Philologie einmal darüber, daß „bei uns das Studium der Wissenschaften doch immer etwas handwerksmäßig geworden" sei, und erklärt als „eine Folge davon die Stiftung der Universitäten in medio aevo." [1]) Ich muß gestehen, daß diese Erklärung der Stiftung der Universitäten mir zu „handwerksmäßig" ist. Hätte er die Geschichte der Universitäten im Mittelalter gekannt, er würde die Aeußerung nicht gethan haben. In dem gegenwärtigen Jahrhunderte ist eine reiche Literatur über Idee und Bedeutung jener Pflanzstätten der Wissenschaft entstanden. Nicht wenige Meister der Wissenschaft haben die Gelegenheit gesucht oder doch ergriffen, ihre Gedanken darüber mitzutheilen. [2]) Als Resultat alles Forschens und Nachdenkens, insbesondere auf Grund der Geschichte, bietet sich uns für die Universitäten lebengestaltend und befruchtend dar: „die Idee des Wissens und seiner Ueberlieferung", d. h. des gesammten menschlichen Wissens als eines Gemeingutes, dessen Werth und Reichthum durch immer sicherere und umfassendere Besitzergreifung steigt und wächst von Geschlecht zu Geschlecht. Im Großen und Ganzen ist hierbei Stillstand und Rückbewegung entweder nur scheinbar, oder nothwendig zu einem neuen Anlauf. Die Wahrheit ist unendlich, und deshalb das zu erstrebende Wissen derselben für den Menschengeist unermeßlich. Kein Einzelner vermag, von Vorne beginnend, das Reich der Wissenschaft zu durchmessen. Selbst das Streben nach einer immerhin sehr relativen Universalität des Wissens wird nur geweckt durch vielseitige Anregung. Es ist daher nothwendig, daß die einsichtsvollen Geister aller Länder und Zeiten immer mehr und mehr in Berührung kommen, daß sie ihre Thätigkeit ergänzen, ihre Früchte zusammentragen und die kommenden Geschlechter noch mächtiger anregen. Zu einem Gesammtbesitz aller welthistorischen Cultur kann nur eine Gemeinschaft der Geister von wahrhaft wissenschaftlichem Berufe sich emporringen. Zu einer solchen Gemeinschaft aber gehört die Anerkennung der Einheit des Menschengeschlechts und — eine ideale Erhebung. Das alte Heidenthum redete von Autochthonen, betrachtete die Nationalität als feindliche Schranke und konnte in dem Sklaven die Menschenwürde nicht erkennen: es gab eine Zeit, wo die katholische Kirche mit ihrer kosmopolitischen

Tendenz die nationale Engherzigkeit mehr und mehr überwand; die alten Helden hatten Ideale, die nur zeigten, wie sie waren, und nicht, wie sie werden sollten: es gab eine Zeit, wo die katholische Kirche die welthistorisch gewordene christliche Cultur allein schuf, die Wissenschaft beherrschte mit ihrem Geiste und alles Erkennen auf die Ideale in dem persönlichen wahren Gott hinleitete, welches eine ideale Erhebung zur Folge hatte, daß Fürsten ihre Kronen ungezwungen niederlegten, um ungestört und unverwandt jenen Idealen nachzustreben und Gott ähnlich zu werden. Niemals war der Trieb nach Gemeinschaft stärker und thätiger gewesen, als damals; niemals hatte sich der Mensch so nachdrücklich als ein ζῶον πολιτικόν erwiesen, aber vermöge eines πολίτευμα, von dem der Weltapostel Paulus sagt, daß es dem Himmel angehöre. Das war die Zeit der Entstehung der Universitäten; und eben diese sind der höchste und glücklichste Ausdruck jenes Ringens nach dem Besitze der Wahrheit durch vereinte Kraft. Ueber das einheitliche Bewußtsein der Culturvölker jener Zeit sagt Reithmayr treffend und schön: „In der Zeit, wo die ersten Ansätze zu den Universitäten an's Licht hervortauchten, hatten die christlichen Völker, bei aller Sonderung in Reiche und Staaten sich noch das Gefühl und Bewußtsein einer höheren Einheit, durch das Band der Einen, Alle umspannenden katholischen Kirche vermittelt, lebendig erhalten. Man schuf sich dafür auch einen jetzt freilich fast verklungenen Namen — die Christenheit." Und unbestreitbar ist, was er daran anknüpft: „Erlaubten nun auch die besonderen Interessen der Nationen und Herrscher es nicht, diesem Zuge nach Universalität im materiellen Verkehre einen vollkommeneren Ausdruck zu geben, so schienen doch die Güter der geistigen Cultur, die geretteten, errungenen und noch zu gewinnenden, in diesen nationalen Vorbehalt nicht einbegriffen; man dachte nicht daran, sie nach Barbarenart hinter den Landesgrenzen neidisch abzuschließen. Im Gegentheil: Wissenschaft und Kunst, urtheilte das Mittelalter, sei ein eminentes Gut der Menschheit, keinem irdischen und commerciellen vergleichbar, worauf Religion und Bildung des Anspruch begründen, und für das darum inner der Christenheit kein Hüben und Drüben bestehen und aufgerichtet werden dürfe. Diesem Gedanken einen recht plastischen Ausdruck zu geben, erschienen die gelehrten Schulen wie gerufen willkommen. Sobald diese Institute unter dem Einfluß der christlichen Zeitrichtung nur anhuben, sich zu Organismen zu formen, so beeilte man sich von allen Seiten, ihnen zuvörderst äußerlich für ihre Selbstentfaltung den unbehindertsten Spielraum zu schaffen." Und ferner: „Es war ein höherer, aus dem innersten Marke jener Zeit genommener organisirender Trieb, welcher, bevor noch die Glaubenseinheit zersprengt und die Territorialschranke von der Eifersucht höher aufgethürmt war, in diesen eigenthümlichen Körperschaften eine Art kleiner Freistaaten ausgestaltete, worin die geistige Errungenschaft vergangener Zeiten gesammelt, hinterlegt, und unter dem Gottesfrieden unantastbar bewahrt, vermehrt den kommenden Geschlechtern fortüberliefert werden sollte." *)

Fragen wir nun, inwiefern die Idee, welche die Leopoldinische Universität in's Leben gerufen, jener historischen der Universitäten überhaupt entspricht. Wir erkennen sie aus dem angegebenen Zwecke; denn der Zweck ist nichts anderes, als die Darstellung der Idee.

Der praktische Zweck, den Wolff aufstellt, den Adel mit seinem Gelde im Lande zurückzuhalten und diesem möglichst viele „qualificirte Subiecta" zu verschaffen, kann hier nicht maßgebend sein. Wir sahen aber früher schon, daß er dem idealen Ziel nicht fremd war, indem er von der Universität „durchs Land Schlesien die Erfrischung in den Wissenschaften, die Menge der Gelehrten, den Glanz der guten Sitten und Tugenden, und, was aus diesem folge, das Heil der Seelen und des gemeinen Wesens Nutzen ohne Unterlaß" erwartet. Etwas Beschränktes liegt immerhin in dieser Ausdrucksweise; allein es darf nicht übersehen werden, daß Wolff durch die Beschaffenheit des Widerspruchs, den er zu überwinden hatte, genöthigt war, die Frage des Nutzens in den Vordergrund zu stellen und selbst dem idealen Ziele die Nützlichkeits-Seite abzugewinnen.

In der Stiftungsurkunde wird neben dem „außerordentlichen Schmuck und Nutzen für Schlesien" die Förderung der „Liebe zu den Studien" und der „Auszeichnung gelehrter Männer mit den entsprechenden Ehrengraden", besonders die „Erhöhung der Ehre Gottes" und „das Wachsthum des h. Glaubens und der katholischen Religion" als Zweck hervorgehoben. Auch hieraus leuchtet wenigstens ebenso deutlich wie aus den Worten Wolff's das ideale Ziel hervor.

§ 2.

Das materielle Vermögen.

Zu dem materiellen Vermögen einer Universität gehören außer dem Fond für die Existenz der Personen insbesondere auch das Universitäts-Gebäude und die Institute. Da das Leopoldinische Archiv größtentheils untergegangen ist, können wir im Allgemeinen hierüber nur dürftige Notizen geben. Nur über das Universitäts-Gebäude haben sich, da der Bau viel Streitigkeit mit der Stadt veranlaßte, die Akten im Raths-Archiv, bei dem Königl. Ober-Amt und auf der Königl. Bibliothek erhalten. *)

1) **Das Universitäts-Gebäude.** Die Stiftungsurkunde bestätigt noch einmal die Schenkung der Burg „mit allen dazu gehörigen Räumen, Plätzen und Gebäuden" und zugleich allen übrigen Besitz des Collegiums. Nachdem nun die Jesuiten unter beständigen und scharfen Kämpfen mit der Stadt, die regelmäßig durch Kaiserliche Resolution entschieden werden mußten, mittelst Verkauf und Ankauf sich genügend attendirt hatten, gingen sie ernstlich an die Ausführung des Neubaues eines würdigen Universitäts-Gebäudes. Es war schön und gewiß geziemend, daß in einer Kaiserlichen Burg ein erhabener Sitz der Wissenschaft errichtet wurde, welcher man in dem Kaiserlichen Huldigungssaal fortan zu huldigen pflegte: allein es bedarf eine Universität mancherlei, worauf in einer Kaiserlichen Burg nicht gerechnet zu werden pflegt. — Wegen der Häuser auf dem sogenannten Sperlingsberge ließ der Kaiser Karl VI. durch Rescript vom 19ten December 1726 eine gemischte Untersuchungs-Commission einsetzen. Auf den Bericht vom 28sten Juni 1727, wonach die gütliche Ausgleichung zwischen der Universität und dem Magistrate sich zerschlagen, während die Jesuiten nur eine juristische Deduction eingereicht, und der Rath eine Gegen-Deduction zur Vindicirung jenes zum Theil von fünf Bürgerhäusern bebauten Platzes beim Kaiser eingebracht hatte, andrerseits aber der Procurator der Böhmischen Provinz der Jesuiten im Namen des Breslauer Collegiums eine „abermalige autorisirte Commission" beantragte, befahl der Kaiser am 6ten November 1727 einen letzten Versuch zu friedlichem Vergleich, zeigte aber nicht undeutlich, daß er, wenn ein solcher nicht zu Stande komme, zu Gunsten der Jesuiten entscheiden werde. Denn er sagte ausdrücklich, die Stadt verliere nichts an den paar geringen Häusern; den Bewohnern könne ein billiger Kaufpreis gegeben und ein andrer Platz zum Anbau angewiesen werden, die Jesuiten würden die Indiction der Häuser übernehmen; sie seien genöthigt, statt der zu engen und zerfallenen Burg ein würdiges Universitäts-Gebäude aufzuführen, welches dann der Stadt zur Zierde gereichen werde. Die Stadt verstand das wohl, zeigte sich nachgiebig, und die neue Commission brachte den gütlichen Vergleich zu Stande in zwölf Paragraphen, welchen der Kaiser in einem Rescript vom 27. April 1728 an das Königl. Oberamt genehmigte. Die Stadt cedirte die den Sperlingsberg umschließende Stadtmauer sammt Thürmen zu Gunsten des Planes für das Universitäts-Gebäude. Ein anderes großes Stück Stadtmauer gestattete sie einzureißen, und überließ das ganze Material den Jesuiten. Dagegen verpflichtete sich der P. Rector, für die zwei Wohnungen in dem Kaiserthor der Stadtmauer, an der Stelle, wo das auch jetzt noch so genannte Kaiserthor sich befindet, zusammen 800 schlesische Thaler an die Stadt zu zahlen; ferner den Privateigenthümern der Häuser auf dem Sperlingsberge dieselben nach der Taxe abzukaufen, — die Taxe betrug für alle zusammen 8900 Thlr., — und die darauf haftenden bürgerlichen Lasten abzulösen mit 1200 Thlrn., die an den Magistrat auszuzahlen seien, der also mit jenen 800 zusammen 2000 Thlr. erhalten sollte. Außerdem verpflichtete sich das Collegium der Jesuiten, das Kaiserthor bei dem Umbau im und auswendig mit doppelten Thorflügeln zu versehen, ferner unter dem neuen Thorgewölbe einen verschlossenen Aufgang zur Fallgatter-Kammer, dessen Gebrauch allein und ausschließlich dem Rathe zu überlassen sei, anzulegen, wie denn auch die Stadt die Ueberwachung des Thores übernehmen müsse, auch nach Außen hin das Kaiserliche und nach Innen das Stadtwappen anbringen werde. Weil durch dieses Thor die Hauptstraße von Polen herkomme, so solle das Thor 17 Ellen breit sein, und zwar nach einer dem Vergleich beigefügten Zeichnung, und alles dies auf Kosten der Jesuiten hergestellt werden.

Die ganze Reihe der unteren Fenster nach dem Walle hin sollte mit Gittern versehen werden, und bei Feindes-Gefahr den Soldaten der Stadt überall Zutritt verstattet, die Thürme und nöthigenfalls das ganze Gebäude zur Vertheidigung überlassen werden. Dann wurde noch ein Abkommen getroffen über ein in der Nähe der Burg befindliches „Feuer-Sprih-Häuslein" mit seinen Feuerleitern und Wassertonnen, und Einiges erinnert wegen der nicht zuzulassenden „Pfuscher oder Störer" in Betreff der Jurisdiktion und der Vorsorge für den Fall, daß durch den Bau die eine oder die andere Straße für Wagen eine Zeit lang gesperrt werden müßte. Ein Theil des Sperlingsberges sollte unbebaut, und ein „Wasser-Sumpf" zum Gebrauche der Nachbarn bestehen bleiben.

Am 19. Mai 1728 gruben **Johann Anton Schaffgotsch, genannt des heil. Röm. Reichs Graf und Semper-Frei,** der Direktor des Königl. Oberamts, und **Franz Benzl,** der Rektor Magnificus, die erste Erde aus zur Legung des Fundamentes. Dieser Akt wurde verherrlicht durch eine „solenne Komödie", betitelt: „Die gekrönte Weisheit in Salomone, da er sich entschlossen, der Weisheit eine Wohnung zu erbauen". [?]

Als dann aber der dritte Theil des ganzen Gebäudes sich ein paar Ellen aus der Erde erhoben hatte, erfolgte am 6. December desselben Jahres die feierliche Grundsteinlegung mit allem festlichen Aufwande, den die Jesuiten aufzubringen vermochten. Der Oberamts-Direktor Graf Schaffgotsch, „in prächtigster Gala" erscheinend und mit Kaiserlicher Vollmacht versehen," wurde in der Kirche des Namens Jesu von der Universität in corpore empfangen und vor den hohen Altar geführt, wo er knieend ein kurzes Gebet verrichtete. Darauf ließ er sich nieder auf einen mit goldnen Borten geschmückten Armsessel und hörte die Festrede des Professors der Theologie **Johann Biderman,** nach deren Beendigung er die Kaiserl. Vollmacht zur Grundsteinlegung durch den Oberamts-Secretär **von Grossa** vorlesen ließ. Ein glänzendes Pontifical-Amt folgte, von dem Weihbischof und Dom-Scholasticus **Daniel von Sommerfeld** celebrirt, und daran schloß sich, prozessionsweise, der Festzug zur Stelle, die für den Grundstein bestimmt war. Vorauzogen paarweise die Magistri philosophiae in „blaurauen und gelben" Philosophen-Mänteln und Birreten, denen Scepter vorausgetragen wurden; dann folgte der Universitäts-Syndicus, die philosophische Facultät und die theologische, alle in Amtstracht. Darnach wurde der Grundstein von vier Maurern getragen, umgeben von den Gesellen ihrer Zunft, deren Werkzeuge schwarz und gelb bemalt waren; auch hatten sie schwarz-gelbe Bänder; der Hammer und die Maurerkelle zur Legung des Grundsteins waren aber von Silber. Dann kam der Weihbischof in Pontifical-Kleidern mit zahlreicher Assistenz; ihm folgten der Rektor und der Kanzler Herzig, denen das Universitäts-Scepter vorgetragen wurde. Endlich der Kaiserl. Commissär, der Oberamts-Direktor mit einem zahlreichen Gefolge von vornehmem Adel und andern hervorragenden Persönlichkeiten. Ein Musikchor auf dem neuen Gemäuer empfing den Festzug. Der Weihbischof benedicirte den Stein, zwei Medaillen wurden hineingelegt, und Graf Schaffgotsch mauerte denselben ein. Professor **Leopold Hoffmann** hielt die Dankrede; der Zug kehrte in derselben Ordnung in die Kirche zurück, und die Feier beschloß mit Te Deum und Segen. [?]

So bauten also die Jesuiten nach einem in damaligem Baustil glänzend und großartig angelegten Plane. Die Fürsten Schlesiens selbst hatten nun Freude daran. Die Fürsten und Stände beschlossen das Werk zu unterstützen durch einen Beitrag von 12,000 Gulden, die in drei jährigen Raten „aus den bereitesten Landesmitteln" ausgezahlt werden sollten, welcher Beschluß durch Oberamtliches Decret vom 8. November 1728 zur Ausführung gebracht wurde. Kleinere Streitigkeiten mit der Stadt, die sehr leicht entstanden, wurden gütlich beigelegt. Am 21. Mai des Jahres 1735 aber erhob der Rath ernstliche Beschwerde, weil der Receß, den der Kaiser am 27. April 1728 bestätigt habe, in mehreren Punkten von den Jesuiten verletzt worden sei; am 18. Juni wiederum, und am 6. Juli zum dritten Male. Es handelte sich zunächst um das „Feuer-Sprih-Häuslein", wozu aber noch andere Klagen kamen, ebenso geringfügig. Es wurden wieder lange Gutachten aufgesetzt, Denkschriften verfaßt, und schließlich dem Kaiser die Sache vorgetragen, der abermals eine „authorisirte Commission" einsetzen ließ, zu der einige Bauverständige und Ingenieurs hinzuzunehmen seien. Am 20. September 1736. Die in Folge dessen ernannte Commission, welche erst gegen das Frühjahr 1736 in Thätigkeit trat, zog bei ihrer Oeular-Inspection den Ingenieur-Lieutenant **Matthäus Schubert** zu Rathe. Sie scheint bald überzeugt gewesen zu sein, daß der Streit mehr in der gereizten und wenig freundnachbarlichen Stimmung, als in der Sachlage seine Ursache habe. Unterdessen beschwerte sich der Rath am 28. April desselben Jahres schon wieder, weil nämlich das Collegium nach dem Wall hin Fenster baue, welche der Festung schadeten. Die Commission verhandelte das ganze Jahr hindurch ohne Erfolg. Der Magistrat klagte immer von Neuem, auch beim Kaiser. Dieser sandte dessen neue Beschwerden am 11. Januar 1737 an das Ober-Amt und verlangte, wenn der Hauptbericht noch nicht gehörig vorbereitet sei, wenigstens einen Interims-Bericht, damit er sehe, wie weit die Sache sei. Das Ober-Amt meldete daher am 13. Februar dem Kaiser, es habe seit dem August des vorhergehenden Jahres (7. August 1736) die Differenzen für ausgeglichen gehalten und nur darauf gewartet, daß Magistrat und Universität vor der Commission die Punkte feststellten; der Magistrat habe aber wegen neuer Klagen von der bereits getroffenen Verabredung wieder abgehen zu dürfen geglaubt. Doch sei die Hoffnung auf gütliche Ausgleichung noch nicht verschwunden; das Ober-Amt habe eben wieder eine Erklärung vom Magistrat gefordert. So zogen sich die Verhandlungen hin; aber die Jesuiten ließen sich nicht stören, sondern bauten ruhig fort. Endlich, am 2. Mai 1737, konnte das Ober-Amt dem Kaiser den sehr ausführlichen Bericht der Commission übersenden. Das Resultat war dieses, daß das Ober-Amt die Ueberzeugung auszusprechen durfte, daß durch die volle Durchführung des Bauplanes weder die Befestigung der Stadt unsicher, noch die Struktur des Walles gefährdet, noch der Wache der Zutritt erschwert, der Stadt und ihrem Aerarium also auch keinerlei Art von Nachtheil erwachsen werde; es beantragte daher für die Jesuiten in Allem den Kaiserlichen Schutz und die Genehmigung des Vergleichs, worein der Magistrat sich schließlich gefunden hatte. Der Vergleich ordnete nämlich in zehn Punkten Alles gütlich, was übergroße Besorgniß der Stadt vor Feindes Vortheil, der durch das Universitäts-Gebäude erwachsen könnte, und kleines materielles Interesse forderte, also Alles in Bezug auf blinde Fenster und Thüren und Luftlöcher, wie auf Regulirung der Baugrenzen und eventuelle Reparaturen von Kanälen und dgl. m. Der Kaiser gab dazu seinen Consens am 16. August 1737 und befahl zugleich, daß nunmehr das „Transactions- oder Verabhandlungs-Instrument", das am 7. August 1736 schon angefertigt worden war, von beiden Theilen unterzeichnet und ihm zur Bestätigung vorgelegt werde. Das geschah, und die Bestätigung erfolgte am 24. Mai 1738,[7]) hundert Jahre nach dem Einzug der Jesuiten in Breslau. Zehn volle Jahre wurde der Bau geführt, während der Baumeister in der einen Hand den Bauplan und in der andern das Schwert halten mußte. Von Anfechtungen lesen wir in dieser Zeit viel, aber — außer der erwähnten Unterstützung durch die Fürsten und Stände — nichts von Hülfe. Die Angriffe berührten nahezu die Grenzen der Kaiserlichen Herrschaft in Breslau. Dann kam der Krieg und Kriegs-Contribution und Herrschaftswechsel, und das Gebäude wurde nicht vollendet. Nicht bloß der schöne projektirte Thurm über dem Kaiserthore ist nicht über's Dach hinausgekommen, sondern es ist auch der östliche Flügel nicht angebauet, die prächtige Façade bei der Kirche und die Doppelgalerie und mancherlei Schmuck ist nie vollendet worden; aber es ist dennoch eins der herrlichsten Universitäts-Gebäude entstanden, die Deutschland aufzuweisen hat. Es ist uneigennützig für Jahrhunderte gebaut, wie man junge Eichen pflanzt für kommende Geschlechter mit hochherziger Liebe. Die jetzige Aula Leopoldina sowohl als der Musiksaal oder die Aula minor (früher Universitäts-Kapelle, wo für alle Studenten Religions- und Sitten-Unterricht gehalten wurde,) sind groß und schön, wie man nur selten Säle zu ähnlichen Zwecken findet. Außerdem aber enthält das Gebäude in seiner jetzigen Ausführung noch 6 geräumige Säle für verschiedene Sammlungen, zehn große und mehrere kleine Auditorien, Lesezimmer, Senatssaal, verschiedene Amtstuben, mehr als ein Dutzend Amtswohnungen, eine Sternwarte u. s. w. Nach mehr als 120 Jahren kann die Residenzstadt Breslau noch mit Stolz auf ihr würdiges Universitäts-Gebäude hinweisen.

2) Sternwarte. Das Album der Leopoldina führt gleich bei der Gründung der Universität einen Professor der Mathematik, Christoph Heinrich, auf. Von diesem ist es bekannt, daß er astronomische Beobachtungen anstellte. Ein Gnomon von 35 Fuß Höhe diente ihm zur Berechnung der geographischen Länge und Breite Breslau's. Auch erfand er ein Mikrometer, worüber er im J. 1712 an den angesehenen Mathematiker und Philosophen Christian Wolf berichtete.[*]) Er beobachtete Sonnen- und Mondfinsternisse, hat gewiß noch mancherlei Instrumente gehabt, und entsprechende Vorrichtungen in der Kaiserlichen Burg. An dem neuen Universitäts-

Gebäude ist die Sternwarte aus den früher angegebenen Ursachen im Bauplane stecken geblieben. Dort, wo nun der östliche Flügel abbricht, sollte nicht blos ein schönes Portal mit Balkon stehen, sondern auch das Treppenhaus zum Thurme werden, mit dem im Achteck sich die Sternwarte sammt allem Zubehör verbunden haben würde. Ein halbes Jahrhundert lang folgten dem Professor Heinrich Professoren der Mathematik und der Astronomie, die das Bedürfniß einer Sternwarte nicht fühlten. Man begnügte sich mit dem sogenannten mathematischen Thurme in der Mitte des westlichen Flügels, der erst gegen Ende des 18ten Jahrhunderts unter der Leitung des Professors Jungniz zur Sternwarte umgebaut und eingerichtet wurde. *) —

3) Die Buchdruckerei wurde der Universität in dem Privilegium Kaiser Joseph's I. vom 12. Juni 1705 bewilligt. Die Jesuiten hatten den Kaiser darum gebeten. Er giebt als Grund der Bewilligung an, weil eine Universität einer Buchdruckerei bedürfe, in der Stadt aber überhaupt nur Eine sich befinde. Ob sie sofort eingerichtet worden sei, darüber fehlen bestimmte Nachrichten; doch ist es nicht wahrscheinlich, obgleich die Societät sich schnell durch die That in den Besitz der Privilegien zu setzen pflegte. Es muß in der alten Kaiserlichen Burg irgend ein disponibler Raum dazu benutzt worden sein. In dem neuen Universitäts-Gebäude wird sie gleich anfangs erwähnt, und zwar ganz am Ende des westlichen Flügels, wo im Anfange dieses Jahrhunderts drei Pressen thätig waren. **)

4) Die Apotheke wurde ebenfalls auf Wunsch des Collegiums von Kaiser Joseph I. in dem angeführten Privilegium bewilligt, weil fast alle Collegien mit Apotheken versehen seien. Im Jahre 1707 wurde dieselbe erbaut. Im Jahre vorher, als die Jesuiten die Vorbereitung zur Errichtung der Apotheke trafen, war schon ein Kampf um die Existenz zu bestehen gewesen. Das Breslauer Collegium Pharmaceuticum hatte „lamentable und ängstliche" Vorstellungen gemacht; es sah nämlich in der Errichtung einer Universitäts-Apotheke den „Total-Ruin" der fünf Titulo oneroso acquirirten Stadt-Apotheken, so daß die armen Apotheker genöthigt sein würden, „den Bettelstab zu ergreifen." Sie glaubten auf dem Rechtswege das Kaiserliche Privilegium entkräften zu können. Allein der Rektor Magnifikus Johann Eber, aufgefordert vom Ober-Amte, legte eine fünfzehn Bogen lange historisch-juristische Gegen-Deduction vor, das Ober-Amt berichtete an den Kaiser, und dieser gab am 24. Januar 1707 unter Bekräftigung des Privilegiums vom 12. Juni 1705 eine Declaration desselben, wodurch die Angst der fünf Apotheker der Stadt vor dem Bettelstabe etwas vermindert werden sollte. Die Declaration lautete nämlich dahin, daß Verkauf oder Austheilung der Medicamente nur stattfinden dürfe an das Collegium der Jesuiten, an die sämmtliche Geistlichkeit, an die in Breslau wohnenden Kaiserlichen- und Landes-Bedienten, an die Universität und alle, die ihr incorporirt seien, an die übrigen Bewohner Breslau's, die der Jurisdiction des Magistrats nicht unterworfen seien, und endlich an die von den verstorbenen Prälaten Freiherrn von Tharoul gestiftete und unter der Inspection der Jesuiten stehende Krankenanstalt. Dagegen die eigentliche Bürgerschaft Breslau's sollte nur an die städtischen Apotheken gewiesen sein. So wurde denn die Universitäts-Apotheke im J. 1707 gebaut, und der Total-Ruin der übrigen Apotheken erfolgte ebenso wenig, wie durch die Gründung der Universität überhaupt der Untergang der Stadt.

Das Recht der Existenz wurde nun unter Kaiserlicher Herrschaft zwar ferner nicht bestritten, und die Bestätigung durch Karl VI. am 20. März 1735 geschah nur zugleich mit der neuen Bekräftigung aller Privilegien der Leopoldina; aber in der ersten Zeit der Thätigkeit hatte der Universitäts-Apotheker sehr viel zu leiden von einzelnen in das Interesse der Stadt-Apotheker gezogenen Aerzten, welche es auch an leidenschaftlichen Denunciationen beim Rathe und beim Ober-Amte nicht fehlen ließen. Dies veranlaßte den Rektor Magnifikus, am 18. Juni 1715 dem Magistrate eine Schutzschrift für den Universitäts-Apotheker zuzusenden. ***)

5) Die liegenden Güter. Auf keine geistliche Corporation paßte hinsichtlich der Besitzungen und des Vermögens so wenig der Ausdruck „todte Hand", wie sehr derselbe auch überhaupt für geistliche Körperschaften ungeeignet ist, als auf die Societät Jesu. Die Jesuiten waren nicht blos bemüht, so viel als möglich unentgeltlich zu unterrichten, sondern sie erwiesen auch sonst braven Familien materielle Wohlthaten so viel in ihren Kräften stand. Da gab es nun gegen Ende des 17ten Jahrhunderts eine sehr edle Familie in dem Fürstenthum Breslau,

ich meine den Freiherrn von Claußnitz mit seiner Gemahlin, eine geb. Auberitzlin von Auberitsch, welcher die Güter Willau, Hausdorf und Seifersdorf, und das „in dem Bischöflich Breslauischen Halt fituirte" Gut Pollendorf besaß. Beide waren sehr rechtlich und religiös, von den Guten hochgeschätzt; aber es traf sie ein eigenes Schicksal: nicht weniger als 5mal wurden ihre Güter durch böswillige Brandstifter und Mordbrenner arg heimgesucht, so daß der Schaden ihre Kräfte weit überstieg. Dazu kamen noch schwere Wetterschäden und verschiedene andere empfindliche Unglücksfälle. Da war denn Niemand, der ihnen so gründlichen Trost gewährt hätte, als das Collegium der Jesuiten zu Breslau. Diese erhoben die Gebeugten auf die Höhe der religiösen Tröstung und Ruhe, auf welcher das irdische Unglück alles Schreckliche verliert, und standen ihnen überdies auch bei durch die That. Sie gaben ihnen „treuherzig Darlehen von den ihrer Verwaltung anderweitig anvertrauten Fundationsgeldern", wodurch die Güter immer wieder in guten Stand gesetzt wurden, so daß die Schulden bald gedeckt werden konnten. Wenn dann der Schaden geheilt war und es dem Freiherrn von Claußnitz wieder wohl wurde beim Wachsen und Blühen seiner Habe, dann pflegte er in vertraulichen Stunden seiner Frau zu sagen: „Wenn Gott es fügt, daß ich Dich überleben soll, dann werde ich die Güter und mein ganzes Vermögen keinem Andern als dem Collegium der Jesuiten zu Breslau zueignen." So kam es aber nicht, sondern im Anfange des 18. Jahrhunderts fand sich seine Frau als Wittwe so ziemlich vereinsamt, ohne nahe Verwandte in dem ganzen Besitzthum. Da führte sie sich's nun oft zu Gemüthe, wie ihr lieber seliger Mann in vertraulichen Stunden gesprochen, und „was für große Gütigkeit und seltene Wohlthaten das Collegium ihr und ihrem Manne" erwiesen, und wie auch überhaupt dessen Wirksamkeit „landkundig von ungemeinem Nutzen sei", wie die Väter der Gesellschaft Jesu „nach ihrem heiligen Berufe alle ihre Mühe und Fleiß an allen irrenden Seelen also fruchtbar" bewähren, und wie es nun wünschenswerth sei, daß das Collegium für alle Zukunft in seiner Existenz befestigt und besonders bei der Fundation des Universitätsfonds unterstützt werde: und diesen Erwägungen folgte der Entschluß, noch bei Lebzeiten die Güter und all' ihr Vermögen den Jesuiten zu Breslau zu schenken. Sie setzte also eine Vermächtnißurkunde auf, in der sie mit ausdrücklicher Nennung jener Güter all' ihr „liegendes und fahrendes Vermögen", und Alles, „in was es immer bestehen möchte" dem Collegium der Societät Jesu zu Breslau zum Eigenthum giebt, und zwar „per donationem inter vivos ad pias causas", durch Schenkung bei Lebzeiten zu frommen Zwecken. Johann Christoph von Sannig war erbetener Curator dieses Vermächtnisses. Mit dieser Schenkungsurkunde wandte sich Judith Rosina, verwittwete Freiin von Claußnitz, an den Kaiser Leopold I., welcher dieselbe am 20. August 1704 bestätigte und den Jesuiten, mit Rücksicht darauf, daß die Rimlauischen Güter zum Unterhalt der Universität nicht ausreichten, den landesherrlichen Consens zur Uebernahme jener Güter als Eigenthum, damit zu schalten und zu walten nach Belieben, jedoch mit allen Real und Personallasten, ertheilte. Laut der Schenkungsurkunde, welche dem Kaiserlichen Bestätigungsbrief vollständig inserirt ist,[1]) wurden die Güter sofort nach dem Eintreffen der Kaiserlichen Genehmigung an die Societät abgetreten, jedoch mit folgendem Vorbehalt: daß 1. der frühern Eigenthümerin nach der gerichtlichen Tradition der Güter die vollständige Administration und die volle Nutznießung nach ihrem Belieben noch gelassen werde; daß 2. das Collegium die Capitalschuld und die Zahlung der Zinsen übernehme; daß 3. wenn sie freiwillig die Administration abgebe, ihr dann ohne Ungelegenheit jährlich standesmäßiger Unterhalt gegeben werde, wie sie sich darüber mit den Jesuiten vergleichen werde; und daß 4. nach ihrem seligen Ableben die Legate, welche sie ihrer Freundschaft vermachen werde, an diese ohne Weiteres und ganz nach ihrer Bestimmung zu entrichten seien. —

Außer den Besitzungen in Breslau und den bereits angeführten Gütern Rimlau, Willau, Hausdorf, Seifersdorf und Pollendorf kamen aber im Laufe der Zeit durch Vermächtnisse und Kauf noch verschiedene andere Güter in den Besitz des Breslauer Jesuiten-Collegiums, namentlich: Haydau, Froblowitz, Groß-Sabor und Klein-Sabor, Lubthal, Lauterbach, Wernersdorf, Leubel, Großpaul. Außerdem wurden dem Collegium verschiedene Bibliotheken geschenkt, und ein ganzes Vermögen in Capitalien durch eine lange Reihe von Legaten.

An der materiellen Grundlage der Existenz der Universität fehlte es also nicht. Jedoch ist zu erinnern, daß das Vermögen des Collegiums und der Universität nicht getrennt war, und daß alles Einkommen eigentlich doch der ganzen Societät zur Verfügung stand. Wenn auch die Regel war, daß jedes Collegium an seinem Orte sich selbst zu erhalten suchte, so konnte die Societät eine gewisse Solidarität für alle ihre Niederlassungen doch nie ablehnen. Zunächst mußte diese Solidarität für die böhmische Ordens-Provinz gelten. Auch lag es nahe, daß die Gesellschaft für ihren großen Zweck im Allgemeinen ein reiches Collegium mehr in Anspruch nahm, wodurch sie ja die milden Stiftungen ihrem Geiste schließlich nicht entfremdete; jedoch ist hierbei auch nicht außer Acht zu lassen, daß die Güter und Kapitalien durchgehends Eigenthum des Collegiums zu Breslau und nicht der Universität geworden.

Zu bemerken ist noch, daß weder der Kaiser noch seine Behörde in die Verwaltung und Verwendung des Vermögens der Jesuiten in Breslau jemals eingegriffen hat; auch begünstigte der Kaiser bei jeder Veranlassung die Vermehrung ihres Besitzes, wie sehr auch Breslau und die Fürsten und Stände oft dagegen ankämpften. Das Meiste gewann das Collegium durch die Mildthätigkeit des katholischen Adels in Schlesien. Es läßt sich aber kein einziger Fall nachweisen, in dem die Jesuiten darauf ausgegangen wären, Vermächtnisse an sich zu bringen. Sie haben zwar selten ein Gut oder Legat erreicht und wirklich in Besitz genommen ohne großen Kampf; allein die Schenker selbst kamen, so viel uns bekannt, stets ganz frei der Societät entgegen, von Bewunderung und Liebe gezogen. Sie haben in Schlesien viel erworben, aber Nichts, d. h. kein materielles Gut mitgenommen. —

§ 3.

Die Privilegien.

In Rom lag nicht der geringste Grund vor, eine Universität zu Breslau, zumal in den Händen der Jesuiten, und gegründet von einem so frommen Kaiser, wie Leopold I., und entstanden unter offenbarer Begünstigung des damals so mächtigen und durch seinen Rang unter den deutschen Fürsten angesehenen Fürstbischofs Franz Ludwig, nicht zu bestätigen. Es ist auch kein Zweifel, daß die Bestätigung sofort erfolgt sein würde, wenn die Jesuiten dieselbe nachgesucht hätten. Das haben sie aber, obgleich die Kaiserlich Königliche Hofkanzlei mehrere Male darauf hingewiesen zu haben scheint, so viel wir ersehen können, nie gethan. Das Repertorium des Archivs weist nur auf den Entwurf einer Denkschrift hin, worin dem heil. Vater der Plan einer vollständigen Universität zu Breslau mitgetheilt wird, ohne daß dabei eine Bitte um Bestätigung der Privilegien angedeutet wird. Sie sind vielmehr der damals unter den Juristen schon allgemein angenommenen Ueberzeugung gefolgt, daß der Kaiser des heil. Römischen Reichs das Reservatrecht habe, nicht blos kaiserlich sondern auch kirchlich privilegirte Universitäten zu gründen.¹⁰) Diese Ueberzeugung hat auch Kaiser Leopold I. selbst gehabt. Die goldene Bulle ertheilt kaiserliche und kirchliche Privilegien zugleich, und läßt keine Ahnung aufkommen, daß es zur Geltung und Anerkennung letzterer noch einer besondern päpstlichen Bestätigung bedürfe.

Was nun zunächst den Namen betrifft, so soll der eigentlichste dieser sein: Universitas Leopoldina, aber es werden damit verbunden die anderen Bezeichnungen höchster Lehr-Anstalten oder vielmehr Corporationen: Generale ac Publicum Studium und Academia. Diese Leopoldinische Universität wird zwar den Vätern der Gesellschaft Jesu übergeben, aber durchaus nicht als identisch mit ihrem bisherigen Collegium, von welchem die goldene Bulle jene immer sorgfältig unterscheidet. Es ist eine ganz neue Corporation, die auch mit der Societät durchaus nicht verwechselt werden darf.

Die Privilegien, welche der Kaiser der von ihm errichteten Universität und folglich auch den Jesuiten, die sie übernehmen, verleiht, sind historische, für andere Universitäten längst in Kraft seiende. Der Kaiser beurkundet seinen Willen, daß die Leopoldina für alle ihre Mitglieder, sowohl immatriculirte Studenten als Professoren, dieselben Privilegien haben, besitzen und genießen solle, wie nur irgend eine andere Universität sie habe, also wie

Paris, Löwen, Bologna, Wien, Ingolstadt und Prag und insbesondere Olmütz, oder wie jede andere Universität welche auch immer in Deutschland, Italien, Spanien und Frankreich im Besitze von Privilegien sein möge; d. h., es solle in der ganzen Christenheit keine Universität geben, die irgend ein Privilegium besitze, welches Breslau kraft der goldenen Bulle nicht auch habe.

Dazu gewährte der Kaiser nun auch die academischen Insignien, das Scepter, den Ring, die Kette, die Epomis mit dem Doktor-Birret, die verschiedenen Siegel für die Universität und den Rektor und für die einzelnen Facultäten. Die neu errichtete Universität beeilte sich, dem Kaiser Zeichnungen für die Siegel vorzulegen, welche Leopold I. am 6. Dezember 1702 urkundlich genehmigte.¹⁴) Hiernach war in allen drei Siegeln, der Universität und der beiden Facultäten, die Hauptfigur der Doppeladler, welcher Scepter und Schwert trägt und zwischen beiden Köpfen das bekannte schöne Monogramm der Jesuiten von einem Strahlenkreis umgeben hat. Ein Schild auf der Adlerbrust bot die unterscheidenden Symbole dar. Der Doppeladler des Universitäts-Siegels, den die Umschrift: Sigillum Universitatis Leopoldinae Societatis Jesu Wratislaviae umgab, hatte einen dreifachen Brustschild; in dem obern: L.(eopoldus) I. — darüber ein Lorberkranz —; in den beiden untern, rechts (vom Bilde aus) den Böhmischen Löwen, links den schlesischen Adler. In dem Siegel der theologischen Facultät (Umschrift: Facultatis Theologicae Universitatis Wratislaviensis) zeigte das Brustbild des Adlers das Bild des heil. Apostels und Evangelisten Johannes; in dem der philosophischen Facultät (Umschrift: Facultatis Philosophicae Universitatis Wratislaviensis) das Bild der heil. Jungfrau und Martyrerin Catharina.¹⁵) Außer den genannten Insignien sollte die Universität auch alle sonst noch bei irgend einer Universität im Gebrauche sich findenden ebenfalls rechtmäßig annehmen und gebrauchen dürfen.

Ferner gewährte der Kaiser der Universität das Recht, zu allen Graden des Baccalaureats, des Licentiats, der Magisterwürde und des Doktorats mit allen Privilegien aller übrigen Universitäten würdige Candidaten, gleichviel an welcher Universität sie ihre Studien gemacht, zu promoviren, und zwar in der Philosophie, im canonischen Recht und in der Theologie. Das Recht und die Pflicht der Ausübung im geeigneten Falle (den aber nur die Facultäten beurtheilen können) steht dem Rektor Magnificus mit dem Kanzler, den Decanen und den Professoren zu. Die Promotionen sollen aber mit dem Schmucke der academischen Insignien vollzogen werden, mit dem Ring, der Kette, der Epomis, dem Magister- oder Doktorhut und sonstigen festlichen Zeichen, wie sie an andern Universitäten etwa vorkommen mögen. Und die also Promovirten sollen alle und jede Privilegien, Prärogativen, Immunitäten, Exemptionen, Freiheiten, Bevorzugungen, Begünstigungen, Gnaden und Indulten sowohl dem Titel, als der Sache nach gewinnen, besitzen und genießen, deren sich andere, welche auf den Universitäten Deutschlands, Italiens, Spaniens und Frankreichs gemäß deren Bestimmungen, Gebräuchen, Sitten und Gewohnheiten promovirt sind, nach ausdrücklichem, verliehenem, geschriebenem Recht oder Gewohnheitsrecht oder nach sonstigem Rechtstitel erfreuen, und zwar nicht blos in ähnlicher Weise, sondern ganz gleichergestalt und ebenso ursprünglich ohne irgend einen Unterschied, nicht anders, als wenn sie auf der Universität Paris, Bologna, Wien, Prag, Ingolstadt, Olmütz, oder auf irgend einer andern in Deutschland, Italien, Spanien und Frankreich promovirt worden wären. In Schule, Kirche und Staat sollen die zu Breslau Promovirten in Ehren gehalten und werthgeschätzt werden, wie wenn sie auf irgend einer der genannten Universitäten ihren Grad erlangt hätten.

Darnach befiehlt der Kaiser aus der Fülle seiner Kaiserlichen und Königlichen Gewalt, daß alle Collegien, Capiteln, Universitäten und Communitäten gehalten sein sollen, die von der Leopoldina ausgestellten und mit dem Universitäts-Siegel beglaubigten Zeugnisse und Diplome anzuerkennen als wirksam zur Erlangung von Ehren und Würden, sowohl kirchlichen als weltlichen, und insbesondere sollen diejenigen Kirchen und Kapitel sich den Befehl merken, deren Statute für die Qualification zu einer Dignität oder zu einem Canonicat ein dreijähriges (Universitäts-)Studium fordern. Auch ein zu Rom erlangtes Diplom soll nicht mehr gelten als ein Breslauer Diplom. Und ernstlich ermahnt der Kaiser den Fürstbischof von Breslau und alle seine Nachfolger, sowie auch den Ober-Landeshauptmann und alle übrigen hohen Beamten, daß sie die Universität mit ihren Privilegien schützen und fördern sollten, widrigenfalls er sie mit seiner äußersten Ungnade bedroht. Jede

Verletzung der Privilegien, von wem auch immer sie geschehe, soll strenge geahndet werden. Niemand möge wagen, die Studenten, die ihrerseits auch keinem Menschen Veranlassung zur Klage geben dürfen, zu belästigen oder zu stören. Die Studenten sind vielmehr von Allen, wessen Standes und Berufes sie auch sein mögen, gerade so in Ehren zu halten und mit Hochschätzung zu behandeln, wie man Adelige und Standespersonen zu behandeln pflegt. An den Immunitäten und Privilegien sollten nach der Bulle Kaiser Joseph's I. vom 12. Juni 1705 alle immatriculirten Studenten Theil haben, gleichviel ob sie inferiores seien oder superiores, d. h. die Privilegien der Universität wurden gar, so weit das der Natur der Sache nach möglich war, auf die Gymnasiasten ausgedehnt.

Die Civil-Jurisdiktion hatte das frühere Collegium der Jesuiten bereits; in der Stiftungsurkunde wurde der Universität die volle Jurisdiktion in Aussicht gestellt, nur sollte vorher das Ober-Amt mittelst einer Commission einen Vergleich zwischen der Stadt und der Universität versuchen, damit die Rechtsgebiete beider genau bestimmt und gütlich geordnet würden. Der Rath wagte es anfangs, schon im J. 1702 durch Dr. John, nachdem der Versuch, eine Verlegung der Universität zu bewirken, sich als eitel zu erweisen angefangen hatte, den Jesuiten oder vielmehr der neuen Universität die Criminal-Jurisdiktion streitig zu machen; als er aber sah, daß diese Mühe fruchtlos sei, wandte er alle seine Kraft darauf, die Universitäts-Jurisdiktion so viel als möglich zu beschränken. Das Ober-Amt traf sofort mit der Anzeige der Gründung der Universität am 2. November 1702 die nöthigen Anordnungen wegen des Uebereinkommens in Betreff der Jurisdiktion. Die Commission wurde für die Stadt nicht fertig; sie berichtete am 28. Dezember 1702 an das Ober-Amt und dieses am 8. Januar 1703 an den Kaiser. Unterdessen trug John in Wien im Namen der Rathmanne demselben die Interessen der Stadt vor. Darauf schrieb der Kaiser am 23. Februar 1703 an das Ober-Amt, die Sache sei nicht spruchreif, er könne für den Augenblick noch keine Entschließung fassen, befehle vielmehr, daß die Commission wieder aufgenommen werde und ihre Thätigkeit von Neuem beginne, und daß dann „Alles mit gutem Bedacht und Glimpf behandelt, und, die freundschaftliche Vergleichung zu bewerkstelligen, sein Fleiß gelpart werde." Der Kaiser hatte zugleich in einem Decret an John die Breslauer Rathmanne angewiesen, ihre Beschwerden und Wünsche hinsichtlich der Universitäts-Jurisdiktion nunmehr an die wieder aufgenommene Ober-Amts-Commission zu bringen und dort sollte auch der Syndicus der Stadt Bestes betreiben und zu erreichen suchen. John hatte durch seinen Freimuth des Kaisers Gnade nicht verloren, im Gegentheil ernannte dieser ihn einige Jahre nach der ersten Gesandtschaft zu seinem Rathe.

Die Deputirten des Stadt-Magistrats erschienen vor der Commission auf dem falschen Standpunkte des Linzer Recesses, in der Meinung, sie hätten es noch mit den Jesuiten zu thun, während sie doch einer Universität gegenüberstanden, die einen ganz andern Rechtsboden hat als ein Jesuiten-Collegium. Sie erklärten also vor der Commission, der Linzer Receß müsse das Fundament des Verhältnisses der Stadt zur Societät bleiben, da der Kaiser ihn selbst „zur Cynosur, Friede und Ruhe in der Stadt zu erhalten, gelegt" habe, und die Jesuiten sich früher immer darauf berufen hätten. Also wünschte die Stadt vor Allem das Kaiserliche Wort für die freie und ungestörte Religions-Uebung, wie sie im Linzer Receß verbürgt worden, erneuert; dafür wolle sie auch den Jesuiten dieselbe Sicherheit des Gottesdienstes gewährleisten. Ferner wünschte sie, daß alles Herausfordern zu Streitreden über die Glaubensartikel und alle Polemik auf der Kanzel untersagt würde; dazu noch einige andere Punkte, die an sich nicht unbillig waren. Aber sie forderte überdieß mit Nachdruck, daß der Societät verboten werde, weitere liegende Gründe an sich zu bringen, und sogar, daß sie gezwungen werden sollte, die drei Gerber-Häuser wieder herauszugeben; ferner, daß ihr untersagt werde, Krämerei, eine Wein-, Bier- und Branntwein-Schank zu treiben, und nicht minder, eine Apotheke, Buchdruckerei oder Buchhandlung aufzurichten, und daß sie nicht befugt sein sollte, „eigene Handwerker zu Nuß und Dienst der Universität zu halten, noch auch Pfuscher und Störer zu hegen, noch auch einiges Judenvolk auf- und anzunehmen" (die Jesuiten waren nämlich den Juden geneigter, als die Rathmanne). Unter vielem Andern wollte die Stadt auch von der Commission eine Vermittelung beanspruchen, beim Kaiser zu erwirken, daß es bei den zwei Facultäten der neuen Universität für alle Zukunft verbleiben solle, wozu die Commission gar keine Veranlassung noch Befugniß hatte. Alle ihre For-

betrugen, in dreizehn Nummern ausgesprochen, übergab die Stadt der Commission schriftlich bei deren erster Sitzung am 15. Juni 1703. Die Vertreter der Universität waren zugegen und machten ihre Erinnerungen. In mehreren Punkten, namentlich in denen, welche die freie und ungestörte Ausübung des religiösen Bekenntnisses betrafen, erklärten sie sich zur Beruhigung der Stadt vollkommen einverstanden. Diese Punkte, 6 an der Zahl, wurden denn auch schon für immer festgestellt. In Betreff der übrigen sollten die Raths-Deputirten mit ihren Principalen fernere Berathung halten und dann wieder referiren. Bei der folgenden Sitzung wurde noch in mehreren eine Einigung erzielt, und das Uebrige der Entscheidung des Kaisers anheimgegeben. Das Ober-Amt erhielt den Bericht der Commission am 14. November 1703, und an demselben Tage berichtete das Ober-Amt an den Kaiser, wie ohne Zeitverlust von allen Seiten alles geschehen sei, des Kaisers Intention in Bezug auf einen freundschaftlichen Vergleich zwischen der Stadt und der Universität in der Jurisdictions-Angelegenheit zu erfüllen. Leider habe die Commission ihr Ziel vollständig nicht erreichen können. Denn der Magistrat sei namentlich zur Anerkennung der Criminal-Jurisdiction der Universität auf keine Weise zu bewegen gewesen; unter dem Vorwande, daß die Stadt die Jurisdictio omnimoda vormals titulo oneroso sich erworben und ihr dieselbe durch viele Privilegien zugesichert werden, wie sie denn auch mehrere Jahrhunderte hindurch in Besitz und Ausübung sei, habe er sich auf keinen Vergleich einlassen wollen. Es müsse hier also eine Kaiserliche Decision eintreten. Das Ober-Amt stellte in diesem und noch in zwei andern in Differenz gebliebenen Punkten (von der Aufnahme protestantischer Kinder in die Schule der Jesuiten und von den nöthigen Handwerkern und der Apotheke und Buchdruckerei bei der Universität) seinen Antrag zu Gunsten der Universität. Die Antwort erfolgte erst unter dem Nachfolger Leopold's I. in den erweiterten Universitäts-Privilegien, in der Bulle des Kaisers Joseph I. vom 12. Juni 1705. Die religiöse Polemik in jeder Form wurde untersagt, doch sollten die Jesuiten sich wehren dürfen, wenn sie angegriffen würden. Das Recht, Kinder, die des Gebrauches der Vernunft fähig und zu den Jahren der Unterscheidung gekommen seien, wenn sie zur seligmachenden Religion übergehen wollten, aufzunehmen, wurde ihnen ausdrücklich zuerkannt. Kein Bürger oder Inwohner dürfe gezwungen werden, Studenten Wohnung oder Kost zu gewähren; wer es aber freiwillig thun wolle, dürfe ebenso wenig heimlich oder öffentlich daran verhindert werden. Mit den Gerber-Häusern müsse es sein Bewenden haben; die Jesuiten seien bereits durch Kaiserliche Resolution in ihrem Besitz befestigt. Apotheke und Buchdruckerei sei ihnen gewährt. Hinsichtlich der Criminal-Jurisdiction sei zu beachten, daß der Linzer Receß sich auf ein Gymnasium der Jesuiten beziehe und auf eine Universität nicht angewendet werden könne. Die Universität werde die Criminal-Jurisdiction fortan ausüben, und zwar in folgender Art, daß 1. von dem Rektor Magnifikus ein Judicium quasi delegatum constituirt und dieses 2. mit fünf Personen besetzt werden sollte, so jedoch, daß 3. der Rektor drei nach Belieben ernenne und Einem derselben den Vorsitz übertrage, zwei aber vom Rathe der Stadt zu ernennen seien; daß 4. dies Collegium der fünf Richter das Urtel über den vorliegenden Criminal-Fall in loco Universitatis spreche, ohne es vorher zur Genehmigung an den Kaiserlichen Hof schicken zu dürfen, dabei aber Appellation stattfinden könne. Von dieser Criminal-Jurisdiction, die übrigens nur auf die wirklich Immatriculirten und faktisch Studirenden und die notorisch der Universitäts-Jurisdiction Unterworfenen Anwendung finde, seien Majestäts-Verbrechen — gegen göttliche und gegen menschliche Majestät —, und Aufruhr und Störung des öffentlichen Friedens ausgenommen.

Das Asyl-Recht sollte die Universität behalten, jedoch in Bezug auf wirkliche Delinquenten und böse Schuldner den Wünschen der Stadt entgegenkommen.

Im Convikte sollten die Studenten bei Nachtzeit innegehalten, und den armen Studenten es verboten sein, des Nachts zu singen oder bei Nichtkatholischen sich Almosen zu erbitten, dagegen ihnen verstattet sein, 2mal die Woche bei katholischen Bewohnern der Stadt Collecte zu halten. „Was die Lateral-Schulen anbelange, so sollten dieselben nicht allein zu Breslau abgeschafft, sondern auch, wie es in Böhmen geschehen, in ganz Ober- und Nieder-Schlesien eingestellt werden.„ Deshalb dürfe fortan in den Klöstern nur den Ordensgenossen Unterricht ertheilt werden.

Auf das Begehren der Stadt, der Kaiser möge versprechen, daß die beiden fehlenden Facultäten nie eingeführt würden, enthielt die Bulle auch eine Antwort. Es wurde nämlich darin auch bestimmt: „Die Tanz-, Fecht- und Sprachmeister, auch Kupfer-Stecher sollen unter der Stadt-Jurisdiktion, sowohl hinsichtlich der Real- als der Personal-Lasten verbleiben, weil — die Universität mit allen Facultäten noch nicht versehen ist;" das heißt also vorläufig. Das „noch nicht" schließt in sich: es wird aber nicht so bleiben; sie wird schon mit allen versehen werden.

Die Privilegien der Leopoldina wurden bei dem Wechsel des Herrscherhauses in Schlesien von Friedrich dem Großen bestätigt, der die Universität auch bei Auflösung der Societät Jesu durch das Oberhaupt der kath. Kirche in ihrer corporativen Existenz zu erhalten und dazu selbst die ausdrückliche Zustimmung Roms zu gewinnen wußte; ja sie bestehen, abgesehen von der Modification durch die neuen Statute, sofern sie das Wesen der Corporation betreffen und ihr Leben bedingen, heute noch fort in voller Kraft. Die Leopoldina hat nur dem Namen nach aufgehört, obgleich auch dieser noch jetzt in goldenen Buchstaben über dem großen Promotionssaale prangt. Mag die Repräsentation der Leopoldina im Anfange dieses Jahrhunderts so schwach gewesen sein, wie auch immer: ihre ganze rechtlich privilegirte und materiell wohlgesicherte Existenz war unzweifelhaft, und es ist nicht zu übersehen, daß nach authentischem Ausweis des Albums der Leopoldinischen Universität im August des Jahres 1811, nachdem am 3ten desselben Monats die Königl. Cabinetsordre vom 24. April zur Vereinigung der Frankfurter Universität mit der Breslauer schon durch eine neue Cabinetsordre im Vereinigungsplane vollzogen war, die Decane beider Facultäten noch öffentliche Promotionen veranstaltet haben, und zwar die theologische Facultät unter dem Decan Martin Pella am 16. August 6 Promotionen zum Baccalaureat, und die philosophische unter dem Decan Franz Heyde am 17. August 7 Promotionen zur Magisterwürde und 10 zum Baccalaureat und Licentiat. Nach den Ferien desselben Jahres sahen die beiden Facultäten, von denen die eine, die philosophische, starken Zuwachs erhielt, sich ergänzt durch die juristische und medicinische Facultät, wozu noch eine evangelisch-theologische kam, welche der combinirten Universität den Charakter der Parität aufdrückte. Das war die erste paritätische Universität in Deutschland. Aber die katholisch-theologische Facultät blieb in ihrem vollen Personal unberührt von der Veränderung — die evangelisch-theologische war eine ganz neue, die von Frankfurt her nur Ein Mitglied in ihren Schooß aufnahm, — [10]) und führte auf ausdrücklichen Königlichen Befehl ihr Siegel fort, nur „mit der aus der Combination fließenden Veränderung in der Umschrift". Auch „die herkömmlichen Ehrenzeichen" der Leopoldina bestanden fort, wie die der Frankfurter Universität.

§ 4.
Die Constituirung der Universität in zweien Facultäten.

In dem Stiftungsbriefe der Leopoldinischen Universität bestimmt Kaiser Leopold I. über die Constituirung des academischen Senats Folgendes. Die Universität soll immer nur Einen Rektor haben; dieser wird nicht gewählt, auch nicht von dem Kaiser ernannt, sondern wer eben Rektor des Jesuiten-Collegiums zu Breslau ist, der ist ohne Weiteres auch Rektor der Universität, d. h. aber, der Provincial oder lestlich der General der Jesuiten ernennt den Rektor, dessen Zeit der Amtsdauer nicht bestimmt ist, vielmehr ebenfalls von dem Obern abhängt. Auch der Kanzler, die Decane und die Senioren der Facultäten werden von den Obern ernannt, wie auch der Syndikus, — der aber kein Jesuit sein darf, — und selbstverständlich alle Professoren. Die Dauer des Decanats war auch in das Belieben der Obern gestellt.

Auf diese Weise trat nun die academische Corporation in ihren beiden Facultäten am 15. November 1702 um ersten Male an's Tageslicht. Rektor Magnifikus war Jacob Mibes, ein Böhme, 54 Jahre alt, dem Orden angehörig 36 Jahre; Kanzler Friedrich Wolff, 59 Jahre alt, — zugleich oberster und General-Studien-Präfekt aller Jesuiten-Schulen in Schlesien, — Decan der theologischen Facultät Johann Capeta, Decan der philosophischen Facultät Johann Ronnert. Professoren der Theologie waren außer dem Decan: Johann Steiner und Franz Fragstein; [17]) Professoren der philosophischen Facultät außer dem Decan: Ferdinand Siegharb, Julius Zwicker, Leopold Liebstein, Christoph Heinrich, Johann Hopffen, Christoph Siebert, Johann Seidel, zusammen mit den Decanen 11 Professoren. Syndicus war Dr. J. U. Johann Georg von Ryssel; der erste Pedell Kaspar Johann Kallate.

Die Universität wurde während der Zeit der österreichischen Herrschaft von zehn Rectoren geleitet. [18]) Auf Ribes folgte 1704 am 15. November Johann Eber auf drei Jahre, 1707 am 15. November wieder Ribes bis 1711, wo Friedrich Bruno das Referat übernahm und drei Jahre führte. Dann folgten Hermann Oppersdorff drei Jahre, Johann Seidel drei Jahre, Julius Zwicker am 15. November 1720 ebenfalls drei Jahre. [19]) Dieser wurde nach seinem Rectorate eine Zeit lang zu Rom Assistent des Ordens-Generals, wie Jung berichtet. Im J. 1724—25 war Johann Ronnert Rector, dann von 1725—1736 ununterbrochen 11 Jahre hindurch Franz Wengl. Jung vermuthet, er sei so lange Rector geblieben wegen der Aufführung des Universitätsgebäudes, wozu er auch den Plan mitgebracht habe aus Neapel. Das ist nicht unwahrscheinlich. Er wurde im Jahre 1736 Provincial der böhmischen Ordens-Provinz. Johann Hillebrandt hatte das Rectorat von 1736—1738; aber schon im März dieses letztern Jahres verließ er Breslau, um an den Hof der Königin von Neapel, der späteren Königin von Spanien, Maria Amalia, zu gehen. Ihm folgte als Rector Sebastian Friedl drei Jahre, und dann im J. 1741 Leopold Grim. Die Regel war, daß der Rector drei Jahre sein Amt führte: so forderte es die Verfassung der Societät; aber der Ordens-General machte Ausnahmen, wo er es für nothwendig hielt.

Kanzler waren in derselben Zeit 11; sie fungirten mit Ausnahme Wolff's alle zugleich als Professoren, die immer Doctoren der Theologie waren und oft zugleich Decane der theologischen Facultät. Wolff war Kanzler bis an seinen Tod, d. i. bis zum 12. April 1708. Darauf wurde Johann Kugler Kanzler bis 1715, dann Johann Ronnert bis 1718, dann Martin Pirchan, der 1719 starb. Ihm folgte 12 Jahre hindurch Franz Herzig, und darnach im J. 1731 Johann Ringelhan nur auf Ein Jahr. 1732 wurde Johann Elbig Kanzler, 1734 Christian Brebt, und 1735 Johann Hillebrandt, dem 1736 Joseph Dalbert folgte, der aber in diesem Jahre durch den Prokanzler Lorenz Theckal großentheils vertreten wurde, dann das Kanzellariat führte bis 1740, in welchem Jahre er starb. Ihm folgte dann Lorenz Theckal bis 1746.

Auch die Decane blieben mehrere Jahre in ihrem Amte. Seit dem J. 1703 bis 1729 war der Kanzler häufig Decan der theologischen Facultät. Johann Kugler führte dieses Decanat vom Jahre 1704 bis 1715, nicht weniger als 11 Jahre hindurch, 4 Jahre zugleich als Vice-Kanzler und 7 Jahre als Kanzler. Ebenso blieben die Decane der philosophischen Facultät längere Zeit in ihrem Amte; Ronneri war von J. 1702—1706 Decan derselben.

Die Professoren wählten weder ihr Fach, noch die Art ihres Unterrichts. Die fungirenden hatten bei der Ernennung neuer gar keine Mitwirkung. Alles wurde von den Oberen der Societät mit klösterlicher Unabhängigkeit bestimmt und angeordnet. In dem ersten Universitätsjahre wurde in der theologischen Facultät von drei Professoren der Theologie gelesen nach der Methode des Collegiums der Societät. Der Decan der philos. Facultät doctrte keine philosophische Disciplin, sondern canonisches Recht und die Gegensätze der religiösen Bekenntnisse. In der philosophischen Facultät wurde gelesen: Metaphysik, Physik, Logik, Mathematik (und Astronomie), Ethik, Rhetorik und Poesie. Die Studenten standen nicht vor einem Reichthum wissenschaftlicher Vorlesung, um daraus nach Neigung zu wählen, sondern sie waren innerhalb der Facultäten in Klassen eingetheilt, deren jede ihren bestimmten Professor hatte.

§ 5.
Die beiden andern Facultäten.

Als Dr. John bei seiner Abschiedsaudienz im Winter 1703 dem Kaiser unter anderm die Bitte vortrug, es möge der Stadt Breslau das Kaiserliche Wort gegeben werden, daß sie wenigstens von der juristischen und medicinischen Facultät verschont bleibe, gab Leopold hierauf gar keine Antwort. Und wo auch immer die Rathmanne diese Bitte sonst anbrachten, bei Commissionen, beim Oberamte, bei der Hofkanzlei, war man nur befremdet; höchstens gab ihnen Herr von Pein eine entfernte Aussicht, es wäre vielleicht zu erreichen, daß diese beiden Facultäten nach Liegnitz gelegt würden; man wußte aber nicht, ob er selber so thöricht war, das zu glauben, oder ob er bloß den Breslauern diese Thorheit zumuthete. Herr von Bechinle (Pechini) tröstete sogar die Breslauer Abgeordneten einmal damit, daß es besser werde, wenn diese beiden Facultäten noch hinkämen, denn „die Studiosi Juris und Medicinae seien ehrliche Leute und fingen keine Händel an". Kaiser Joseph wies in seiner Bestätigung und Vermehrung der Privilegien deutlich genug darauf hin, daß es in der Absicht des Hofes liege, die beiden fehlenden Facultäten der Universität noch zu errichten. Und wir finden in der That in dem Album der Leopoldina die beiden Rubriken: „Matricula Juristarum", vom J. 1713 an fortgeführt bis 1777, und „Matricula Medicinae Doctorum et Studiosorum" vom J. 1730—1734. Damit verhielt es sich also:

1) Die versuchte juristische Facultät. Am 20. Juli 1713 richtete Kaiser Karl VI. an das Königl. Oberamt zu Breslau ein Rescript des Inhalts, dasselbe möge auf Mittel sinnen, wie und auf welche Weise bei der Leopoldinischen Universität neben dem theologischen und philosophischen Studium auch das „Studium Juridicum" eingeführt werden könne. Das Oberamt forderte am 29. August hierüber ein Gutachten der Universität, welches am 19. September auch eingereicht wurde.

Da das Kaiserl. Rescript veranlaßt war durch die Petition des Juristen Johann Rep. Heinrich Englisch, der die Concession für juristische Vorlesungen an der Breslauer Universität, ähnlich wie solche zu Olmütz gehalten würden, nachgesucht hatte; so ging der Magistrat darauf ein, und wünschte nur, daß dem einzigen anzustellenden Professor der Jurisprudenz diejenigen Schranken gegenüber den Professoren der Theologie und Philosophie gesetzt würden, wie solche in dem ähnlichen Verhältnisse zu Olmütz aufgerichtet seien. Es möge demselben aber auch, wie dem Professor des Civilrechts an letztgenannter Universität von Seiten des Staates und der Facultät ausgesetzt werden, ferner ihm die gänzliche Befreiung von allen öffentlichen Lasten und von der Jurisdiction der Stadt concedirt werden, und dazu das ausschließliche Recht, in seinem Auditorium juristische Vorlesungen und öffentliche Disputationen über Stoffe aus dem Civilrecht zu halten, so daß es andern Doctoren der Jurisprudenz und Advocaten untersagt sei, ähnlichen Unterricht zu ertheilen. Die Errichtung einer vollständigen juristischen Facultät aber, aus drei oder vier Professoren bestehend, mit Decanat und Promotionsrecht, wenn eine solche etwa in der Intention des Kaisers liegen sollte, würde allerdings zum allgemeinen Besten sein, die Staats-Religion und die Ehre Gottes fördern und den Glanz der Universität erhöhen, aber bedeutende Mittel erfordern, namentlich auch mehr Räumlichkeiten, wie denn überhaupt ein neues Universitätsgebäude das allerdringendste Bedürfniß sei. [80]) Weitere Verhandlungen liegen nicht vor; doch findet sich der Name des Johann Rep. Heinrich Englisch im Album, und zwar zum Jahre 1715. Für das Jahr 1713—14 wird der Böhme Franz Götschl aus Prag, Dr. J. U., als Professor aufgeführt. Die Sache ist offenbar im Sinne des ersteren Antrages in dem Gutachten der Facultät entschieden worden. Der Professor der Jurisprudenz participirte an allen Privilegien der Leopoldina, nur konnte er academische Würden nicht bekleiden und nicht promoviren. Im J. 1723 wurde in die Matrikel eingetragen als Professor des Civilrechts Johann Georg Vogel, Dr. J. U., ein Westphale, der vom Oberamte eine vom 30. März 1723 datirte Bestallung erhielt, worin ihm die Ausstellung des Reverses auferlegt wird, den seine Vorgänger geleistet, wonach er besonders sich verpflichtete, „kein Decanat oder andere honores Universitatis Leopoldinae zu ambiren, und noch weniger Jemanden zu conferiren." In 40 Jahren haben sich 101 Studirende der Rechte immatrikuliren lassen; seit dem Jahre 1753 nur noch zwei, einer im J. 1764, und der andere 1777. Der letzte war Johann Freiherr von Eichendorff auf Tworlau.

2) Die versuchte medicinische Facultät. Am 14. März 1730 wurde Franz Linck aus Neisse, der Philosophie, der Chirurgie und Medicin Doktor, bei der Leopoldina als Professor der Medicin immatrikulirt. Er wurde gerade so angestellt, wie der juristische Professor, und zwar ebenfalls nachdem am 21. Februar Rektor und Senat der Universität sich begutachtend ähnlich geäußert hatten, wie bei der Anfrage über Einführung des juristischen Studiums. Das Oberamt gab also dem Dr. Linck „wegen seiner Wissenschaft und erworbenen guten Praxis in der Medicin und Chirurgie Gewalt und Macht", daß er, wie andere bei der Leopoldina befindliche Doktoren und Professoren gegen Ausstellung eines nach Uebereinkunft beschaffenen, bestimmte Versprechen enthaltenden Reverses an die Universität, „die Doktur und Professur ex universa Medicina und derselben hauptsächlichsten Theilen unter der academischen Jurisdiktion anzutreten, die Privat-Vorlesungen dieses Faches in der Königl. Stadt Breslau ohne jegliches Hinderniß zu lesen, zu halten und zum gemeinen Besten fortzuführen, allen Uebrigen aber, die dazu unbefugt, solches von nun an zu untersagen und einzustellen berechtigt sein solle". Diese Bestallungsurkunde mit Königl. Siegel wurde ihm am 27. Februar ausgestellt, worauf er dann am 14. März immatrikulirt wurde. Nur immatrikulirte Studenten durfte er als Zuhörer annehmen. Im ersten Jahre kam Keiner. Dafür hatten aber die beiden praktischen Aerzte Steinbach und Preusner, Ersterer in der Chirurgie, der Zweite in der Medicin, mehrere Zuhörer. Linck wandte sich am 16. Juni 1730 an den Rath mit der Forderung, derselbe möge den beiden Doktoren Steinbach und Preusner „ihren Unfug nachdrücklich und unter einer namhaften Strafe untersagen", deren Zuhörer aber in seine Vorlesungen verweisen. Das that der Rath nicht. Der Sommer ging hin; im November begann Preusner wieder seine Vorlesungen. Linck klagte beim akademischen Senat, daß Dr. Preusner unbefugt Vorlesungen halte, und verlangte den Schutz der Universität, welche bewirken sollte, daß jenem durch die Staatsbehörde die „Winkel-Collegien" bei 100 Dukaten Strafe untersagt würden. Am 16. December berichtete der Kanzler Franz Herzig darüber an das Oberamt, welches am 22. December im Sinne des Klägers entschied, wie es das Bestallungs-Decret forderte. Das Verbot wurde am 10. Januar 1731 bekannt gemacht. Die ganze Stadt gerieth in Bewegung. Am 19. Februar brachte wieder einmal „die gesammte Bürgerschaft, Zünfte und Zechen" eine Petition gegen Linck, d. h. gegen die Jesuiten und die Erweiterung der Universität, — der Kaiser habe kein „studium universale" eingeführt, — an den Magistrat der Stadt. Dieser übersandte der gesammten Bürgerschaft und „des Ordinis Medicorum" (d. i. der praktischen Aerzte der Stadt) Beschwerden gegen die Leopoldina an den Kaiser Karl VI. Hauptmotive in dieser Beschwerde waren folgende: a) Die Leopoldina sei nur für zwei Facultäten gegründet; b) jeder Doktor erhalte bei seiner Promotion vermöge Kaiserlicher Privilegien das unverschränkte Recht, Vorlesungen über sein Fach nach Belieben zu halten; c) der Vorfall, um den es sich handle, präjudicire ganzen Ständen ihre Rechte; denn sowohl die Mediciner, als die Juristen-Doktoren seien bis dahin zu Breslau mit ihren Vorlesungen „in ruhiger possessione vel quasi" gewesen und hätten besonders diejenigen Ingenia zu cultiviren gesucht, welche ihre zu Breslau angefangenen Studien auf Academien fortzusetzen beabsichtigt hätten." Hiernach habe also die Universität gar keinen Rechtstitel für ihr Verfahren. Der Rath hatte eine Denkschrift der beiden Stadt-Physiker und des Dr. Preusner vom 19. Januar 1731 erhalten, worauf er sich in seiner Beschwerdeschrift, nicht der Kaiser stützt. Aber damit war man noch nicht beruhigt. Am 26. Februar 1731 gingen sämmtl. Physici, Doctores Medicinae und Naturae Curiosi, wie sie sich nannten, direkt an den Kaiser. [**]) Weitere Entscheidungen sind nicht bekannt.

In den Verhandlungen der Breslauer Gesandtschaften wegen der Universitäts-Angelegenheit zu Wien haben wir zwei Männer kennen gelernt, die uns am wenigsten Achtung einflößten: den Fürsten von Salm und den Herrn von Pein. Diese Männer hätten jedoch, von keiner Idealität je berührt und die Wirklichkeit stets berechnend, um jedem Steinchen und jedem Dorn respektvoll aus dem Wege zu gehen, einen Vorzug, daß sie nämlich Gefahren nicht leicht sich aufthürmen sahen, wo keine waren, nämlich Gefahren für das nächste materielle Interesse. Beide hatten, den Jesuiten innerlich feind, deren Wissen und Können immer im Auge, und so war ihnen denn auch die constante Erfahrung nicht entgangen, daß noch nie eine Jesuiten-Universität in so weit zur Blüthe gekommen, daß sie mit den übrigen deutschen Universitäten hätte ebenbürtig wetteifern können. Das auf diese Erfahrung sich stützende Urtheil des Fürsten von Salm wurde schon mitgetheilt. So sagte auch Herr von Pein im Februar 1703 einmal, die Universität würde der Stadt Breslau weder nützen noch schaden, es werde nicht viel draus werden: „denn wo hätte man ein Exempel, daß eine Jesuiter-Universität sonderlich aufkommen wäre?" Diese Aeußerungen hatten die Breslauer zu wenig beachtet: sie wären sonst wohl ruhiger gewesen, da dieselben sich auf die Erfahrung stützten. Aber freilich war auch der tiefste Grund der Unruhe die ebenso augenscheinliche Thatsache, daß die Jesuiten dem Protestantismus Schranken setzten, und um so mehr, je weitgreifendere Privilegien sie hatten. Sonst war von dem Versuch der Gründung einer medicinischen Facultät nicht viel zu fürchten. In den Jahren 1731, 32 und 34 ließen sich vier Studenten der Medicin immatrikuliren, drei Lutheraner und ein Katholik; mit diesen schließt die Matrikel wieder ab. —

II.
Die Entwickelung.

§ 1.
Studenten und Professoren.

An dem Fürsten von Salm und Herrn von Pein hat sich die alte Erfahrung wieder bestätigt, daß die Wahrheit der Prophezeiungen nicht immer von der Heiligkeit der Propheten abhängig ist. Ihre Vorhersagung, daß die Jesuiten-Universität zu keiner rechten Blüthe kommen würde, hat sich leider erfüllt. Freilich, wenn man die Blüthe der Universitäten in der Zahl der Studirenden sieht, dann kann auch von einem Flor der Leopoldina die Rede sein, und zwar von wiederholtem; denn diese Zahl finden wir mehrere Male im Steigen und Sinken.[1]) Mit 877 Studirenden ging die Unterrichts-Anstalt des Collegiums am 15. November 1702 in die Universität über; (die sogenannten Parvisten und Principisten, die Schüler der beiden niedersten Gymnasialklassen, sind nicht mitgezählt); alsbald wuchs die Zahl über 1000. Aber vom J. 1710—1718 ging sie manchmal um mehr als Hundert zurück, und erreichte 1000 in keinem Jahre; dann folgte wieder rasche Steigerung bis im J. 1724 die Leopoldina ihre höchste Zahl der Schüler erreichte, nämlich 1303 nach Jungs Zählung. Sechszehn Jahre lang bewegte sich darauf die Zahl zwischen 1100 und 1300. Im Anfang des ersten schlesischen Krieges sank sie auf 402 zurück; vom J. 1755 ging sie wieder hinauf bis ins 10te Hundert, beim 7jährigen Kriege aber trat völlige Unterbrechung ein. Erst seit dem J. 1785 hob sich die Zahl wieder auf einige Jahre bis gegen 1000; doch im Anfange dieses Jahrhunderts waren nur etwas über 500. Jung hat auch die Summe der Immatrikulirten während des ganzen Jahrhunderts zusammengezogen und für den Zeitraum von 1702 bis zum Anfang des 7jährigen Krieges 11095 herausgebracht, von 1763 aber bis 1803 die Zahl 5289, in Allem also 16,384. Allein wir haben es bei weitem nicht mit dieser Zahl zu thun, denn sie umfaßt zugleich die beiden oberen Klassen des Gymnasiums, d. h. niedere Schüler, deren im ersten Universitätsjahre z. B. 141 waren, 80 Syntaristen und 61 Grammatisten. Die Gesammt-Zahl der Immatrikulirten mag ziemlich zutreffen; Jung hat zwar einige Juristen zu viel gezählt, dafür aber auch die 4 Mediciner übersehen. Auffallend gering ist die Zahl der Theologen, 464 während eines ganzen Jahrhunderts. Wir sehen hieraus, daß die Universität selbst für die Diöcese Breslau nur einen Theil des Clerus heranbildete. Unter diesen Studirenden war die freie Bewegung des Studiums nicht herrschend; sie wurden ähnlich wie am Gymnasium klassenweise behandelt und geleitet.

Doch ist zu bemerken hinsichtlich der Zahl, daß von den Gymnasiasten die Schüler der zwei niedersten Klassen nicht immatrikulirt wurden, und ebenfalls nicht die Scholaren, welche der Societät als solcher angehörten, auch wenn letztere an den Universitäts-Vorlesungen Theil nahmen.*) Die Zahl der Protestanten unter den Schülern war äußerst gering. Der katholische Adel war stark vertreten. —

Immerhin fehlte es nicht an bildsamem Stoff, und derselbe würde sich leicht gemehrt haben, wenn die Bildner große Meister gewesen wären. Wir wollen jetzt die Professoren näher ins Auge fassen. Der Rektor Magnifikus gehörte nie zu den lehrenden Professoren, der Kanzler nicht immer. Die Zahl der wirklichen Docenten — die Gymnasiallehrer nicht eingerechnet — betrug im ersten Jahre der Universität 11, im zweiten Jahre 12, und so blieb die Zahl bis 1710 in 1711, wo wieder blos 11 docirten. Im folgenden Jahre und bis 1717 waren 13, dann 14, darauf blos 12, dann abermals 13, und von da an bis 1746 herrschen die Zahlen 13 und 14, nur einmal kommen 15 vor; aber im Jahre 1746—1747 finden wir 16, dagegen das folgende Jahr wieder 13, welche Zahl bis zur Promulgation der Aufhebung der Societät der Jesuiten ganz vorherrschend ist, so daß nur ein paar Mal 14, 12 oder 11 vorkommt. Auch hernach bleibt es bei den Zahlen 12, 13, 14 bis zum Jahre 1791—1792, wo nochmals 16 erscheinen, aber auch nur das Eine Jahr, dann kehrt das frühere Verhältniß wieder, doch sind es meist 14 oder 15 Professoren. Als im Jahre 1811 die Universität vervollständigt wurde, lehrten bei der combinirten Universität alle Professoren der Leopoldina in ihren beiden Facultäten fort, nämlich die Mitglieder der philosophischen Facultät Heyde, Jung, Jungnitz, Rale, Rohovsky, Rathsmann, Kayßler, und die Theologen Köhler, Hoffmann, Pella, Haase, Legenbauer, Scholz.*)

Kundmann sagt, mit der Eröffnung der Universität sei die Lehrmethode nicht geändert worden.*) Das ist buchstäblich zu nehmen. Die Lehrmethode der Jesuiten, in allen ihren Anstalten genau und constant dieselbe, konnte sich nicht ändern, ohne aufzuhören, die jesuitische zu sein. Daher kann hierbei auch von einer eigentlichen Entwickelung nicht die Rede sein. Die sogenannten humanistischen Wissenschaften, sofern sie in den Bereich der Universitäts-Studien hereingenommen wurden, bezeichnete man als Poesie und Rhetorik. Jedes dieser Fächer, die mehr enthielten, als ihre Namen sagen, hatte seinen besonderen Professor, aber auch nur Einen, und die beiden tradirten Alles, was von Philologie oder classischer Alterthumswissenschaft an der Jesuiten-Universität vorkam. Kundmann sagt, in der Klasse für Poesie sei Prosodie und Mythologie behandelt worden. Es kamen hier aber auch fast der Reihe nach die lateinischen Classiker vor, doch Keiner von allen, wie er gelebt und gelebt in seiner historischen Zeit und Stellung, sondern bruchstückweise oder purgirt, d. h. in seiner Art verstümmelt. Licht und Schatten des Heidenthums zugleich zu zeigen ohne der christlichen Sitte zu schaden, ja sie so erst recht zu fördern, das verstanden die Jesuiten nicht nur nicht, sondern sie strebten es auch nicht an. Ueberhaupt durch tiefere und umfassendere Kenntniß des classischen Alterthums und des heidnischen Culturlebens mittelst der höhern und niedern Kritik, des Studiums des Geistes alter Sprachen, der archäologischen und historischen Forschung dem Heidenthum seine Stellung anzuweisen in der Weltgeschichte und durch eine wahre Philosophie der Geschichte Alles zu Christo hinzuwenden: das war ihnen vielleicht ein zu weiter Umweg, um zur christlichen Moral zu gelangen, aber sie haben diesen Weg auch gewiß nicht betreten. Wenn sie noch auf die griechische Syntax zurückkamen, so geschah dies nur in Bezug auf das wie immer beschaffene Verständniß der poetischen Formen. Die Mythologie war nur ein Gewand zur Einkleidung. Man hielt sie für wesentlich in jeder Poesie, und selbst in festlicher heiliger Rede durfte sie nie fehlen. Es giebt keine einzige der zahlreichen Lobreden der Jesuiten auf den heil. Leopold, die nicht mythologische Einkleidungen enthielte, und noch weniger ein Gedicht derselben. Die Studenten der poetischen Abtheilung wurden auch zu praktischen Uebungen angeleitet, und es gab keine Versart, die sie nicht versuchten; die Fertigkeit, griechische, lateinische und deutsche Verse zu machen, schien das mehr vom Professor der Poesie gesteckte Ziel zu sein. In der Abtheilung der Rhetorik wurden zwar vorzugsweise die rhetorischen Schriften des Cicero und des Aristoteles gelesen, aber auch die Reden verschiedener Classiker und besonders wieder durch praktische Uebungen, durch Ausarbeitung von Chrien und andern künstlichen oratorischen Formen die Redefertigkeit angestrebt.

Die Haupt-Vorlesungen aus dem Gebiete der Naturwissenschaften und der Philosophie, so weit sie stattfanden, wurden in den 5 Klassen zusammengefaßt: Logik, Physik und Metaphysik, welche gewöhnlich in dieser Ordnung von unten her aufeinander folgten, und Mathematik und Ethik, welche keine bestimmte Stellung hatten.

Aber Nichts von Alledem wurde von dem Lehrer in wissenschaftlichem Proceß durch die philosophirende Vernunft, deren nächstes Object die natürliche Offenbarung in der Schöpfung ist, erzeugt, und nur äußerst wenig durch wiederholte Beobachtung auf dem Gebiete der Natur zur selbsteigenen Erfahrung gemacht: sondern in Allem war Aristoteles der vollkommene Meister, dessen Meinungen nach Maßgabe des Verständnisses und der Auffassung des Professors reproducirt wurden. So kam es, daß man für die öffentlichen Disputationen nach wie vor Thesen drucken lassen und vertheidigen konnte, wie diese: „Die Welt, die Eine, ist im Frühling erschaffen; daß Adam nach dem Sündenfalle gleich mit einem Pelze bedeckt werden konnte, beweist nicht für den Herbst." Oder: „Die Kälte könne nie so groß sein, daß die Worte in der Luft zu Eis würden, was man von der Kälte zu Moskau behaupte." Dergleichen kann man unter Umständen als Scherz hingehen lassen; aber in den Hallen der Wissenschaft verstößt es gegen den heiligen Ernst.

Die Theologie wurde in vier Jahren absolvirt, und faßte in sich die Exegese, (hebräische Sprache wurde in der Regel in diesem Cursus gelernt), Kirchenrecht, scholastische Dogmatik, casuistische Moral und die Controversen oder Lehr-Gegensätze, die doch auch etwas verschieden behandelt wurden von der Art, wie wir wohl Symbolik zu lesen pflegen. Nur in den Controversen waren die Jesuiten eigenthümlich und in gewisser Weise selbstständig, auch gefürchtet. Die Stadt mußte es als eine besondere Kaiserliche Gnade ansehen, daß ihnen verboten wurde, von den Kanzeln her angriffsweise gegen den Protestantismus vorzugehen, oder zu öffentlichen Disputationen die Gegner herauszufordern. Die Stadt hatte gegen sie keine unüberwindlichen Streiter ins Feld zu stellen. Rhetoren waren sie und geschulte Dialektiker, und wohl ausgerüstet mit positiv-christlichen Ideen. Allein — in der Wissenschaft der Theologie hatten sie von vornherein auf Selbstständigkeit verzichtet, sie ließen vielmehr den heil. Thomas von Aquin und seine Commentatoren die unsterblichen Professoren sein, deren Worte allein in ihren Hörsälen Berechtigung hatten. Die Studenten waren auch hier gewissen Schulübungen unterworfen, hatten vielfache Disputationen und scholastische Wettkämpfe, und wurden wörtlich eingeschult.

§ 2.
Mangelhaftigkeit.

Wie gewisse diametrale Gegner, so haben auch die Jesuiten die Ueberzeugung, daß das Wort des Herrn: „Lehret alle Völker!" an Niemand so direkt und wirksam gerichtet sei, wie an sie, wenn sie auch in dieser Hinsicht zuweilen eine Art von höfischer Condescendenz üben. Daher erklärt es sich, daß sie, ebenso wenig, wie jene Gegner, auf die Tugend der Bescheidenheit Rücksicht zu nehmen sich für verpflichtet erachten können. Als der Jesuit Karl Golffinger, Professor der Logik, am 15. November 1720 bei der Leopoldina die Festrede hielt, sah er mit Stolz, wie die durch die Gunst einer Doppelsonne, der beiden Leopoldi, des Heiligen, und des Kaisers, des Ersten dieses Namens, mit den reichsten Privilegien ins Dasein getretene Leopoldinische Universität „bereits leuchte mit vollen Strahlen der ganzen gelehrten Welt, — zur wirksamsten Vertreibung der Finsterniß." Es sei, meint er, durch Oesterreich's Doppelsonne so geschehen, daß es in Schlesien nun „Mittagshelle" geworden. So schaut auch der Professor der Physik, Joseph Mehrer, der am 15. November 1743 die Festrede hatte, mit freudigem Staunen auf „die im süßesten Gelingen des literarischen Fortschritts wachsenden Lorbeeren und Oliven" der Leopoldinischen Universität, dieses vor dem Untergang wohlgesicherten „blühendsten Athenäums der Künste und der Wissenschaften." Und an demselben Tage des J. 1751 sieht Professor August Langer viel blühendes Wachsthum und in den Professoren Zierden der Wissenschaften. Indessen trotz der vollen Strahlen, des süßen Gelingens und der Zierden erscheint doch dem Historiker an der Leopoldina mehr Mangelhaftes, als man erwarten sollte.

Die Naturwissenschaften wurden nicht blos auf dem niedrigsten Standpunkte gehalten, sondern sie wurden auch ganz lückenhaft betrieben: wären die Fortschritte derselben von der Leopoldina allein abhängig gewesen, so würden wir nichts von alledem sehen und erleben, was uns jetzt für diese Wissenschaften mit Anerkennung und Bewunderung erfüllt. Chemie kennt man nicht, Mineralogie taucht spät auf und selten, in Verbindung mit der Mathematik, in der Astronomie wird ein halbes Jahrhundert gar nicht wissenschaftlich gearbeitet, und auch wenn es geschieht, fühlt man nicht einmal das Bedürfniß einer Sternwarte, welches erst gegen Ende des Jahrhunderts in Professor Jungnitz sich geltend machte; Zoologie als Wissenschaft war auch fremd. Man dachte aber auch nicht daran, taugliche Apparate und Instrumente anzuschaffen, Cabinete und Museen anzulegen. Man dachte so wenig an die Nothwendigkeit dergleichen Apparates für die Naturwissenschaften, daß Professor Jungnitz, als er im Jahre 1791 seine Ansicht von der Nützlichkeit desselben öffentlich aussprach, eine Apologie für angemessen hielt. Nachdem er bemerkt, daß die Leopoldina „weder einen physischen noch einen mechanischen Saal besitze, noch auch ein Naturalienkabinet", noch auch Raum habe dafür, fährt er fort: „Indeß würden sich diese Unbequemlichkeiten in Ansehung des Raumes vielleicht heben lassen, wenn es den dazu verwendeten Gemächern nur nicht gerade am Wichtigsten — an der Einrichtung — dem Apparate fehlte! Es wäre allerdings zu wünschen, daß diesem Mangel von daher abgeholfen würde, wohin die aus obigen öffentlichen Anstalten erwachsenden Vortheile für Wissenschaft und bürgerlichen Nutzen sich ergießen. Ich weiß es wohl, daß man aus physischen Sälen und Naturalienkabinettern die Natur nicht kennen lernt: aber das weiß ich auch, daß ohne die Beihülfe jener, ohne intuitive Darstellung der Naturkräfte und Produkte, der Anfänger, und der ist doch der Akademist, in brauchbaren Untersuchungen, im gemeinnützigen, umfassenden Studium der Natur, im Geiste, und der Methode zu beobachten, es nicht weit bringen, wenigstens nur mit großem Zeit- und Kostenaufwande, welches wohl gerade der seltenste Fall der Studirenden ist, (dazu) kommen werde. Sie würden sodann nicht nöthig haben, diese theuren Kenntnisse im Auslande zu suchen, die sie umsonst zu Hause fänden." *)

Wer die vielen gescheiterten Versuche philosophischer Systeme kennt und die Geschichte der Philosophie quellenmäßig (was freilich sehr mühsam ist) studirt hat, der weiß, wie unentbehrlich das historische Moment in der Wissenschaft der Philosophie ist. (Es hat auch die Philosophie, — ich glaube allerdings nicht im Sinne Hegel's, dessen Schule die Geschichte mißhandelt hat, aber doch — eine stätige Entwickelung, und wer diese nicht kennt, sollte wenigstens nicht an Universitäten, welche für die geistige Zusammengehörigkeit der Völker wie aller Zonen so aller Zeiten und für die Continuität der Wissenschaft des menschlichen Geistes verantwortlich gemacht werden müssen und einzustehen haben, als Vertreter der Philosophie auftreten und sich geltend machen wollen. Nun, die Jesuiten der Leopoldina haben die historische Seite der philosophischen Wissenschaft gänzlich vernachlässigt. Darum ist auch Keiner von ihnen in den philosophischen Kämpfen des vorigen Jahrhunderts einigermaßen nur bemerklich geworden. Die vollkommenste Befriedigung in Aristoteles, den sie für den Meister aller Zeitalter ansahen, hielt sie ab, dem Menschengeiste in alle seine Einöden und Wüsten, wie auf seine blühenden Auen und fruchtbaren Triften, wie an seine heimlichsten Plätzchen forschend zu folgen: und darum blieben sie in der Philosophie stehen, konnten also auch von ihrem mehr als zwei tausend Jahre zurückliegenden Standpunkte aus Keinen von denen in ihre Arme aufnehmen, die im 18ten Jahrhunderte in den Abgrund rannten. Und auch heute kann sich Niemand, der aus dem philosophischen Labyrinthe sich herausfinden möchte, bei den Professoren der alten Leopoldina Raths erholen.

Keine Wissenschaft kann aber weniger der Geschichte entbehren als die Theologie. Ein halbes Jahrhundert lang hatte die Leopoldina keine Professur der Geschichte; weder allgemeine Geschichte, noch Kirchengeschichte insbesondere wurde gelesen, obgleich es unleugbar ist, daß das Christenthum eine historische Thatsache ist und ganz und gar in der Geschichte wurzelt, und zwar so sehr, daß jeder einsichtsvolle Christ seinen Herrn, Christus, als den Mittelpunkt der Weltgeschichte betrachten muß. War es auch unausweichlich, daß bei den verschiedenen theologischen Disciplinen Historisches herbeigezogen wurde, so wurde dadurch doch nicht die Wissenschaft der Geschichte aufgebaut.

§ 3.

Literarische Leistung.

Das achtzehnte Jahrhundert zeigt uns die zweite große Blütheperiode der deutschen Nationalliteratur. Wir finden nicht, daß die Leopoldina Etwas gethan und geleistet, wodurch sie dazu beigetragen hätte, jener das bestimmte Gepräge aufzudrücken. Die Professoren der Leopoldinischen Universität sind auffallend wenig literarisch thätig gewesen. Wolff hatte zwar in seiner Petition an den Kaiser gesagt, die Universität würde „die glorwürdigste Immerwährenheit des großen Namens Leopoldi durch die ganze Christenheit mit allerlei academischen Schriften und Büchern . . . . . verkünden;" aber das kam nun nicht so, wie es Wolff wohl erwartet hatte. Die literarische Leistung der Universität steht zu der Zahl der Professoren und den Mitteln in keinem entsprechenden Verhältnisse; sie ist nämlich unglaublich gering.

Der General der Jesuiten hat es an der Menge der Professoren, welche er der Leopoldina sandte, nicht fehlen lassen; bis zur Aufhebung der Societät (von 1702—1773) finden wir nicht weniger als 203 Professoren in dem Album verzeichnet, wenn wir die Rectoren und Kanzler mitrechnen, die vier Lehrer der niederen Schulen jedoch ausschließen.*) Von den 203 Professoren aber sind 133 in keiner Art literarisch thätig gewesen, so daß auch nicht Ein Büchlein unter ihrem Namen bekannt geworden ist; nur haben mehrere von ihnen einmal eine academische Festrede drucken lassen; †) von den 70 Schriftstellern aber, die hiernach übrig bleiben, sind Viele nur durch den Druck ihrer Thesen und Erbauungsschriften und polemischen Abhandlungen zur Berücksichtigung gekommen. Die Uebrigen sind, sofern sie für Philosophie oder Theologie schrieben, der scholastischen Form treu geblieben, und haben die Zahl der Tausende von Büchern vermehrt, welche jenen Einfluß auf den Geist der Wissenschaft längst verloren haben. Die historischen Schriften, die sich in der Regel in einem sehr engen Gesichtskreis bewegen, entsprechen durchgehends auch nicht den billigsten kritischen Anforderungen, wie man sie an das 18te Jahrhundert stellen kann. Besser sind die geographischen Arbeiten und namentlich die Reisebeschreibungen. Die Controvers-Bücher oft durch ihre Dialectik ausgezeichnet und nicht selten durch geistreiche Darstellung anziehend. Die Schriften über das canonische Recht und die Moral enthalten für einzelne Fälle wohl treffende Bemerkungen und Winke, so daß sie immer noch zu empfehlen sind. Doch haben im Allgemeinen die Jesuiten-Professoren der Leopoldina durch ihre Schriften auf keine wissenschaftliche Disciplin in der Art bestimmend eingewirkt, daß ein Vertreter derselben heutzutage sagen könnte: dort finde ich für meine Wissenschaft einen neuen Baustein gelegt!

Aber mehr als Alles auffallend ist die Thatsache, daß sie ohne Einfluß auf die ästhetische Literatur des vorigen Jahrhunderts geblieben sind, während das deutsche Volk von den poetischen Schöpfungen seines Zeitalters dermaßen hingerissen wurde, daß selbst die Ahnungen von dem Werthe und der Schönheit der Productionen des 12. und 13. Jahrhunderts auf eine Zeit lang untergingen. Es ist darum so auffallend, weil die Jesuiten mit allen ihnen zu Gebote stehenden Mitteln nach solchem Einflusse strebten, welches Streben gewiß Anerkennung verdiente. Nicht nur, daß sie alle Studenten ein Jahr lang in ihrer Klasse für Poesie festhielten, in welcher sie die näheren und die entfernteren Mittel, den dichterischen Genius zu rufen, anwendeten: sie dichteten auch selbst *) und leiteten dramatische Aufführungen in dem Universitätsgebäude, in dessen westlichem (dem ausgebauten) Flügel von den übereinander gebauten großen Sälen, deren mittlerer die Aula Leopoldina ist, der oberste von vorne herein zum Theater gebaut und eingerichtet war. *) Gleich nach der Vollendung dieses Theatersaales wurde das lateinische Schauspiel, das schon vor der Grundsteinlegung am 1. und 2. September 1728 in einem provisorischen Theater größtentheils zur Darstellung gekommen war („Die in Salomon gekrönte Weisheit"), gleichsam zur Einweihung wieder, an dem Feste des h. Egidius und dem darauf folgenden Tage, d. i. Montag und Dienstag, den 1. und 2. September 1732 von 263 spielenden Personen „in dem großen, prächtig gezierten Comödiensaale" vollständig zur Aufführung gebracht. Die Breslauer Kaufleute Steinberger sagen in ihrem handschriftlich verhandenen Tagebuche, der Kaiser habe zur Ermöglichung dieser Vorstellung 6000 fl. geschenkt. Die Berichterstatter sind von Haß gegen die Jesuiten ganz erfüllt, so daß sie in keiner sie betreffenden Notiz diesen Haß zu verbergen im Stande sind, und überdies erweisen sich ihre Nachrichten über die Universität dort, wo uns die Quellen noch offen stehen, als gänzlich unrichtig. [10]) Daher lassen wir es dahingestellt, ob der Kaiser wirklich 6000 fl. zu dem genannten Zweck gegeben habe; aber wir entnehmen doch mit Sicherheit aus jener Notiz, daß es in dem Universitäts-Theater an großem Aufwande nicht fehlte. Nun ist es doch bei solchen Kräften und Mitteln und bei solchen Anstrengungen gewiß auffallend, daß es den ästhetischen Erzeugnissen der Leopoldina nicht vergönnt gewesen, auch nur ein bescheidenes Plätzchen in dem Herzen des deutschen Volkes, das für das Schöne zu schwärmen sich so bereit zeigte im vorigen Jahrhunderte, einzunehmen. Das läßt sich nicht einseitig aus der Unempfänglichkeit des deutschen Volkes für das Religiöse und für das wahrhaft Ideal Schöne erklären.

Ich habe auch gegen 50 Festreden durchgelesen, die in der Aula gehalten wurden von den Professoren der philosophischen Facultät. Sie zeigen uns die rhetorischen Leistungen, da nicht vorauszusetzen ist, daß die Jesuiten zu ihrem festlichen Worte am 15. November den ungeeignetsten Mund gewählt haben sollten. Diese Reden sind aber nicht wenig entstellt durch die unpassende Anwendung des bildlich mythologischen Schmuckes. Die Jesuiten hatten die Decke ihres Theatersaales mit Fresko-Malereien geziert; aber da sah man am Himmel des christlichen Drama's — „fast die ganze Mythologie." So glaubten die Jesuiten, auch eine Rede könne nicht geschmackvoll sein ohne mythologischen Beigeschmack. Dann schien es, als glaubten sie, der Redner dürfe überhaupt nur auf Kothurnen einherschreiten. Der Professor der philosophischen Facultät Ferdinand Heinrich verwahrt sich im Eingange seiner Festrede vom Jahre 1742 dagegen, daß man von ihm „ellenlange Wörter", „ein Spiel geräuschvoller Winde" erwarte; allein er gewährt dem Zuhörer nichts Anderes. Professor Franz Kreibl (1739) klagt, daß seine Suada an Unburchsichtigkeit leide, aber er scheint nicht zu wissen, wo der Grund des Uebels ist, der darin liegt, daß sein beispielloser Wortschwall alle Gedanken überflutet. Oft zeigt sich auch ein gewisses Prunken mit sachlicher Kenntniß des heidnischen Alterthums; dann müssen nicht bloß die griechischen und römischen Helden parabiren, sondern auch die Herrscher des inneren Asiens sammt den mythischen Gestalten, wie in der Rede von Professor Tilscher (1726). Der Philosoph Johann Weiner findet in seiner Rede (1725), daß Griechenland lächerlich wird mit seinen sieben Weisen vor dem Kaiser Leopold I., der allein Europa genügt, ja dem ganzen Erdkreise, er, der Weiseste der Kaiser. Die Exjesuiten hatten Mühe, sich von dieser falschen, nicht bloß die Einfalt, sondern sogar die Klugheit verletzenden Maßlosigkeit frei zu machen. Noch im Jahre 1780 wurde am Geburtstage des Königs eine Ode in der Aula gesungen, worin aufgefordert wird, „den lorbeertragenden Vater (Friedrich II.) mit festlichem Weihrauch zu verehren." Diese Ode von Professor Kolleny gedichtet. Erst in der Festrede des Prof. Grolmus vom J. 1783 fällt uns eine Veränderung auf. Er spricht natürlich und zwanglos und verschmäht den heidnischen Aufputz, wovon nur noch leise Spuren, wie von unbewußt mitgebrachtem Staube bemerklich werden.

§ 4.

Der erste Grund der Unvollkommenheit.

Daß Herr von Lüdinghausen (nicht Ludwigshausen) [11]), genannt Wolff, der geistige Gründer und erste Kanzler der Universität, schon im J. 1708 starb, war für die Universität, die in ihrer Entwickelung zur Selbstständigkeit noch zu jung war, ein unersetzlicher Verlust. Es war gewiß der Wunsch und Wille des Kaisers ebensosehr, wie der Societät, daß er die wichtigste und einflußreichste Stellung bei der Leopoldina einnahm; — denn das Kanzellariat war bedeutsamer als das Rektorat. Der Kanzler war ja Beschützer, Hüter und Pfleger des innersten Wesens der Universität, „aller ursprünglichen und später erlangten Rechte, Statuten und Privilegiren", wie der im Laufe der Zeit bewährten Observanzen. Er bewahrte die Universitäts-Insignien und die Siegel, und während sich Nichts ganz seiner Aufsicht und Leitung entziehen konnte, war er gleichsam die Seele aller wesentlichen Funktionen der Corporation. Wolff hätte da viel thun können, wenn ihm ein längeres Leben geschenkt gewesen wäre, um selbst in der Societät Widerstrebendes, dem Aufblühen der Universität Hinderliches, wenn nicht zu beseitigen, so doch günstig zu temperiren.

Es lag nämlich allerdings in der Societät Widerstrebendes, was beim besten Willen und Eifer der einzelnen Jesuiten der gesunden und reichen Entfaltung einer Universität überhaupt sich beharrlich in den Weg stellen mußte, wenn nicht ein genialer Geist, wie Herr von Lüdinghausen, auch das Unbeugsame bildsam machte.

Der Fürst von Salm und Herr von Pein hatten als vielerfahrene Staatsbeamte sich unter den mannigfaltigen Erfahrungen, wie sie aus dem weiten Reiche in Wien zur Kenntniß kamen, wie berichtet wurde, auch diese registrirt: aus einer Universität, die allein in die Hände der Jesuiten gegeben wurde, ist noch nie etwas Rechtes geworden; allein sie haben die tiefere Ursache wohl nicht geahnt, auch schwerlich darnach geforscht. Die Sache verhält sich aber also:

1) Es ist der Universität nach ihrer historischen Entwicklung wesentlich, Corporation zu sein, ein Organismus mit besonderem Schwerpunkt seines Lebens und seiner Gestaltung. Aber die Societät Jesu nimmt der ihr anvertrauten Universität den corporativen Schwerpunkt, weil sie nicht dulden kann, daß ein Mitglied ihrer Congregation eine andere Lebensmitte gewinne, als in ihrem eigenen Schooße. Daher sagt der Kaiser Leopold in der Stiftungsurkunde der Universität zu Breslau, er übergebe den Vätern der Gesellschaft Jesu „gemäß den ihr von den Päpsten verliehenen Constitutionen und Privilegien in der Art, wie die genannte Societät, ohne ihrem innern Ordensstatut zu nahe zu treten (das iuxta suum Institutum kann hier keinen andern Sinn haben) öffentliche Gymnasien und Universitäten anzunehmen (admittere eigentlich „zuzulassen"), zu besitzen und zu behaupten pflege". Daß es einer kirchlichen Congregation gestattet sei, andere Corporationen mit Privilegien und Exemtionen und sogar mit weltlicher Jurisdiktion in sich aufzunehmen, dazu waren ausdrückliche päpstliche Constitutionen und Privilegien nothwendig, welche die Jesuiten laut unserer Stiftungsurkunde erhalten haben, und zwar dahin lautend, daß sie ihr inneres Ordensstatut dabei nicht verletzen dürften; es müsse geschehen iuxta, also nicht contra suum institutum. Da war es denn unausweichlich, daß die von ihnen angenommene andere Corporation in ihrem Wesen alterirt und verletzt wurde. Inwiefern das Privilegium, academische Würden anzunehmen und in ihrem Schmucke zu erscheinen, dem ursprünglichen Geiste der Societät, ihrem eigensten Institutum, wie es von dem h. Stifter ausgegangen, zu nahe getreten sei, will ich nicht untersuchen; aber unleugbar ist es, daß die Societät in allen andern Punkten nur mit vollster Aufrechterhaltung ihres inneren Ordensstatuts die Universitäten annahm, durch welche Annahme diesen dann sofort der corporative Schwerpunkt entzogen wurde. Das geschah auch bei der Uebernahme der Leopoldina. Nicht bloß wurde ihr der Kanzler mit ungewöhnlicher Machtfülle vorgesetzt, sondern sie wählte auch weder ihren Rektor, noch die Decane. Manchmal traten als Rektor, Kanzler oder Decane bei Eröffnung des neuen Studienjahres solche hervor, die früher der Universität noch gar nicht angehört hatten. Zuweilen ereignete es sich auch, daß die Societät den Rektor oder den Kanzler der Universität plötzlich in ihrem allgemeinen Interesse anderswo gebrauchte; dann wurde er mitten im Semester abberufen. In Bezug auf die einzelnen Professoren konnte kein Augenblick die Professur dem Berufe für die Societät im Allgemeinen vorgezogen werden. Schien es dem Oberen, daß es für die persönliche Heiligung, welche in jedem Orden und in jeder kirchlichen Congregation in den Vordergrund gestellt werden muß, oder für den allgemeinen Gesellschaftszweck nicht förderlich sei, wenn dieser oder jener länger Professor sei, so konnte er ihn eigentlich nicht über Nacht in seiner Stellung lassen. Ist man nun auch in dieser Beziehung nicht schroff und nicht allzustrenge gewesen, so ist es doch Thatsache, daß die Leopoldina innerhalb 65 Jahren nicht weniger als 203 Professoren gehabt hat, während in einem und demselben Jahre nur ein einziges Mal ihre Zahl auf 16 stieg, am häufigsten aber die Zahl 13 vorkam. So lange nämlich der Orden in Kraft war, wurden jährlich von der Leopoldina 3, 4, 5, 6, ja 7 oder 8 Professoren weggenommen und durch neue ersetzt. So wechselte also manchmal die Hälfte der Professoren in einem

Jahre und s. 1732—1733 sogar mehr als die Hälfte, indem von fünfzehn 8 Professoren abgingen. Von den lehrenden Professoren, welche die Matrikel des Jahres 1732 aufweist, besaß die Universität zwei Jahre später, 1734, nur noch 4. Aber wir haben diesen unruhigen Wechsel noch nicht ganz begriffen, wenn wir nicht hinzunehmen, daß die in's folgende Jahr bleibenden Professoren häufig die Disciplinen vertauschten, wobei eine Vertiefung in die einzelne Disciplin nicht gut möglich wurde. Außerordentliche Professoren und Privatdocenten gab es nicht. An die früher besprochenen sonderbaren Versuche einer juristischen und einer medicinischen Facultät mit privilegirten Professoren ohne Recht auf academische Würden, deren Anstellung von einer ganz andern Behörde ausging, wollen wir hier nur erinnern. So sehe ich mich denn genöthigt, die Jesuiten-Universität wie einen edlen Baum zu betrachten, dem der Gärtner nicht gestattet, daß er seine schöne Krone aus seinem eignen Leben selbst hervortreibe und herausgestalte, dem er jährlich ein Drittel oder die Hälfte der Aeste abschneidet und die übrigen zum Theil abtrennt und an anderer Stelle einsetzt; und ich muß gestehen, daß dieser Baum, mag er sonst in seiner eigenthümlichen Lebenskraft noch so herrliche Gestaltung bergen, ein gesundes organisches Leben nicht führen kann. Dies genügt schon, um dem Einsichtigen und Unbefangenen zu beweisen, daß die Jesuiten als solche nie werden im Stande sein, eine Universität zur Blüthe zu bringen, wie sie die Leopoldina nie dazu gebracht haben. Die christlichen Corporationen sind mannigfaltig und verschieden, wie die Gaben des Geistes; will man sie vermischen oder eine der andern bloß dienstbar machen, so muß das Wesen der einen zerstört werden.

  2) Die Universität ist wesentlich auch ein Studium generale. Diese Idee steht historisch ebenso fest, wie die der Corporation. Das Studium generale begreift aber zweierlei in sich; zunächst dieses, daß die Universität den Kreis aller Wissenschaften vollständig ziehe, daß sie jede Art der Forschung des menschlichen Geistes in Ausübung bringe und keinen Zweig des Wissens unbeachtet und unbelebt lasse. Es hat sich historisch fest begründet und als praktisch erwiesen die Abtheilung des Gebietes aller Wissenschaften, zu deren Durchforschung und Bearbeitung an den Universitäten, nach sogenannten Facultäten. Man glaubt, daß vier Facultäten, die theologische, die juristische, die medicinische und die philosophische, letztere mit dem weitesten Begriffe, das ganze Gebiet umspannen. Wenigstens ist man nun berechtigt, von jeder Universität, sofern sie ein Studium generale sein will, zu erwarten und zu fordern, daß sie es zur vollen Darstellung der vier Facultäten bringe. Wir haben nun aber erfahren, daß die Jesuiten die Leopoldina nicht einmal in zwei Facultäten ordentlich ausgestalten konnten, und daß ihre philosophische Facultät namentlich ganze und nicht unwesentliche Disciplinen vermissen ließ. Obgleich die Societät Tausende Mitglieder zählte, vermochte sie doch nicht die Persönlichkeiten zu einer juristischen Facultät zu stellen und gewiß noch weniger zu einer medicinischen. Daß sie nun nie im Stande sein könnte, eine juristische Facultät, wie sie die Wissenschaft fordert, zu constituiren, will ich nicht sagen; aber schwerlich dürfte sie sich jemals entschließen, iuxta institutum suum, ohne inneren Widerspruch, eine medicinische in ihrem Schooß zu gründen und zu hegen. Sie wird daher auch nie ein wahres Studium generale darstellen können.

  Es weist aber das Studium generale ferner noch darauf hin, daß die wissenschaftliche Erkenntniß, wie sie ein Gemeingut aller Menschen werden soll, so auch mit gemeinsamen Kräften aller dazu berufenen Geister ohne Unterschied der Nation und der Zunge angestrebt und errungen werden soll. Wir glauben nicht mit den Origenisten an die persönliche Identität der Einen nur in vielen Erscheinungen ch offenbarenden menschlichen Geist-Substanz, wir erkennen überhaupt keinen in substanzieller Einheit und Totalität existirenden Menschengeist an, aus dem die einzelnen National- ꝛc. und Individualgeister als particelle Substanz-Bruchtheile emanirten; aber wir sind überzeugt, daß die Menschen, wie sie nach ihrer Naturseite hin Ein Geschlecht sind und hinsichtlich der materiellen Güter einander beerben, so auch in Bezug auf die geistigen Güter eine unabweisliche Zusammengehörigkeit in Erwerb und Besitz haben. Daher muß jede Universität die hervorragendsten Geister, wo auch immer sie auftauchen aus der Menge, an sich zu ziehen und in ihrem Lebenskreise zu fesseln suchen. Mag dann in der Mannigfaltigkeit der Kräfte und der Objecte es oft scheinen, als würde die höhere Einheit nicht erreicht, indem die einzelnen Zweige des Wissens, isolirt angeschaut, diametral auseinander gehen; derjenige, welcher das Haupt zur Totalanschauung zu erheben im Stande ist, wird sehen, daß alle Zweige zusammen die einzige Krone an dem Einen Baum der Wissenschaft bilden. Die Societät der Jesuiten fügt nun zwar ihrer Corporation Glieder ein aus fast allen Nationen der Erde, und darin ist sie großartig und universell, wie kaum eine andere Gesellschaft. Aber — sie ruft die Geister nicht, um von Allen zu lernen, sondern um sie Alle zu lehren; sie will nicht durch die multiformis gratia Aller das Eine erhabene Ziel vollendeter Wissenschaft erstreben, sondern in der Ueberzeugung, längst an diesem Ziele sich zu befinden, Alle durch ihre uniformis ratio schulen und beglücken, indem sie, wie in Christo die vollkommene übernatürliche Offenbarung, so in der Societät die vollkommene Schulwissenschaft finden. Und diese Wissenschaft hat die Societät wiederum von einem einzelnen Menschengeiste empfangen, von dem h. Thomas von Aquin, dem alle Jesuiten in der philosophischen (Aristotelischen), wie in der theologischen Wissenschaft unbedingt zu folgen verpflichtet sind. Man kann den h. Thomas sehr hochschätzen, ja bewundern, auch ihn besser kennen, als Hunderte von denen, die jeden Augenblick auf alle seine Lehren den längst abgelegten Eidschwur zu erneuern bereit sind, und doch sagen, daß die Societät Jesu mit solcher Verpflichtung sich selbst es unmöglich gemacht hat, eine Universität würdig und wirksam zu repräsentiren, auch wenn sie ihre besten Kräfte aus der ganzen Welt dazu vereinigte. Sie würde doch nicht im Stande sein, auf dem Gebiete der Wissenschaft allein es mit einer deutschen Universität im offenen Kampfe siegreich aufzunehmen.

§ 5.

Der zweite Grund.

Der zweite Grund der unvollkommenen Entwickelung der Leopoldina lag in den äußeren Hindernissen, zunächst in dem nie ruhenden Kampfe mit den sie umgebenden materiellen Interessen, die man bald hier bald dort verletzt glaubte. Nachdem vier Decennien hindurch die Kaiser alle Processe der Hauptsache nach zu Gunsten der Universität entschieden hatten, schienen die Angreifer allmälig zu ermüden; allein der Wechsel der Herrscher-Dynastie für das Herzogthum Schlesien ermuthigte sie wieder.

Gleich nach der Besitzergreifung Schlesiens durch Friedrich den Großen erhielt die Universität die volle Königliche Anerkennung in ihrer privilegirten Existenz und in dem ungeschmälerten Besitze ihres Vermögens. Der König hatte schon wiederholt seine Entschließung kundgegeben, „die Niederschlesischen Stände und Unterthanen bei ihren wohlhergebrachten Freiheiten, Privilegien und Gerechtigkeiten, sowohl in geistlichen als in weltlichen Dingen ohne einigen Unterschied oder Ansehen der Religion unverrückt zu erhalten und ihnen allerseits gleichmäßige Königliche Huld und Protektion wiederfahren zu lassen", als der Rector der Universität bei der Anwesenheit des Königs in Breslau am 5. November 1741 ihm eine Bittschrift überreichte um ausdrückliche Bestätigung der Universität. Er wußte wohl, wie unentbehrlich diese sei für die Ruhe der Leopoldina. Der König unterzeichnete bereits am folgenden Tage, am 6. November, die Resolution an den Rector Sebastian Friedl, in welcher er, auf seine früheren allgemeinen Erklärungen sich berufend, die Königliche Versicherung giebt, er „werde nicht ermangeln, das allhier zu Breslau etablirte Jesuiter-Collegium, nebst der demselben attribuirten Universität in seinen Königlichen Schutz zu nehmen, und sie bei ihren bisher genossenen Rechten und Begnadigungen, in soweit selbige mit der allgemeinen Wohlfahrt des Herzogthums Niederschlesien und dessen Stände und Unterthanen compatible, auch Anderer wohlfundirten Rechten nicht zuwider sei, annoch fernerhin gnädigst zu conserviren und Königlich zu handhaben."

Diese ausdrückliche Bestätigung durch den neuen Landesherrn und der verheißene Königliche Schutz war sehr nothwendig. Wir wollen hier nur hervorheben, mit welchen Kämpfen sich die Universität trotzdem in dem Besitz der so wohlverbrieften Apotheke und Buchdruckerei behaupten mußte.

Wir kennen das Privilegium der Universitäts-Apotheke und die Declaration dazu durch Kaiser Joseph I. Aus einer Streitigkeit im J. 1715 ersehen wir, daß der Magistrat das Recht der Universität für die Apotheke innerhalb der Grenzen jener Declaration damals auch anerkannte. Kaum dauerte die neue Regierung zwei Jahre, als die Apotheker Breslau's aus Nahrungsneid, verbunden mit einigen Aerzten, welche mit den Aerzten der Jesuiten in feindlicher Eifersucht lebten, den Versuch machten, die Universitäts-Apotheke zu beseitigen. Im J. 1743 wurde der Rektor Magnifikus, Heinrich Schaz, durch ein Königliches Schreiben aufgefordert, die Berechtigung der Universität zur Haltung der Apotheke urkundlich nachzuweisen. Der Nachweis erfolgte am 1. Juli 1743. Am 5. Februar 1744 mußte auf Königl. Rescript vom 14. Januar desselben Jahres auch die Declaration zu dem Kaiserl. Privilegium eingesandt werden. Darauf folgte der gemessene Befehl des Königs vom 28. Februar 1744, daß die Jesuiten sich mit Vertheilung und Verkauf der Arzneimittel „lediglich in den Schranken der Kaiserl. Declaration zu halten hätten." Aus diesem Decrete geht hervor, daß die Anklagen maßlos gewesen und die Apotheker der Stadt bei genauer Untersuchung wohl den Beweis schuldig geblieben wären. Die Königl. Entscheidung trat übrigens auch dem Unschuldigen nicht zu nahe.

Daß Königl. Preuß. Collegium Medicum zu Breslau approbirte am 27. März 1745 den Jesuiten Franz Reußer, der schon 15 Jahre in der Apotheke thätig war, als Apotheker, jedoch konnte das Collegium nicht umhin, ihn zu warnen vor Ueberschreitung der Declaration. In demselben Jahre erschien eine Medicinal-Verordnung, nach welcher alle Apotheken jährlich ein Mal visitirt werden sollten. Nach der Visitation der Stadt-Apotheken wurde dieselbe bei den Jesuiten angesagt auf den 18. October. Sie war dem sehr humanen Dr. Morgenbesser übertragen. Es fand sich, daß nur wenige Sachen fehlten, die aber jeden Augenblick von dem Materialisten geholt werden konnten. Dafür hatte die Apotheke eine größere Anzahl von Mitteln, welche in der Preuß. Medicinal-Ordnung nicht enthalten waren, worüber der Visitator dem Medicinal-Collegium Bericht erstatten wollte, damit dieses sie prüfe und seine Verordnung darnach treffe. Alles fand er in schönster Ordnung; er verwunderte sich über „die besondere Zierde", hatte Wohlgefallen an den eigenen Präparaten von Oelen, an dem Laboratorium, der Material-Kammer und dem Kräuter-Boden, zeigte auch Freude darüber, daß nur Studirende in der Apotheke Dienste leisteten, und war überhaupt außerordentlich zufrieden. Als ihm die Copien der Privilegien eingehändigt wurden, war er erstaunt und meinte, die Stadt-Apotheker müßten davon wohl keine Ahnung haben, unter denen der Apotheker Zehner der unbilligste sei. Denen ließe sich ja nun wohl, da sie solche Privilegien hätten, antworten; sie würden dann wohl ruhiger. Dr. Morgenbesser fühlte sich sehr geehrt, daß der Rektor Magnifikus selbst in die Apotheke kam, mit ihm ein Glas Wein trank und ihn an beiden Tagen der Visitation mit dem Universitäts-Wagen nach Hause fahren ließ. Aber am 12. November desselben Jahres reichten die 5 Stadt-Apotheker, Zehner, Lenze, Weiß, Schindler und Sachs, eine neue lange Beschwerdeschrift gegen Reußer ein; er habe ein Fenster an der Straße, wodurch er Tag und Nacht an die Bürger Arzneien verabfolge, er habe österreichischen Soldaten dergleichen gegeben und greife selbst den Aerzten durch Rathschläge und Verordnungen in die Praxis ein. Reußer übergab am 26. November dem Medicinal-Collegium seine ebenso ausführliche Vertheidigung, die der Anklage sowohl durch die Gründe, als durch die dialektische Form weit überlegen war. Doch die Beunruhigungen und Verdrießlichkeiten mehrten sich; Aerzte gesellten sich zu den Apothekern, das Medicinal-Collegium ging darauf ein, und Reußer wandte sich in einer Immediateingabe am 24. November 1746 klagend an den König. Er giebt darin zu, daß er Armen ärztlichen Rath und Arzneimittel aus Nächstenliebe gegeben habe. Die Antwort liegt mir nicht vor. Am 1. Mai 1749 wurde von dem Medicinal-Collegium ein anderer Apotheker, Joseph Hauck, für die Universitäts-Apotheke approbirt. Dann war Ruhe in Betreff des Kampfes vor den Schranken der Behörde bis gegen Ende des 7jährigen Krieges, wo die Apotheke einen weit schlimmeren Angriff erfuhr, als je zuvor. Merkwürdiger Weise fordert der König am 22. November 1762 die Jesuiten nochmals auf, sich urkundlich zu legitimiren wegen ihrer Apotheke und Buchdruckerei, für die er doch schon im Jahre 1743 die Urkunden eingefordert und erhalten hatte. Sie wurden ihm wieder zugeschickt durch den Rektor Troilo am 4. December 1762. Zu derselben Zeit war die Jesuiten-Apotheke zu Schweidnitz zu einer gleichen Legitimirung aufgefordert worden. In dem folgenden Jahre schien die Königl. Kriegs- und Domänen-Kammer wieder gar nichts von der Declaration zu dem Privilegium des Kaisers Joseph zu wissen und überdies eine arge Verleumbung für eine erwiesene Thatsache zu halten. Sie schrieb am 8. März 1763 „an das Collegium Soc. Jesu" in der rücksichtslosesten Sprache: die Apotheke solle sich bei 100 Thlr. Strafe in Zukunft weder unterfangen, das Allergeringste von Medicamenten oder Präparaten an Jemanden außer dem Collegio zu verabfolgen, noch durch Umgehung der Abgaben die Königl. Rechte zu verkürzen. Der Rektor Troilo mußte zur Vertheidigung der Rechte der Universitäts-Apotheke in seiner Antwort vom 15. Juni 1763, nachdem schon eine frühere Vorstellung vom 29. März fruchtlos gewesen, wieder die Privilegien und Bestätigungen aufzählen, und den Chefpräsidenten der beiden Königl. Kriegs- und Domänen-Kammern unter dem Versprechen von Hundert „Species-Ducaten" um Aufhebung der beschränkenden Inhibition bitten. Die Beschuldigung der Umgehung der Abgaben wurde durch amtliche Zeugnisse widerlegt. Hinter den Kriegs- und Domänen-Kammern standen die alten Ankläger. Die rein willkürliche Inhibition blieb bestehen bis zum 30. August 1766. Am 9. August desselben Jahres hatte nämlich der Rektor Magnifikus außer der Versicherung, daß den Armen die Arzneien theils umsonst, theils zu sehr billigen Preisen verabreicht werden würden, auch das Versprechen gegeben, für die Königl. Kasse jährlich 100 rhein. Gulden zu zahlen. Um diesen Preis hob die Kammer ihre willkürliche Inhibition auf, und die Universitäts-Apotheke durfte wieder, von Neid und Argwohn bewacht, innerhalb der Schranken der Kaiserl. Declaration vom 24. Januar 1707 Heilmittel ausgeben.

Während die Apotheke von den Jesuiten reich und zierlich ausgestattet wurde, haben sie die Buchdruckerei mit viel weniger Sorgfalt eingerichtet. Sie wurde erst im J. 1726 in Gang gesetzt. Bis dahin benutzte die Universität die Hofbuchdruckerei des Fürstbischofs Franz Ludwig. Die Festrede vom 15. November 1726 ist die erste uns vorliegende Druckschrift der Universitäts-Buchdruckerei. Da die Jesuiten mit diesem Institut wegen seiner mangelhaften Einrichtung nicht viel unternehmen konnten, so ließ man die, namentlich so lange es nur Eine städtische Buchdruckerei gab, die immer Arbeit genug hatte, in Ruhe. Verschiedene amtliche Verordnungen aus den Jahren 1746, 1748 und 1756 erkannten dieselbe in dem unbeschränkten Ausübungsrechte an. Aber im J. 1762 mußte auch die Universitäts-Buchdruckerei ihre rechtliche Existenz nachweisen. Dann wird sie am 15. November 1764 von der Königlichen Kriegs- und Domainen-Kammer getadelt, daß sie zu wenig Papier und Lettern habe und deshalb die Edikte, Mandate, Patente ꝛc. nicht prompt und accurat genug zu drucken im Stande sei, weshalb das Publikum oft in Verlegenheit komme. Es wird ihr demnach aufgegeben, für bessere Einrichtung zu sorgen. Am 23. November desselben Jahres wird ihr von derselben Behörde befohlen, von der durch die Brachvogel'schen Erben zu besorgenden neuen Auflage der Schlesischen Instanzien-Notiz für das J. 1765 den Verlegern jede Woche zwei Bogen im Druck zu liefern. Am 27. März 1765 wird ihr verboten, päpstliche Bullen und Breven vor der Approbation durch den König zu drucken. Am 29. Juni 1772 wurde ihr eingeschärft, nichts zu drucken ohne vorhergegangene Censur, entweder der Kriegs- und Domainen-Kammer bei politischen Schriften, oder des Königlichen Ober-Consistoriums bei kirchlichen Büchern. Die bessere Einrichtung scheint unterdessen erfolgt zu sein, denn am 28. September 1772 klagt Dr. Friedrich Siegemund Graß, der Städtische Buchdrucker, über Beeinträchtigung. In der Beschwerdeschrift an den König heißt es, die Universitäts-Buchdruckerei drucke „die Zettel der Wäserschen Schauspieler-Gesellschaft, Gedichte und andere Arbeiten mehr." Auch wird bemerkt, daß Dergleichen zu drucken den Jesuiten von der Königlichen Kriegs- und Domainen-Kammer wiederholt aber vergeblich untersagt worden sei. Die Eingabe kam zurück an die Kammer, und diese schickte sie am 13. Oktober an das Jesuiten-Collegium, welches sich binnen 8 Tagen darüber verantworten sollte. Die Jesuiten hoben in ihrer Antwort vom 4. November mit Recht hervor, daß es sich nicht um die Druckerei ihres Collegiums, sondern der Universität handle. Dann wiesen sie auf den Befehl der Kriegs- und Domainen-Kammer vom J. 1764 hin, wonach die Universitäts-Buchdruckerei sich vollkommener einrichten sollte, um dem Publikum besser dienen zu können, und auf die Verordnung wegen der neuen Ausgabe „der Brachvogel'schen Sammlung." Das Recht der Beschränkung einer Universitäts-Druckerei wollten sie nicht anerkennen. Zuletzt bemerkten sie, es könne mit der Beeinträchtigung und Entziehung der Nahrung nicht so schlimm sich verhalten, da die Universität nur Einen Drucker und Einen Setzer habe; die Graß'sche Officin sei aber viel bedeutender. Beinahe ein Jahr später, am 29. October 1773, erwiederte die Kriegs- und Domainen-Kammer, ihre Verordnung vom J. 1764 habe nicht die Intention gehabt, die Privilegien der Universitäts-Druckerei weiter auszudehnen; und sie fügte den gemessensten Befehl hinzu unter Androhung „fiscalischer Ahndung", daß sie sich blos auf den Druck academischer Schriften beschränken solle, da das Privilegium des Kaisers Joseph I. vom J. 1705 mehr nicht concedire. Die Universität appellirte an den König, wies überzeugend nach, daß ihre Privilegien die Unbeschränktheit der Buchdruckerei forderten und einschließlich enthielten, während bei Concessionen Beschränkungen ausdrücklich genannt sein müßten, wie sie denn auch ein halbes Jahrhundert in possessione gewesen sei; mit der Existenz eines solchen Instituts müsse man auch die Existenzmittel wollen; es könne aber nicht einmal ein einziger Drucker und Setzer, auf die academischen Schriften allein angewiesen, existiren; die Buchdruckerei würde auf diese Weise für die Universität nicht ein Privilegium, sondern eine Last sein. Der König und die Kammer habe sie wiederholt und amtlich in dem Besitze anerkannt, ja benutzt u. s. w. Aber es scheint nicht gefruchtet zu haben. Noch im J. 1803 wurde der Universitäts-Archivar Hoffmann vom Senate beauftragt, einen altenmäßigen Bericht über die Privilegien der Buchdruckerei zu erstatten. Die Königliche Schuldirection hatte einen solchen verlangt. Dieser Bericht vom 31. October 1803 schließt mit den Worten: „Wenn endlich die nach der Universitäts-Druckerei entstandenen Buchdruckereien ein unbeschränktes Recht erhalten haben, so wäre es wohl zu wünschen, daß eben dies Recht jener nicht entzogen, oder, wenn man glaubt, es komme ihr nicht zu, daß es ihr verliehen würde, da eine Anstalt, wie eine Universität ist, dieser Begünstigung wenigstens eben so würdig ist als eine einzelne Familie." —

Es ist leicht zu ermessen, wie die Universität entmuthigt werden konnte hinsichtlich der Gründung und Einrichtung neuer Institute, wenn sie in den wohlconcedirten und privilegirten so viel Belästigung von Seiten des materiellen Interesses Einzelner erfuhr, und sich dabei schuplos sah.

Es ist berichtet worden, daß die Jesuiten auf dramatische Darstellungen so viel Eifer und Mühe verwandten und dazu einen eigenen prächtigen Theatersaal erbaut hatten. Im J. 1749 schien dem Fürstbischof Philipp II. die Sache anstößig, und er erließ ein Verbot dagegen, welches zwar die Jesuiten nicht traf, da der Ordinarius der Diöcese weder über die Societät noch über die Universität Jurisdiktion hatte; auch scheint es factisch wirkungslos gewesen zu sein, da die Aufführungen nicht unterblieben und während des 7jährigen Krieges, wo immer ein Bruchtheil der von Breslau verscheuchten Universität sich zeitweilig niederließ, auch Schauspiele stattfanden, und wenn Scheunen die Theater vertreten mußten; allein jenes Verbot vom 15. Mai 1749 war doch unangenehm und keineswegs ermuthigend.

Die Ausübung der Jurisdiction wurde der Universität von Seiten der Stadt fortwährend erschwert. Der Magistrat der Leopoldina wurde oft genöthigt, Monate lang eine Menge Akten zu schreiben und schreiben zu lassen, wo die Grundlosigkeit der Klage auf der Hand lag. Jeder Schein wurde benutzt, Processe anzufangen. Waren aber solche, die unter der Jurisdiction der Universität standen, selbst die Beleidigten oder Verletzten, so gab es wiederum tausend Entschuldigungen, ihnen den Rechtsweg zu verschließen. Die Processakten von einem halben Jahrhundert sind, wie es scheint, vollständig erhalten. Sie zeigen deutlich, daß das Aufblühen der Universität von Außen nicht begünstigt worden ist. —

§ 6.
Das Verhältniß Friedrich's des Großen zur Universität.

Nach dem Verhalten Friedrich's des Großen in dem Streite wegen der Apotheke und der Buchdruckerei könnte es scheinen, als sei der König den Jesuiten nicht wohlgeneigt; doch dieser Schein trügt. Die Bestätigung der Universität in allen ihren Privilegien war ihm heiliger Ernst: „Er hat sein Königliches Wort erfüllt!"

bezeugte im J. 1803 öffentlich Anton Gottfried Steiner, der Kanzler der Universität. König Friedrich II. beurtheilte die Jesuiten nach dem Leben, wie er sie walten und wirken sah, und nicht nach gewissen Büchern. Und im Leben sah er viel Gutes. Am 8. November 1741 hatte er einem Ausschusse der schlesischen Fürsten und Stände, den er zu sich beschieden, erklärt: „es sei seine ernstliche Meinung, daß die unterschiedenen Religions-Verwandten sich untereinander wohl verstehen, nicht hassen, noch weniger verfolgen sollten; er sei durchaus ein Liebhaber der Toleranz, und so sollte auch bei der Justiz blos auf die Gerechtigkeit der Sache ohne einigen Unterschied der Religion gesehen werden, mithin nicht etwa ein Katholischer deswegen sein Recht verlieren, noch ein Evangelischer aus dieser Rücksicht das seinige gewinnen würde." Es war daher auch nicht seine Meinung, daß die katholische Universität, weil sie katholisch sei, unterdrückt werden müsse. Dazu kam, daß die Jesuiten damals den gesammten Unterricht der ganzen katholischen Jugend Schlesiens in Händen hatten. Der Weltklerus war für den Schulunterricht um jeden Einfluß gebracht. Der General-Studien-Präfekt, gewöhnlich zugleich Kanzler der Universität, leitete die Schulangelegenheiten der ganzen Diöcese des Bisthums Breslau. Ihrem Einfluß konnte auch der Dom-Clerus sich auf die Dauer nicht entziehen; P. Ringelhan, der im J. 1731—1732 Kanzler war, trug den Geist der Societät in das Alumnat, dessen innere Verfassung zu bestimmen ihm aufgetragen war. Die Bedeutung der Jesuiten in Schlesien konnte Friedrich dem Großen, der, wie alle ungewöhnlichen Fürsten, dem Unterrichte und der wissenschaftlichen Bildung seiner Unterthanen die größte Aufmerksamkeit und Sorgfalt zuwandte, nicht entgehen. Er fürchtete diese Bedeutung nicht, suchte sie aber seinen Zwecken zu gewinnen, indem er sich die Dankbarkeit der Jesuiten sicherte.

Die Jesuiten waren von je her sehr eifersüchtig darauf, daß Niemand neben ihnen unterrichte, überhaupt ganz exclusiv, was jedoch ihrer Ueberzeugung, daß sie das Salz des Clerus seien, gemäß ist. Schon am 20. Mai 1726 glaubten Rektor und Senat der Leopoldina „abgenöthigtermaßen" den Schutz des Ober-Amts, den weltlichen Arm zu Hülfe rufen zu müssen, und zwar eilig, da „Gefahr im Verzuge" sei, gegen die Dominicaner in Teschen, weil dieselben sich nicht blos unterfingen, sieben weltlichen Studenten philosophische Vorlesungen zu halten, sondern „auch über dieses dem sicheren Verlauth nach mit aller nächsten öffentliche Disputationes cum Theosibus zu halten das würckliche Vorhaben" seien. Die Leopoldinische Universität hatte damals wohl keine Ahnung von der Art und Weise und von der Macht, durch welche die Universitäten entstanden sind und sich Jahrhunderte lang zur Herrschaft über die Cultur emporgeschwungen haben. Friedrich der Große kam ihrer Exclusivität entgegen. Am 2. April 1749 erklärte er von Potsdam aus, in seiner landesväterlichen Fürsorge für seine schlesischen Unterthanen habe er auch darauf seine Aufmerksamkeit und Sorge gerichtet, daß die studirende Römisch-katholische Jugend zur Erlernung der ihrem Stande und Beruf wohlanständigen und nutzbaren Wissenschaften hinlängliche Gelegenheit und Bequemlichkeit finden möge. Zu dem Ende habe er unter der Direktion des Hochgebornen Fürsten Philipp Gotthard von Schaffgotsch, Bischofs zu Breslau und Fürsten zu Neiße und Grottkau, bei dem Collegium der Jesuiten zu Breslau und der damit verknüpften Universität solche Veranstaltungen veranlaßt, wovon man sich in Zukunft eine solidere und bessere Erziehung der studirenden Jugend, als sie bisher in Schlesien üblich gewesen, zuverlässig zu versprechen gegründete Ursache habe. Das mache er nun allen Römisch-katholischen Vasallen und Unterthanen in Schlesien bekannt, besonders aber denen, welche sich oder ihre Kinder und Pflegebefohlenen dem geistlichen Stande widmen wollten, indem er zugleich kund thue, daß von nun an bei Conferirung der geistlichen Beneficien in der Breslauischen Diöcese auf diejenigen, welche ihre Studien bei dem erwähnten Collegium der Jesuiten und der damit verknüpften Universität getrieben und vollendet, vorzüglich vor Andern reflektiret, und Niemand, der solches (das Studium bei den Jesuiten) muthwillig und durch seine Schuld oder Nachlässigkeit versäumt habe, dazu gelassen werden solle. Dem Bischof befahl er das zur genauen Beobachtung so gnädig als ernstlich. Durch Nichts in der Welt hätte er sich die Jesuiten mehr verpflichten können. Doch handelte er mit vollkommen gutem Gewissen, da der Clerus in Schlesien außerhalb der Jesuiten-Schulen, wenn er nicht ganz außer Landes ging, die seinem Berufe wohlanständige Wissenschaft gar nicht fand; und daß Friedrich II. auf diese entsprechende Bildung hielt: wer sollte ihm dafür nicht dankbar sein? Ein Clerus, der nur seine Würde zur Schau tragen kann, ohne die seinem Berufe wohlanständige und in seinem Berufe allgemein erwartete Wissenschaft zu besitzen, beleidigt durch den bloßen Anblick schon das Gefühl des Unbefangenen.

Ob Friedrich der Große von der Idee der Universitäten beseelt gewesen? — Idee und Ziel der katholischen Kirche verstand er nicht; nur sah er im Leben mit seinem praktischen Blicke, daß treue Katholiken auch treue Unterthanen seien; an den Früchten erkannte er das gute Princip: darum schätzte er auch die Römisch-Katholischen, wie er sie in der Regel nannte, als ein gerechter Landesvater. Doch ihre kosmopolitische Tendenz war ihm fremd, vielleicht auch unbequem. Indem er die Beneficien der Kirche vorzugsweise von ihrer materiellen Seite faßte und damit meinte, die Katholiken Schlesiens recht zu versehen, setzte er „ein für allemal fest, daß von nun an und fürs Künftige in allen geistlichen Stiftern, — es habe solches Namen, wie sie wollen, — kein Anderer als der, so aus Schlesien gebürtig, an und aufgenommen werden solle." Es werde auch so gehalten in verschiedenen anderen Reichen; der Bischof (Graf von Sinzendorf; denn die Königliche Anordnung ist vom 2. November 1745) werde das selbst billig finden, und er stelle ihm das Ansinnen, den Königlichen Befehl nicht allein überall gehörig bekannt zu machen, sondern auch Sorge zu tragen, daß demselben zu allen Zeiten nachgelebt werde. Das war die neue Auflage eines der wichtigsten Paragraphen des von dem Papste Leo X. so energisch verworfenen Kolowrat'schen Vertrags. Auch die Universitäten wollte er durch die Landesgrenzen geschützt wissen, welcher Schutz aber zur Einschränkung und Isolirung führen mußte. Ein wiederholtes Königliches Verbot untersagte (am nachdrücklichsten den 9. Juni 1751 von Minden aus) den Besuch aller ausländischen Schulen, Academien und Universitäten. Wer nicht die ganze Zeit seines Studiums im Inland, sondern auch nur einen Theil derselben auf ausländischen Schulen, Academien und Universitäten zugebracht, der sollte wie in seinem Leben Anspruch oder Aussicht haben auf Anstellung im Justiz- oder Verwaltungs- oder Militärsache; oder, wenn er Theologe wäre, sollte er niemals zu einer geistlichen Stelle oder Würde gelangen. Dieses Verbot wurde in Schlesien bekannt gemacht von den Ober-Amts-Regierungen und Consistorien zu Breslau, Glogau und Oppeln; und der Generalvicar des Bisthums Breslau forderte die Publication desselben von den Jesuiten, an der Universität und bei allen Schulen, die unter ihrer Leitung ständen. (6. August, 1751.) Diplome und Attestate Kaiserlich privilegirter Universitäten hatten sonst Gültigkeit, so weit das heil. Römische Reich sich ausdehnte; nach jenem Verbote waren Diplome und Attestate von Rom, Bologna, Wien, Prag u. s. w. in Schlesien fortan bedeutungslos, hier galt nur die Leopoldina. Das schien diese zu heben; die Jesuiten ließen sich's auch gefallen, daß der Generalvicar ihnen einen direkten Auftrag gab, was gegen ihre Exemptionen war: allein es machte die Universität selbst zu einer provinziellen Schulanstalt.

Hinsichtlich des Lehrer-Personals schien dem Könige sich das Herz zu erweitern. Er forderte nicht, daß bloß Schlesier bei der Universität angestellt werden sollten; wenngleich er die Schranken der Societät nicht überschreiten mochte. Er fand die Lehrkräfte nicht ausreichend; und als er Umschau hielt, glaubte er den Sitz der praktischen Wissenschaften, dessen, „was eigentlich dem gemeinen Wesen nutzen kann", in Frankreich zu erkennen, und so faßte er den Entschluß, den Ruhm der Leopoldina durch französische Jesuiten zu mehren. Die Societät war ihm gleich willfährig. Auf seinen Wunsch kam zuerst der Rhetor Karl Portula, im J. 1746. In diesem Jahre, 1746—1747, hatte die Universität zwei Professoren der Rhetorik. Für das J. 1748—1749 berief er noch Karl Martel für Mathematik und Karl Vogel für Poesie; in dem folgenden Jahre Johann Habay als Professor und Senior in der theologischen Facultät, und Ludwig Reiner für den ersten theologischen Cursus, so daß in diesem Jahre von den dreizehn Professoren der Leopoldina fünf Franzosen waren. Sie blieben zusammen bis zum J. 1754—1755, in welchem die Matrikel nur Portula und Vogel nennt. Das Jahr darauf kamen Nicolaus Bridan für das erste Jahr der Philosophie, Philibert Bichet statt Martel, und Peter de Lane statt Portula für Rhetorik. Mit dem 7jährigen Kriege verschwanden sie. Steiner erzählt, zwei seien damals in Breslau gestorben und Einer in Bamberg. Von diesen Franzosen hatte Friedrich II. eine sehr hohe Ansicht und Erwartung. Er fertigte förmliche Bestallungs-Decrete für sie aus. Dem Karl Martel insbesondere, dessen „Geschicklichkeit, Gründlichkeit und Reputation" er hervorhebt, gab er ungewöhnliche Vollmachten, indem er ihm praktische Vorlesungen für's Militär auftrug, vier Stunden wöchentlich, für Artillerie und Ingenieurs, wobei er die von dem Abbé Dedier verbesserte Methode des v. Vauban vorschrieb; dann über die Befestigungskunst, über Angriff und Vertheidigung u. s. w. Von jedem Zuhörer sollte er zwei Ducaten erheben zur Anschaffung von mathematischen und mechanischen Instrumenten, und zur Beschaffung der Mittel für Experimente. In allem diesem sollte er von den Jesuiten unabhängig sein. So griff der König unmittelbar in die Entwickelung der Leopoldina ein, ohne daß man sagen könnte, sie sei schöner aufgeblüht. Er wollte noch tiefer eingreifen, denn er fühlte, daß die Universität unvollkommen sei; — doch, um einen Bau zu vollenden, muß man den Plan kennen und dafür begeistert sein. Ob Friedrich der Große die Idee der Universität erfaßt und darzustellen gesucht habe, werden wir zuverlässiger sagen können, wenn wir ihn und die Leopoldina betrachten in deren kritischer Zeit.

§ 7.
Die kritische Zeit.

Wie der Gründer der Universität und die nachfolgenden Kaiser, so hat auch König Friedrich II. das Collegium der Jesuiten zu Breslau genau und beharrlich von der Universität, welche ihrer Leitung übergeben war, unterschieden. Die Aufhebung des Jesuiten-Ordens am 21. Juli 1773 konnte daher die Leopoldina, die eben sein Collegium der Societät war, nicht berühren. Ohnehin wollte ja die Bulle „Dominus ac Redemptor noster" nicht die Schulinstitute, welche bis dahin in den Händen der Jesuiten gewesen, mit der Societät auch ihren Exemptionen und Privilegien aufheben, sondern diese sollten nur einer andern, bessern Leitung anvertraut werden. Durch die Aufhebung der Societät aber war die Leopoldinische Universität plötzlich in der Hand Friedrich's des Großen ein reicher und gefügiger Bildungsstoff geworden. Es fehlte nur, daß er Verständniß für die Idee einer Universität gehabt und sich dafür begeistert hätte. Das war nun nicht der Fall. Die Universität hat in seiner Anschauung einen ebenso unmittelbar für das Leben praktischen Zweck, wie die Elementarschule. Das höhere Ziel, durch immer tiefere und umfassendere Wissenschaft dem Menschengeschlechte die Wahrheit und dadurch den Weg der Weisheit zu zeigen und zu bahnen, war ihm ganz fremd. Wie er den katholischen Schlesiern „den beglückten Zustand" dadurch besser zu sichern glaubt, daß er verbietet, einen Ausländer, d. h. Einen der nicht in Schlesien geboren sei, in ein schlesisches geistliches Stift aufzunehmen, so scheint ihm auch die Wissenschaft nur ein Mittel zu sein, jenen beglückten Zustand gesicherter und bewußter zu machen. Die Nützlichkeits-Theorie beherrscht durchaus alle Decrete und Rescripte, welche die Universität betreffen, und es war ein Grundsatz seiner Politik, jede Provinz seines Reiches von ihrem eigenen Fette zu nähren. Darum hatte er auch im J. 1741 seinen Willen erklärt, die Justiz-Collegien des Herzogthums blos durch Schlesier zu besetzen, nur Ein Brandenburger müsse bei jedem Collegium sein, und außerdem sollten die Brandenburger allein das Finanzwesen ordnen. Da nun der König im J. 1773 den Willen des Papstes vernahm, daß alle Unterrichtsanstalten der Jesuiten durch andere, bessere Lehrer geleitet werden sollten: so stand ihm, wenn er darauf einging, für die Universität gemäß seinen Grundsätzen nicht die ganze katholische Welt offen, sondern nur Schlesien. Wenn er früher in Betreff der Jesuiten seinen Blick über die böhmische Provinz hinaus gerichtet hatte, so war derselbe nur von seiner Vorliebe für die Franzosen geleitet worden. Der König also fragte sich: wenn ich die Aufhebungsbulle der Societät Jesu promulgiren lasse, was soll dann aus der Universität zu Breslau werden? Sie geht zu Grunde mit allen katholischen Schulen Schlesiens. Denn, so schrieb er an Voltaire, man findet in unserem Lande (außer den Jesuiten) keinen einzigen katholischen Gelehrten; Oratorianer und Piaristen haben wir nicht, die übrigen Mönche sind von einer crassen Unwissenheit, (den Weltclerus erwähnt er nicht einmal). Daher müsse er die Jesuiten conserviren, wenn nicht das ganze Unterrichtswesen der Katholiken in Schlesien vernichtet werden sollte, da auch die Anstellung von Laien als Professoren nicht möglich sei, weil diese zu viel Geld brauchten. Löse aber die Universität sich auf, so müsse er zugeben, daß der heranwachsende Clerus der Breslauer Diöcese in Böhmen studire, was den Fundamental-Prinzipien seiner Regierung widerstrebe. So werde er der Paladin der Jesuiten. Dieser Entschluß des Königs, der auf seinem Standpunkte nur edel genannt werden kann, wäre gänzlich wirkungslos gewesen, wenn die schlesischen Jesuiten mit den russischen, genuesischen und holländischen nicht der Welt das unerwartete und in der katholischen Kirche schmerzliches Erstaunen erregende Schauspiel eines bis zur offenen Empörung gegen den heil. Vater, das Oberhaupt der Kirche, sich verirrenden Ungehorsams dargeboten hätten.¹⁴) Sie faßten den Plan, unter einem eigenen Provicar, den sie wählen wollten, weil ihr General Ricci gefangen gehalten werde, ihr Ordensleben im Preußischen Staate gegen den Willen des Papstes fortzusetzen, und der Exprovincial traf die Anstalten dazu. Der Cardinal von Bernis schrieb am 5. Januar 1774 darüber an den Herzog von Aiguillon: „Diese wahrhaft schismatische Handlung hat bei den vernünftigen Personen einen lebhaften Eindruck gemacht: die fanatischen Anhänger selbst wagen nicht diesen Schritt zu rechtfertigen, der zu deutlich darthut, daß die Exjesuiten in Schlesien keine andere Autorität anerkennen, als die, welche ihren Interessen und Ansichten günstig zu sein scheint."¹⁵) Wir können hier auf die ausführlichen, Jahre langen Verhandlungen zwischen dem apostolischen Stuhle und dem Könige Friedrich II. nicht näher eingehen, müssen uns vielmehr darauf beschränken, das Resultat zu bezeichnen, welches darin bestand, daß letzterem die ausdrückliche Versicherung gegeben wurde, die Universität und die übrigen Schulen der Jesuiten sollten fortbestehen, auch die Lehrkraft der Exjesuiten ihm erhalten bleiben, nur dürften sie nicht mehr unter der Jurisdiction eines Oberen stehen, — denn die Ordens-Körperschaft sei aufgehoben, — sondern wie andere Weltpriester unter der Jurisdiction des Bischofs, von dem sie also auch die Erlaubniß zu seelsorglichen Functionen haben müßten.¹⁶) Der König erklärte sich in einem Schreiben vom 3. Januar 1776 an den Weihbischof von Strachwitz zufrieden, und da gegenseitige Entgegenkommen stattfand, so waren „die erforderlichen Arrangements" sehr bald getroffen. In der von dem Minister von Hoym an die beiden Kriegs- und Domänen-Kammern zu Breslau und Glogau am 8. Februar 1776 erlassenen Bekanntmachung wurde als Resultat der mit dem apostolischen Stuhle gepflogenen Verhandlungen wegen der Jesuiten ausdrücklich auch Folgendes hervorgehoben: „daß hauptsächlich alle Schulanstalten dieses Ordens, alle damit verknüpften Institute, Fundationen, Stipendien rc. und folglich die Universität zu Breslau, so wie die Gymnasien und Seminarien zu Breslau, Glatz, Neiße, Sagan, Liegnitz, Glogau, Schweidnitz, nach wie vor bestehen bleiben;"¹⁷) ferner: „daß die zu diesen Schulanstalten erforderlichen Lehrer vorzüglich aus dazu fähigem Subjectis des erloschenen Ordens angestellt und die Schon eingesetzten beibehalten werden möchten." Dann hieß es, die einzelnen Exjesuiten könnten unmöglich die Güter und das Vermögen der nicht mehr existirenden Societät besitzen und verwalten; sie sollten zwar davon unterhalten werden, aber die Administration und stiftungsmäßige Verwendung müsse der Staat übernehmen. Die Instruction für die genannten Kammern zur Aufnahme des Bestandes und zur Formirung des Etats, zeigt deutlich, wie gewissenhaft Friedrich der Große besorgt war, daß die milden Stiftungen seinen katholischen Unterthanen nicht entfremdet werden möchten.¹⁸) Der Weihbischof von Strachwitz unterstützte die Ausführung kräftig. Der König hatte auf den Antrag desselben die reichen Besitzungen der Jesuiten zu einem allgemeinen Schulfonds für alle katholischen Bewohner Schlesiens bestimmt, am 7. Februar 1776. Als solcher war das Vermögen faktisch schon seit Jahren lang behandelt worden.

So hatte denn der König unter Zustimmung der kirchlichen Behörde, — der Weihbischof will aus Dankbarkeit für seine Handlungsweise mit allen katholischen Unterthanen ihm zu Füßen fallen, — die reichsten Mittel und 127 Jesuiten, die damals noch in Schlesien waren, zur Disposition, um die Erziehung der katholischen Jugend ganz nach seinen Plänen und nach seinem Herzen einzurichten und zu leiten.

Einer der hervorragendsten Männer, welche die Leopoldina aufzuweisen hat, war Anton Michael Zepllchal, ein Mähre, geboren am 13. Mai 1737 zu Trebitz. Er war 29 Jahre alt, als er an der Breslauer Universität einen Lehrstuhl bestieg, im Herbste des J. 1766. Bis zum J. 1771 lehrte er verschiedene philosophische Disciplinen; dann übernahm er Mathematik und Mineralogie, wodurch er das Interesse Friedrich's des Großen erregte. Er wurde frühzeitig als Schriftsteller bekannt, gelehrte Gesellschaften machten ihn zu ihrem Mitgliede. Seine „Algebraischen Tabellen", die im J. 1769 zu Breslau herauskamen (Fol.), erlebten 1774 eine zweite Auflage. Er war ein sehr fruchtbarer Schriftsteller; 21 Werke werden von ihm aufgezählt: naturwissenschaftliche, philosophische, historische, ästhetische. Als Mathematiker und Mineraloge zog er besonders König Friedrich II. an, der ihn auch die Grafschaft Glatz zu mineralogischen Forschungen bereisen ließ.

Im Jahre der Aufhebung des Jesuiten-Ordens beschied der König bei seiner Anwesenheit in Breslau nicht den Rektor der Universität Reiffnauer, auch nicht den Kanzler Eupendorffer zu sich, sondern den 36jährigen Professor der Mineralogie, Zeplichal, um mit ihm über die Zukunft der Universität und der Schulen Schlesiens unter den obwaltenden Verhältnissen einer kritischen Zeit sich vorläufig zu berathen. Dann übertrug er seinem Justizminister von Carmer die Leitung der Verhandlungen mit dem Rektor Magnifikus und dem Provinzial wegen der nun bald nothwendigen Schulreform, die aber schließlich alle miteinander unter Genehmigung, vielleicht auf Anbeutung des Königs die ganze Arbeit dem noch jugendlichen arbeitsfrischen Professor Zeplichal übergaben. Er kannte Friedrich's des Großen Anschauungen und wurde in seinen Ansichten von ihm gekannt. Es wäre Etwas zu schaffen gewesen; beiden Männern wird Niemand nachsagen, es habe ihnen an Geist gefehlt: allein, Zeplichal war mit seinen Schulreform-Gedanken in den Kreis der Jesuiten-Institute gebannt, — und der König desgleichen. So erschien das von Jenem entworfene Schul-Reglement für die Universität zu Breslau, und für die Gymnasien in Schlesien und in der Grafschaft Glatz (vom 11. Dezember 1774 datirt,) als das alte Jesuiten-Statut, das jedoch auf Dinge gerichtet war, für die es in der Anlage nie berechnet gewesen. Die am 26. August 1776 gegebene Instruktion für die Priester des Schulen-Instituts stützte sich darauf. Weder Friedrich der Große noch Zeplichal hatte daran gedacht, nach Erlöschung der Societät der Jesuiten, die Universitäts-Corporation zu ihrem Rechte kommen zu lassen. Man war, wie schon bemerkt wurde, nicht im Stande, sich von der Auffassung der Jesuiten zu befreien. So wurde denn im J. 1776 ein Institut gegründet, welches die Societät in ihrer Beziehung zum Unterricht fortexistirend darstellen sollte, wobei dann freilich der Justizminister von Carmer die Stelle des Jesuiten-Generals einnahm. Das Schulen-Institut zu Breslau repräsentirte nichts Geringeres als eine geistliche Corporation, deren Mitglieder, mit Ausnahme des Hauptes, des Herrn von Carmer, Priester des Schulen-Instituts hießen; aber eine geistliche Corporation, die nun doch wiederum keine geistliche war, weil ihr die kirchliche Sanction fehlte. Nach der Intention der Stiftung sollte auch Nachwuchs daraus hervorgehen, Candidaten des Lehramtes statt der früheren Novizen. Aber dieser Nachwuchs ist weder reich noch ausgezeichnet gewesen. Es herrschte viel guter Eifer in dem Institut, und die Mitglieder besaßen manche nützliche Kenntniß für das Schulwesen, und es ist mit Dank anzuerkennen, was sie für das katholische Schulwesen in Schlesien gethan haben: allein die Universität führte es nicht zur gesunden Entwickelung.

Seit dem Jahre 1777 nennt die Matrikel den Aut. Zeplichal an erster Stelle vor dem Rektor als „Director Instituti Regii Litterarii;" und so erscheint er, späterhin auch kurz als Direktor oder als Director scholarum, das ganze Jahrhundert, bis 1800—1801 an der Spitze des academischen Magistrats. Die Universität war von diesem Institute gerade so unbedingt abhängig wie ein Gymnasium; die Rettung einer gewissen Freiheit war nur dadurch ermöglicht, daß die Mitglieder außer dem Königlichen Chef von Carmer und Zeplichal, die durch seine neue Stellung aus der Reihe der Professoren ausgeschieden war, zugleich zu dem Magistrat der Universität gehörten und die Mehrzahl bildeten. Mitglieder waren nämlich Rektor und Kanzler, die Decane und Senioren und der Präfekt des Gymnasiums, zusammen sieben, mit jenen beiden also neun. Die Universität erfuhr hinsichtlich des Personals nur die Veränderung, daß der Rektor Magnifikus fortan auf Lebenszeit ernannt wurde, während die Decane jährlich wechselten.

Hinsichtlich der Lehrmethode trat nun wohl hier und da eine Veränderung ein. Friedrich der Große arbeitete unablässig daran und Zeplichal nicht minder. Aber des Königs ganzer Eifer ging auf die Nützlichkeit; er wollte daher namentlich das Studium der Philosophie beschränken, das nicht mehr 28 Monate einnehmen sollte, wobei auch von der Zugrundlegung eines Handbuchs die Rede war. Es sind darüber Denkschriften verfaßt worden. Der Einfluß anderer Universitäten wird jedoch sichtbar; es tauchen neue Disciplinen auf, Methode und Sprache erfahren eine Veränderung gegen das Ende des Jahrhunderts hin. Man lese nur die Briefe des Professors Jungnitz in den Schles.-Prov. Bl. 1791 u. 1792 über die von ihm eingerichtete Sternwarte, oder die Festschriften von 1803, und vergleiche die frühere Art der Leopoldinischen Professoren! — Aber die Universität erfuhr weder überall noch materiell eine Ausbildung und Erweiterung. Als der reiche Jesuiten-Fonds zusammenfloß, dachte Niemand daran, die juristische und die medicinische Facultät zu gründen. Für die Gymnasien und katholischen Schulen überhaupt hätten andere reiche Klöster und Stifter und der damals so wohl versorgte Domclerus endlich auch zu edlen Thaten veranlaßt werden können. Freilich würde Friedrich der Große, wenn er solche Gedanken gehabt hätte, auch nie mehr gethan haben, als zu hochherzigen Entschließungen anregen. Denn milde Stiftungen gewaltsam ihrem Zwecke entfremden: war ihm ein Greuel. Er spottete in seinen vertrauten Briefen über die fromme Miene, mit der die Herrscher des heil. römischen und des französischen Reiches die Kirchengüter sich zueigneten, verwunderte sich, daß sie in ihrem Eifer für die gute Sitte und das nützliche Leben zuerst die allerreichsten Klöster säcularisirten, und erklärte, in seinem Reiche sei Jeder sicher in seinem Besitze, die Corporation so gut, wie die Familie und der Einzelne. Als Motiv der Säcularisation bezeichnete er den leidenschaftlichen Eigennutz.¹⁹) Er glaubte nicht an „ein vermeintes Fürstenrecht, übelbenutzte Kirchengüter einzuziehen;" und so handelte er denn auch nicht in diesem Sinne, im Gegentheil: „Wenn der Kaiser Klöster aufhebt", schrieb er an d'Alembert, „so baue ich dagegen abgebrannte katholische Kirchen wieder auf, und lasse einem Jeden die Freiheit, nach seiner Weise zu denken."²⁰) Aber es wäre wohl ohne Gewaltthätigkeit mit dem katholischen Vermögen in Schlesien etwas für die Wissenschaft, von Gelehrten der katholischen Kirche gepflegt, zu machen gewesen. Doch Friedrich der Große hatte keine Ahnung von einer idealen Richtung der katholischen Kirche; wo er daher ihren Unterricht beförderte, da konnte alle seine Thätigkeit nur auf „nützliche" Kenntnisse abzielen.

Später hat man nun allerdings, statt das Mögliche aus dem schlesischen katholischen Schulfonds auf die Universität zu verwenden, eine Reihe von Jahren hindurch nachweislich 10,000 Rthlr. aus demselben jährlich specifisch protestantischen Universitäten zugewandt, insbesondere Halle und Frankfurt.²¹)

Das neue Reglement für die Universität Breslau und die damit verbundenen Schulen vom 26. Juli 1800 erkannte zwar die Nothwendigkeit einer Erneuerung und der Beseitigung der seltsamen geistlichen Corporation, die keine geistliche war, an, machte die Professoren zu Staatsdienern, gab dem Ordinariate der Diöcese, in welcher die Universität liegt, einen bestimmten Einfluß, und bahnte in der That den Weg zur Entwickelung einer katholischen Universität. Allein, — man berief keine katholischen Gelehrten; man blieb genügsam in dem Kreise der von Zerblichal beinahe ein Viertel-Jahrhundert dirigirten halb jesuitischen und halb anderer costümirten gelehrten schlesischen Schulwelt, fast ausschließlich in dem Kreise der alternden Exjesuiten. Da war es denn natürlich, daß die Leopoldina in gewissem Sinne mitalterte. Freilich hatten die Betheiligten nicht das Gefühl des Alters. Der Königliche Schuldirektor Joseph Moritz Scheybe, in der That ein ausgezeichneter Mann, sagt von der Universität in seiner Festrede zur Jubelfeier im J. 1803: „Sie stehet da in jugendlicher Kraft, um unter der schützenden Macht ihres Königs und seiner erhabenen Stellvertreter mit allen Eigenschaften, welche der Zeiten Bedürfniß von ihr fordert, dem männlichen Alter entgegenzureifen." Allein zu diesen erforderten Eigenschaften würde doch auch die rechte Vermehrung der Lehrkräfte gehört haben. Das Gefühl der jugendlichen Kraft konnte übrigens noch durch einen Hinblick auf die Viadrina, die Universität Frankfurt an der Oder, gestärkt werden, da in der That auch ein dürftiges Leben kaum lange fortziepen zu können schien. Im J. 1797 hatte sie für alle vier Facultäten gerade so viel Professoren gehabt, als die Leopoldina für ihre noch unvollständig besetzten zwei, nämlich 15, die überdies noch großentheils den Dienst anderer Staatsämter versehen mußten, um leben zu können. Als in der Streitfrage, ob in Berlin eine Universität zu gründen sei, bei welcher Gelegenheit Schmalz wiederholt die alte Hochschule zu Frankfurt angriff und in ihrer Ärmlichkeit als unrettbar hinstellte, die Majorität der Frankfurter Professoren ihre Existenz vertheidigte, wies ihre Minorität selbst hin auf die materiellen und geistigen Lücken, und bat den König um Verlegung der Universität nach Berlin. Diese Bitte wurde nicht erfüllt. Aber sie wurde am 3. August 1811 nach Breslau verlegt, d. h. es kam von ihrem Vermögen soviel nach Breslau, womit man heutzutage etwa eine naturwissenschaftliche Section einer philosophischen Facultät ausstatten und erhalten oder ein wohlhabendes Gymnasium gründen könnte, dazu aber ein in der That schöner Beitrag zur historischen Abtheilung der aus katholischen Sammlungen geschaffenen großartigen Breslauer Universitäts-Bibliothek; doch siedelten nur wenige Professoren über. Die meisten Frankfurter Professoren kamen nicht nach Breslau; sie wurden aus dem Staatsdienst entlassen, oder anderweitig versorgt. Die katholischen Fonds für die Universität wurden aus den Säcularisations-Kassen ansehnlich vermehrt. Da constituirten sich die Facultäten, es kamen siebenzehn neue Professoren, 16 protestantische und 1 katholischer, aber alle Professoren der Leopoldina blieben in ihren Professuren, — müssen also nicht so alternd in ihrer Lehrkraft gewesen sein, wie die Frankfurter. Die Viadrina hat demnach faktisch nur wenig zur Erweiterung der Universität beigetragen, — nur den Theil, der es zu verdienen schien, von dem drohenden Untergange gerettet zu werden, — die Erweiterung ist vielmehr auf eigenem Grund und Boden, aber mit Hereinnahme fremder Kräfte erfolgt. Doch muß die Leopoldina sich ihrer Fortexistenz freuen; denn ohne die hochherzigen Anstrengungen Friedrichs des Großen wäre sie gänzlich untergegangen, und durch die Combination ist sie in die Reihe der vollständigen großen Europäischen Universitäten gestellt, und dazu als das erste Beispiel einer paritätischen Universität, die man vorhem für unmöglich gehalten hätte.

§ 8.
Beschluß.

Wir haben wiederholt darauf hingewiesen, daß die Jesuiten durch die Leopoldina nicht so sehr den idealen Zweck der Universitäten, als vielmehr eine durchaus praktische Tendenz verfolgten. Dessen waren sie sich vollkommen bewußt. Sie hatten es besonders auf eine höhere Bildung des schlesischen katholischen Adels und des Clerus abgesehen; überhaupt darauf, der Kirche und dem Staate religiöse und intelligente Beamte zu bilden. Den Adel, dem die Rathmanne in ihrer Denkschrift an den Kaiser ein so ungünstiges Zeugniß ausgestellt, suchten sie bei jeder Veranlassung zum Studium anzufeuern. „Nichts ist unadeliger", sagte Golffinger in seiner Festrede im Herbste 1719, „als die Unwissenheit des Adels; zweifache Zierde des Reiches, ein Unterpfand des öffentlichen Wohles ist ein gebildeter Adel." Scheyde erklärt in seiner Festrede im J. 1803: „Eine jede Universität soll eine gelehrte Bildungsanstalt für künftige Staatsbeamte und öffentliche Geschäftsmänner sein." Das, was wir den idealen Zweck nennen, läßt er nur als eine nebenbei erfolgende Wirkung sein. Er sprach noch ganz im Geiste der alten Leopoldina. Aber das Wissen war den Jesuiten mit Recht eine Aussaat feiner Sitte und christlicher Tugend. Die Wissenschaft als ein Idol hinzustellen, das in seiner absoluten Majestät um seiner selbst willen zu adoriren sei, kam ihnen nicht in den Sinn; aber sie hielten sie für unentbehrlich, um die christliche Tugend zur Herrschaft zu bringen. Daher will Golffinger in der erwähnten Rede die Wissenschaft nur rühmen, durch welche der Mensch gut wird. „Wissenschaft und Tugend sind die beiden Flügel, mit welchen man zur höchsten Höhe der Glückseligkeit sich emporschwingt." Weigl, der im J. 1728 die Festrede bei der Leopoldina hielt, stellt als ihr Ziel hin, daß sie die Alumnen der feineren Bildung, die Academiker, die ernsteren Wissenschaften obliegen, ausbaue zu Wohnungen der Tugend und zu lebendigen Tempeln des in ihnen wohnenden Gottes. Es klingt zwar ruhmredig, wie Golffinger verkündet, daß die Leopoldina für geistliche und weltliche Aemter, für Civil- und Militär-Dienst die Jünglinge bilde und befähige, so daß der „volle Tag der Weisheit" anbreche: allein hier hat er auf das wahre Verdienst der Jesuiten in Schlesien hingewiesen. Sie haben durch die Universität und durch ihre Gymnasien der katholischen Bevölkerung in Schlesien eine Bildung gegeben, welche die scharfe Probe des Auges Friedrich's des Großen aushielt, so daß dieser Fürst, dem das specifisch christliche Leben unverständlich war, es doch für das größte Unglück ansehen mußte, wenn die Urheber solcher Bildung das Land verließen. Der katholischen Kirche in Schlesien ist die Leopoldina zur einer Säule geworden, — worüber sich Vieles sagen ließe.

Hervorheben muß ich aber noch Eins. Der Leser wird sich der Schilderungen erinnern, welche die Stadt Breslau im J. 1695 von der künftigen Jesuiten-Universität entwarf. Wie war die Wirklichkeit so ganz anders! Es haben sich von dem ersten halben Jahrhundert die Proceßakten fast vollständig erhalten. An Reibungen zwischen der Stadt und der Universität hat es nicht gefehlt, doch sind die Klagen häufig gegenseitig. Die eigentlichen Verbrechen kommen sehr selten vor. Im Ganzen aber bewährt sich die von dem Kaiser Leopold gerühmte Disciplin der Jesuiten vollkommen. Die Leopoldina zeichnet sich durch gute Zucht und Sitte vor vielen Universitäten Deutschlands aus, namentlich auch vor Frankfurt an der Oder. Dazu wirkte viel mit die Einmüthigkeit der Professoren untereinder; es redete aus Allen derselben Geist: und dies war der Vorzug der geistlichen Societät; — wenn sie nur sonst mit der Universitäts-Corporation verträglich gewesen wäre. Die Universität selbst mußte eine Societät der Geister sein.

Freilich, — man mag sagen, was man will, — die wahrste, edelste Einmüthigkeit wurzelt allein in Dem, der Alles vereint, was in dem Himmel und was auf Erden ist. Dieser ist auch die Wahrheit, und da das Ziel aller Wissenschaft Wahrheit ist, so führt die rechte jeden Unbefangenen zu Ihm, von dem er Weisheit lernt, vor Allem die Weisheit, froh zu sein in Gemeinschaft — in der Gemeinschaft der Liebe, welche die Selbstsucht tödtet und die Furcht austreibt.

Anmerkungen.

I.

1) Encyklopädie der Philologie, S. 6.

2) Eine Zusammenstellung der hierauf bezüglichen Literatur bis zum Jahre 1839 hat Scheibler versucht; „Grundlinien der Hodegetik oder Methodik des akademischen Studiums und Lebens. 2. Auflage. Jena 1839." S. 63 bis 70. Vgl. Franz Hoffmann: „Ueber die Idee der Universitäten", Würzburg, 1845. Wesentliche Beiträge finden sich bei Köpfe, a. a. O.

3) „Ueber Idee und Ziel der Universitäten. Rede an die Studirenden der Ludwig-Maximilians-Universität in München, gehalten am 12. December 1857 von Dr. Franz Reithmayr, z. Z. Rektor. München, 1857." Die Idee der Universitäten ist wohl kaum von Jemanden tiefer erfaßt und schöner bezeichnet worden, wie es in dieser ausgezeichneten Rede geschehen. Vgl. übrigens „Ueber das Promotionsrecht und die Promotion zu den akademischen Ehrengraden. Festrede zur Jahresfeier der Stiftung der Ludwig-Maximilians-Universität am 26. Juni 1858. Von Dr. Franz Reithmayr, z. Z. Rektor. München, 1858."

4) Kundmann, a. a. O. S. 149 ff.; er redet hier als Zeitgenosse.

5) Kundmann, a. a. O.

6) Die Akten des Königl. Oberamtes, welche alle Gutachten und Rescripte enthalten bis auf die letzte Kaiserliche Bestätigungs-Urkunde, befinden sich in dem hiesigen Provinzial-Archiv. Die Original-Urkunde vom 24. Mai 1738 aber wird auf der Königl. Universitäts-Bibliothek aufbewahrt. Die Verhandlungen des Magistrats mit den Jesuiten und mit dem Ober-Amte werden auch im Raths-Archiv aufbewahrt, und abschriftlich sind dieselben mit einer Zeichnung des ursprünglichen Bauplanes auf der Stadt-Bibliothek der St. Elisabeth-Kirche oder der Rhedigerschen.

7) Vgl. Wolf, Elementa Matheseos, Astronomiae § 978. Schol. p. 713.

8) S. Jungnitz, Schles. Provinzialblätter, Bd. 14, S. 1 ff.

9) S. Schles. Provinzialblätter 1802. (März.) S. 233—234.

10) Der damalige Rektor Johann Eber mußte dazu 100 Thaler von einem Arzte leihen, am 24. März 1707, die am 13. März 1708 zurückgezahlt wurden. Urk. der Königl. Univ.-Bibl.

11) Die Aktenstücke, welche die Apotheke betreffen, befinden sich auf der hiesigen Königl. Bibliothek.

12) Diese Kaiserliche Urkunde vom 20. August 1704, bestehend aus 14 Pergamentblättern, in rothem Sammet gebunden (4to), ist ebenfalls auf der Königl. Bibliothek.

13) „In Germania Ordines Imperii possunt instituere scholas, gymnasia, societates scientiarum et academias; sed academiis tamdiu non licet honorem Doctoris . . . conferre, quamdiu non sunt a Caesare confirmatae, cum jus creandi Doctores . . . sit Caesari reservatum." Jo. Steph. Pütter, Institutiones

uris publ. germ. Goetting. 1787. ed. IV. p. 359. Vgl. Schnaubert, Anfangsgr. des Staatsrechts. Jena: 1787. B. V. H. I. Abschn. V. § 273; Joh. Jac. von Moser, Deutsches Staatsrecht, Frankfurt 1766—1775. Bd. V. Cap. 86 S. 342.

14) Die Original-Zeichnungen befinden sich unter den Akten des ehemaligen Königl. Ober-Amts, im hiesigen Provinzial-Archiv.

15) Das silberne Universitäts-Siegel ist auf eine schwerlich gesetzliche Weise in Privatbesitz übergegangen. Auch die Facultäts-Siegel sind nicht mehr bei der Universität vorhanden.

16) Vgl. hierüber Movers, „Denkschrift über den Zustand der katholisch-theologischen Facultät an der Universität Breslau seit der Vereinigung der Breslauer und Frankfurter Universität bis auf die Gegenwart. Leipzig, bei J. G. Mittler. 1845."

17) Dieser ist S. 52 irrthümlich als Decan bezeichnet, wo es vielmehr heißen soll, daß er als Präses die Disputation leitete.

18) Die statistischen Notizen für die hundertjährige Geschichte der Leopoldina sind sehr treu, nur mit wenigen ganz kleinen Versehen zusammengestellt in einem der Festprogramme zu der hundertjährigen Jubelfeier der Universität, die am 18. August 1803 nachgehalten wurde: „Einige Nachrichten von dem Personale der Leopolds-Universität zu Breslau in ihrem ersten Jahrhundert bei Gelegenheit der Säcularfeyer zusammengetragen von Ellgius Aloys Jung . . . . Professor der Geschichte. . . . . den 18. August 1803. Breslau, gedruckt in der Universitäts-Buchdruckerei." Indem ich mich auf dieses Programme beziehe, werde ich im Texte mich kürzer fassen. Die Namen schreibe ich, wie sie in dem Album der Leopoldina geschrieben stehen.

19) Das Album führt den academischen Magistrat von 1702 bis 1716 in dieser Weise auf: Magistratus anni 1702 vergentis in 1703, und so auch noch 1715 vergentis in 1716; aber dann heißt es statt 1716 vergentis in 1717 so: Mag. pro An. 1717; dann folgt zwar wieder 1719 verg. in 1720, doch darnach abermals pro 1721 u. s. f. oder auch Anni 1726u. Dadurch ist es geschehen, daß Jung mehrere Rektoren ein Jahr zu spät ihr Rektorat antreten und ein Jahr zu lange fortführen läßt. So verhält es sich schon mit Zwicker, den er 1721 Rektor werden läßt, was doch schon 1720 am 15. November geschah.

20) Ueber den Magistrat und den Umfang der Rechte und Pflichten der einzelnen Mitglieder vergl.: „Steiner, Beiträge zu der Geschichte der inneren Verfassung der Universität Breslau von 1702—1803," Festprogramme.

21) Das Gutachten befindet sich unter den Akten des Ober-Amts im hiesigen Prov.-Archiv.

22) Ihre Bittschrift ist so charakteristisch für den damaligen Stand der gelehrten Bildung und Weltanschauung in Breslau, daß ich es nicht überflüssig erachten kann, dieselbe unter den Urkunden mit abdrucken zu lassen.

II.

1) S. die ausführlichen statistischen Angaben bei Jung, a. a. O. S. 14—17. Mir liegt aber auch das schöne, in rothen Sammet gebundene, sehr sorgfam geschriebene Original-Album der Leopoldina vor, woraus ich meine Angaben entnehme. Kleine Ungenauigkeiten sind bei Jung untergelaufen; so z. B. führt er 106 Candidaten der Rechte an, deren nur 103 waren, was offenbar daher gekommen, daß er aus Versehen die mitimmatrikulirten 3 Professoren mitgezählt hat. Dann hat er auch noch die zwei, welche 1764 und 1777 immatrikulirt wurden, besonders gezählt, wodurch die Zahl 108 herauskäme.

2) Die Nachricht bei Kundmann (a. a. O. S. 182), daß die Immatrikulation erst in der Klasse der Poesie erfolgt sei, widerspricht dem Album.

3) In dem mir vorliegenden Album sind jedes Jahr gleich nach dem academischen Magistrat die Lehrer der niederen Schulen genannt, welche ich in die Zahl des Lehrer-Personals der Universität nicht eingerechnet habe. Es sind deren jedes Jahr nur 4, wie auch nur 4 Klassen. Die Lehrer heißen nicht Professoren, sondern werden als magistri aufgeführt. Die Jesuiten haben zwar gleich beim Beginn ihres Unterrichts in der Burg 6 Klassen in einer berechneten Reihenfolge angelegt, deren zwei oberen für Poesie und Rhetorik bestimmt waren, aber diese beiden Unterrichtszweige zielten schon Anfangs auf die Universität ab und werden nach deren Errichtung auch nie anders, denn als Universitäts-Gegenstände angesehen und behandelt.

4) U. a. D.

5) Schles. Prov.-Bl. 1791 Juli.

6) Jung zählt von 1702—1757 schon 280 Professoren; darin sind jedenfalls die Gymnasiallehrer eingeschlossen, die ich nicht gezählt habe.

7) So stellt sich die Sache wenigstens heraus nach der fleißigen Arbeit von Martin Pelzel, der in seiner bereits citirten Schrift alle Notizen über die Schriften der Jesuiten, die bis zu seiner Zeit (1786) in Böhmen, Mähren und Schlesien thätig gewesen, sorgfältig gesammelt hat. Sollte er Einzelnes übersehen haben, so würde das im Wesentlichen unsere Darstellung im Texte wohl nicht ändern.

8) Die Gymnasialbibliothek bewahrt handschriftlich zwei Foliobände dramatischer, von den Jesuiten verfertigter Stücke aus den Jahren 1703—1721. Wissowa, a. a. O. S. 16. Die Gymnasiasten gehörten zu den agirenden Personen.

9) In diesem Saale befindet sich jetzt das zoologische Museum, der unterste ist zum Fechtboden geworden. Während des 7jährigen Krieges wurde das Universitäts-Gebäude von dem Militär occupirt; es wurde Lazareth und Gefängniß, wodurch der oberste und der unterste Saal (namentlich der erstere) sehr gelitten haben.

10) Die Schlesische Zeitung hat im J. 1840 die Notizen des Steinberger'schen Tagebuches über die Leopoldinische Universität (das Tagebuch ist im Besitze des Herrn Prof. Dr. Kahlert) in den Beilagen zu den Nummern 162, 165, 168, 170 und 171 abgedruckt; wie Buttke a. a. O. S. 504 berichtet, hat Prof. Dr. Hoffmann von Fallersleben diesen Abdruck besorgt, welchem folgende Worte als Einleitung vorangehen: „Die Geschichte der alten Leopoldinischen Universität zu Breslau ist zwar oft genug, aber nie genügend behandelt worden. Das Warum liegt sehr nahe: In der früheren Zeit durfte und wollte man nicht schreiben, was man konnte, und in der späteren Zeit konnte man nicht mehr schreiben, was man gewollt und gedurft hätte. Willkommen werden deshalb die nachfolgenden Mittheilungen sein, die manches Neue und Interessante enthalten, wenn auch in rein protestantischer Färbung." Wenn Hoffmann die noch vorhandenen Documente, welche die Geschichte der Leopoldina betreffen, gekannt hätte, würde er so gewiß nicht geschrieben haben. 1) Hat man früher Alles und noch mehr gedurft und gewollt. Die Stadt und ihre verschiedenen Corporationen und Innungen haben zur Zeit Alles gesagt und geschrieben, was sich auch nur scheinbar Tadelnswerthes gegen die Jesuiten sagen ließ, und — noch mehr, mit einer Offenheit, welche die Jedem eigenthümliche Haus- und Conversationssprache selbst in Eingaben an den Kaiser zu ihrem Rechte kommen ließ. Und kaum 4 Decennien nach der Gründung der Universität fiel auch die Rücksicht, welche man in Druckschriften etwa auf die Frömmigkeit eines katholischen Kaisers hätte nehmen müssen, fort. 2) Das Neue in den Mittheilungen, sofern es nicht ein paar ganz äußerliche und für die Geschichte gleichgültige Dinge betrifft, ist durchweg unwahr. 3) Ich möchte die Färbung nicht „rein protestantisch" nennen; sie ist vielmehr ganz unrein, giftig und oft roh. Ich mache nur auf ein Beispiel aufmerksam — anderes mag ich nicht wiederholen. Die Steinberger haben die Pracht und schöne Darstellung jenes Schauspiels (a. 1732) nicht leugnen können. Doch ärgert sie, und sie rächen sich. Erstens sagen sie, der Kaiser habe 6000 Fl. dazu gegeben, wofür man auch schon etwas Lustiges präsentiren könne, und zweitens benutzen sie eine Stelle in dem Stücke zu einem Ausfall. Die Jesuiten hatten in dem Schauspiel mit Beziehung auf den früheren „Sperlingsberg", wo das Gebäude zum Theil aufgeführt worden, gesagt, „es werde hinfort bei ihnen dort scharfsichtige Adlerzucht erzogen, nicht vorhin einsame Sperlinge genistet." Das war geistreich durch mannigfaltige Beziehungen, auch ermunternd für die Studirenden und ganz harmlos, denn es verkleinerte keinen Menschen und schadete Niemandem, — nur etwas großsprecherisch. Die Steinberger meinen, sie seien gefragt, ob das richtig sei? und sie antworten: — „Dort oben sitzen jetzt mehr Krähen in der Schule, als früher Sperlinge auf dem Pferdestall." Das war gemein. — Das Steinberger'sche Tagebuch mag sonst viel Schätzbares enthalten, — ich weiß es nicht — aber die Notizen über die Leopoldinische Universität könnte in ihrem Werthe nicht leicht Jemand unterschätzen.

11) Ich bin im ersten Theile in Betreff des Namens und der Abstammung Wolff's den Angaben Pelzel's gefolgt. Nun habe ich gar nachträglich auf der Königlichen Universitäts-Bibliothek in den noch geretteten Akten der Leopoldina Einiges über die Genealogie dieses merkwürdigen Mannes gefunden, unter Anderem die Abzeichnung des Grabmals seines ältesten bekannten Ahnherrn, welches in der Pfarrkirche Lüdinghausen diesem errichtet wurde. Dieses Grabmal zeigt um die Statue des Ritters die Umschrift:

Hic iacet in limo   Ludolf fuit heres in imo
Ludinchus castri,   Cui subveniat Deus astri.
Anno Domini MCCCCXLIII. Octava apostolorum petri et pauli obiit
Ludolfus de Ludinchusen, cujus anima requiescat in Christo.

12) Vgl. die Bulle Clement' XIV., Dominus ac Redemptor noster, § 31.

13) Oeuvres posthumes de Frederic II. Roi de Prusse (Berlin, Voss et Decker. 1788. 8.) T. IX, p. 359. Der Brief ist vom 18. Nov. 1777.

14) Es ist eben die äußere Erscheinung eines unbedingten Gehorsams gegen einen Obern innerhalb eines Ordens nicht immer ganz dasselbe mit dem erscheinenden Geiste des christlichen Gehorsams überhaupt. Die Jesuiten waren vor dem J. 1773 sehr wohl disciplinirt, ihrem General durchaus gehorsam; aber sie haben die beste Probe des Gehorsams schaarenweise nicht bestanden, was jetzt vielfach vergessen zu sein scheint. Sie bewährten sich nicht in der Demuth, da der Herr der Kirche durch seinen wohlunterrichteten und nach reiflicher Prüfung erst redenden Stellvertreter zu ihnen sprach: Ich bedarf Eurer nicht!

15) Vgl. die erschütternde Darstellung der Aufhebung des Jesuitenordens in der „Geschichte des Pontificats Clemens' XIV. nach unedirten Staatsschriften aus dem geheimen Archive des Vaticans von Prof. Dr. Augustin Theiner, Priester des Oratoriums rc. Leipzig und Paris (Didot) 1853." Der Schlesien betreffende Abschnitt findet sich in II. Bd. S. 493 ff. Das für alle Zeiten verdienstvolle Werk Theiner's ist durch die zu Augsburg 1854 (Kollmann'sche Buchhandl.) erschienene kritische Beleuchtung in seiner wesentlichen Bedeutung nicht entkräftet worden, kann auch wegen seiner Quellen nicht entkräftet werden.

16) Vgl. das Schreiben des Cardinals J. B. Rezzonico an den Weihbischof von Strachwitz, datirt: Rom, 12. December 1775. Abgedruckt in den Schles. Prov.-Blättern vom J. 1836. Bd. 103 S. 221. In diesem Bande befindet sich nämlich eine gründliche aktenmäßige Darlegung dieser Angelegenheit von Wilhelm Sohr: „Die Unterbrückung des Jesuiten-Ordens in Schlesien."

17) Der apostolische Stuhl hat niemals die Leopoldina ungnädig behandelt oder ihre Privilegien beanstandet. Was der König nach langen Kämpfen und Unterhandlungen gegen Ende des J. 1775 erreichte, das hätte er Alles noch im J. 1773 haben können, wenn die Jesuiten es zur Zeit der einzigen Probe, die ihnen von dieser Seite zugemuthet wurde, verstanden hätten, den wahren geistlichen Gehorsam gegen das Oberhaupt der Kirche, bethätigt zu üben. Auch der milde, fromme Papst Clemens XIV. dachte nicht daran, Schulen, oder gar kaiserlich privilegirte Universitäten, die in ihren Häusern waren, zu zerstören. Wären die schlesischen Jesuiten im J. 1773 gehorsam gewesen, und hätten der König und das Ordinariat dem h. Vater ein gutes Zeugniß eingesandt und den Wunsch geäußert, die Erjesuiten als Welt-Priester fernerhin für den Unterricht zu verwenden: auch Clemens XIV. hätte noch seinen Segen dazu gegeben. Die ununterbrochene Fortdauer der Leopoldina und, nach der Vereinigung mit der Frankfurter Universität, insbesondere der katholisch-theologischen Facultät mit ihren Privilegien hat das Oberhaupt der Kirche bei jeder Veranlassung anerkannt und nie einen positiven Zweifel dagegen geäußert. Alle Doctor-Diplome dieser Facultät, welche behufs Erlangung kirchlicher Dignitäten ohne Dispensation von den kirchenrechtlichen Bestimmungen vom apostolischen Stuhle vorgelegt wurden, bis auf dasjenige (einschließlich), womit dieselbe den gegenwärtigen Hochwürdigsten Herrn Fürstbischof, da er noch Domprediger war, ausgezeichnet hat, sind von der competenten Behörde als vollgültig für die kirchlichen Privilegien besonders worden. Ja, der h. Vater hat in der Circumscriptions-Bulle De salute animarum, § Dignitatum Canonicorum, diese Facultät nicht bloß als Universitäts-Facultät (die in der Sprache der römischen Curie, d. i. in der historischen Sprache, ohne Privilegien nicht denkbar ist) feierlich anerkannt, sondern ihr auch noch ein Privilegium hinzugefügt, das sie vermöge der Kaiserl. Privilegien nicht besaß. Es werden nämlich die Professoren der Universität Breslau als geistliche Corporation aufgefaßt, der die Cathedrale ein Canonicat einräumen muß. Sowohl der König, als der Ordinarius, der Fürstbischof wird verpflichtet, ein Canonicat einem von den Universitäts-Professoren zu verleihen. Das Motiv dieses Privilegiums ist gewiß nicht bloß die Sorge gewesen, zu schützen, daß das Domcapitel der Wissenschaft gar zu ferne bleibe, sondern auch, der Facultät für die Dienste, welche sie speziell der Breslauer Diöcese leistet, eine offenkundige Anerkennung zu zollen; weshalb es auch nicht im Sinne des Privilegiums wäre, wenn bei eintretender Vacanz der König ohne der Fürstbischof das Canonicat einem solchen verleihen wollte, der nicht bloß Professor an der Universität zu Breslau wäre, sondern auch erst würde, also noch keine Verdienste um die Diöcese hätte. Die genannte Facultät sah sich, ohne selbst Zweifel zu haben, in jüngster Zeit veranlaßt, das K. K. rechts- und staatswissenschaftliche Professoren-Collegium der Universität zu Prag und das Spruch-Collegium der Kgl. Bayerischen Ludwig-Maximilians-Universität zu München über ihre rechtskräftige privilegirte Fortexistenz um ein Gutachten zu ersuchen. Beide wissenschaftlichen Behörden haben einstimmig die Fortdauer auch der kirchlichen Privilegien bejaht.

18) Vgl. hierüber die früher citirte vortreffliche Abhandlung von Ant. Gottfr. Steiner über die innere Verfassung der Breslauer Universität.

19) Brief an d'Alembert vom 14. Juli 1781.

20) Brief vom 18. September 1782. Der Gerechtigkeitssinn der Königlichen Hohenzollern mußte nicht bloß durch Kriegsnoth, sondern auch durch die Sophistik der sonst hervorragendsten Männer ihrer Umgebung erschüttert werden,

bevor ein König von Preußen sich zur Säcularisation verstand. Man weiß wohl, wie zögernd unsere erhabenen Herrscher dem Beispiele der katholischen Kaiser und Könige in der Wegnahme der Kirchengüter zur Zeit der höchsten Noth gefolgt sind: aber man hat nicht so gewußt, und man weiß es noch nicht allseitig, wie sie von einflußreichen Staatsmännern dazu gedrängt wurden, was ihrem landesväterlichen Herzen geradezu widerstrebte. Rudolf Köpke hat uns in dem früher angeführten Werke über die Gründung der Universität zu Berlin auch darin einen Blick thun lassen. Vgl. besonders S. 66 ff. Hufeland, vor Allen aber der Minister v. Altenstein und Wilhelm v. Humboldt treten in den Vordergrund. Diese Beiden stimmen ganz überein. Sie sind der Ueberzeugung, daß die Dotation der Berliner Universität in Grundeigenthum aus den Domänen der Mark Brandenburg bestehen müsse. Dagegen stand aber das neue Hausgesetz vom 14. December 1808, welches die Veräußerung der Domänen, außer im Falle der Noth und zur Schuldentilgung, verbot. Daher macht Wilhelm von Humboldt dem Könige den Vorschlag, — um das Hausgesetz zu umgehen, die neue Universität zwar mit Domänen-Gütern auszustatten, aber „den Ausfall durch Einziehung katholisch-geistlicher Güter in Schlesien und Westpreußen zu decken." Die Nothwendigkeit der Verleihung liegender Gründe an die Universität wird motivirt mit den Worten: ‚Auch ein unbilliger Feind schont leichter das Eigenthum öffentlicher Anstalten." Der Minister von Altenstein meint auch, eine „milde Stiftung sei vor dem Feind gesichert." Also es erscheint ihnen die Wegnahme der milden Stiftungen, der Güter öffentlicher Anstalten als eine Barbarei, zu der auch der unbillige Feind sich nur selten von seiner Habsucht hinreißen lasse. Was aber der unbillige Feind nicht thut, das räth Wilhelm von Humboldt dem Landesvater, an den milden Stiftungen seiner Landeskinder zu thun! Ich würde sagen: diese Erzählung ist eine boshafte Erfindung, wenn Rudolf Köpke die Geschichte nicht urkundlich nachgewiesen hätte. Wahr ist sie.

21) Man begreift in unsern Tagen solche Entfremdungen milder Stiftungen von ihrem ursprünglichen Zwecke vielfach gar nicht mehr. Hier ein Beispiel. Bis auf den heutigen Tag enthalten die Statuten der Universität Königsberg den Satz: „Der ursprünglichen Stiftung gemäß sind bei der Universität in Königsberg nur Lehrer evangelischer Confession zuzulassen." Am 2. Juli dieses Jahres beschloß nun aber das General-Concil der ordentlichen Professoren mit 16 Stimmen gegen 15, höchsten Orts die Streichung der angeführten Stelle zu beantragen. Die ganze juristische und die ganze theologische Facultät haben dagegen gestimmt. Dazu bemerkt nun die „Neue Preußische Zeitung" (Nr. 160, 12. Juli 1861): „Doch wir hoffen, daß selbst den bedeutungslosen Majoritätsbeschluß kein preußischer Minister der Königlichen Bestätigung zu empfehlen im Stande ist," (Vgl. die vorhergehende Anmerkung, um zu ermessen, was wohl ein preußischer Minister der Königl. Bestätigung zu empfehlen schon im Stande gewesen ist.) — „Auch dürfte Artikel 15 der Verfassungs-Urkunde („Die evangelische und die römisch-katholische Kirche ... bleibt im Besitz und Genuß der für ihre Cultus-, Unterrichts- und Wohlthätigkeits-Zwecke bestimmten Anstalten, Stiftungen und Fonds") einer radikalen Umänderung des Wesens der stiftungsmäßig evangelischen Lehr-Anstalt entgegenstehen."

Urkunden.

1) 1702. 21. October. Die Stiftungs-Urkunde der Leopoldinischen Universität zu Breslau. (Die Abdrücke bei Kundmann und Lucae sind nichts weniger als diplomatisch genau.)

2) 1705. 12. Juni. Bestätigung und Erweiterung der Privilegien der Leopoldinischen Universität durch Kaiser Joseph I.

3) 1731. 26. Februar. Bittschrift der Breslauer Physici, Doctores Medicinae und Naturae Curiosi an Kaiser Karl VI.

1.

21. Oktobr 1702. Die Stiftungsurkunde der Leopoldinischen Universität zu Breslau. (Die Abdrücke bei Kundmann und Lucä sind nichts weniger als diplomatisch genau.)

NOS LEOPOLDUS, DIVINA FAVENTE CLEMENTIA ELECTUS ROMANORUM IMPERATOR SEMPER AUGUSTUS, AC GERMANIAE, HUNGARIAE, BOHEMIAE, DALMATIAE, CROATIAE ET SLAVONIAE REX, ARCHIDUX AUSTRIAE, DUX BURGUNDIAE, BRABANTIAE, STYRIAE, CARINTHIAE, CARNIOLIAE, MARCHIO MORAVIAE, DUX LUCEMBURGI AC SUPERIORIS ET INFERIORIS SILESIAE, WIRTEMBERGAE ET TECKAE, PRINCEPS SUEVIAE, COMES HABSPURGI, TYROLIS, FERRETIS, KYBURGI ET GORITIAE, LANDGRAVIUS ALSATIAE, MARCHIO SACRI ROMANI IMPERII BURGOVIAE AC SUPERIORIS ET INFERIORIS LUSATIAE, DOMINUS MARCHIAE SLAVONICAE PORTUS NAONIS ET SALINARUM:

Praesentium tenore notum facimus Universis et Singulis, Quod, posteaquam Nobis Patres Societatis Jesu Caesarei ac Regii Nostri Collegii Wratislaviensis fideles Nobis Dilecti, post multorum Annorum exantlatos fructuosos labores in instituenda ibidem omnigenae Literaturae Disciplinis Juventute, ad inflammandum amplius et amplius Studiorum amorem et condignis honoribus coronanda merita hominum eruditorum, ac praeprimis ad promovendum honorem Divinum, Sanctae Fidei et Religionis Catholicae incrementum, totiusque Silesiae singulare ornamentum atque emolumentum, pro Confirmatione Jurium Collegii sui Wratislaviensis, simul ac Privilegiorum Universitatis pro Facultate S. S. Theologiae, Juris Canonici, Philosophiae atque artium Liberalium per Ipsorum Rectores, et quidem primo Anno Millesimo Sexcentesimo Nonagesimo Sexto (sic!) Reverendum, Devotum, Nobis, Dilectum P. Fridericum Wolff, e Societate Jesu, hoc Anno currente vero per iisdem Reverendum, Devotum Nobis Dilectum P. Jacobum Mibes, e Societate Jesu, humillime supplicassent; Nosque et honoris DEI, avitaeque Religionis Catholicae augmentum ex animo cupientes, piis Praedecessoris Nostri felicissimae memoriae Patris Nostri Divi Ferdinandi Tertii vestigiis et compertae Nobis Eius intentioni inhaerendo, aequissimae Eorundem Patrum Societatis Jesu petitioni annuissemus: proinde Authoritate Imperiali et Regia praedictum Nostrum Caesareum ac Regium Collegium Societatis Jesu in Urbe Nostra Regia Wratislaviensi a Nobis fundatum cum Burgo et omnibus locis, arcis, aedificiis ad Burgum pertinentibus, uti et caeteris tam mobilibus quam immobilibus ad idem Collegium spectantibus Rectori et Ipsi Societati Jesu gubernandum, tenendum et perpetuis temporibus possidendum concessum et attributum in omnibus punctis Clausulis et Sententiis suis, quae ad maiorem firmitatem requiri possunt, ac si omnia de verbo ad verbum his Litteris Nostris fuissent inserta, clementer de novo confirmando, ac in particulari Bullam Auream, quemadmodum gloriosae memoriae Praedecessor Noster Ferdinandus Primus Collegio Societatis Jesu ad S. Clementem Pragae concessit et impertivit, Nos quoque Collegio Nostro Eiusdem Societatis Jesu Wratislaviae concedendo ac impertiendo hisce praesentibus Litteris Nostris idem Collegium Wratislaviense in Generale ac Publicum Studium,

Academiam et Universitatem Leopoldinam ex singulari Clementia Nostra vocandam, secundum Constitutiones et Privilegia a summis Pontificibus Societati Jesu concessa, eo modo quo dicta Societas iuxta suum Institutum publica Gymnasia et Universitates admittere, habere et retinere solet, instituimus, ordinamus et hoc nomine perpetuis futuris temporibus ab omnibus appellari, iisdemque omnino Privilegiis et Immunitatibus, quibus aliae quaecunque Universitates, sive illa Parisiensis, Lovaniensis, Bononiensis, Viennensis, Ingolstadiensis ac Pragensis, in specie vero Olomucensis, sive quaelibet alia in Germania, Italia, Hispania, Gallia sit, uti, potiri ac frui solent, gaudere volumus; Ita ut omnes et singuli tam Societatis Jesu Religiosi, quam alii Studiosi et Scholares, qui in Albo seu Matricula eiusdem Academiae sive Universitatis inscripti fuerint, vel in praefata Universitate Lectiones audierint et studuerint, omnibus et singulis Privilegiis, Exemptionibus, Libertatibus, Immunitatibus ac Indultis, quibus Studiosi aliarum Academiarum seu Universitatum gaudere, frui et potiri solent, re et nomine gaudeant, fruantur et potiantur.

Concedimus insuper iisdem Patribus et a Nobis erectae Academiae Insignia Academica Sceptrum, Annulum, Torquem, Epomidem cum Bireto Doctorali, et Sigillum tum Universitatis seu Rectoris Eiusdem, tum singularum Facultatum, ac similia in usum Universitatis, sive ad actus publicos sive ad alias functiones necessaria, ut illis imposterum more aliarum Universitatum uti libere possint ac valeant. Sicut et in Eadem Universitate Nostra Leopoldina Magistratum Academicum, qui huic Reipublicae Litterariae praesit, constituimus, Imprimis quidem Rectorem Universitatis unicum ac solum, quicunque est aut fuerit dicti Nostri Caesarei Regiique Collegii Societatis Jesu Wratislaviae Rector; dein Cancellarium ex Eadem Societate Jesu Decanum Theologiae simul ac Juris Canonici, Decanum Philosophiae et Facultatis Utriusque Seniores duos, quos Superiores Societatis e Suis nominaverint, adiecto Syndico, seu Notario Eiusdem Universitatis Leopoldinae, quem Publicum esse volumus; Praeterea quoque volumus Studiosos, qui Eiusdem Academiae, vel Universitatis Albo inscripti fuerint, sive in praefata Universitate sive in alia quavis etiam approbata Academia Lectiones audierint et digni habilesque rigoroso examine praevio reperti fuerint, iuxta aliarum Universitatum Privilegia eis per praesentes a Nobis concessa ad quoscunque Baccalaureatus, Licentiaturae, Magisterii seu Doctoratus Artibus Liberalibus Philosophiae, Juris Canonici et Sacro-Sanctae Theologiae gradus ab Eisdem Patribus, sive Rectore Collegii, sive Cancellario, sive Decanis, Professoribusve promoveri posse ac debere, et quidem cum Insignibus Academicis, nimirum Annulo, Torque, Epomide et Pileo Magistrali seu Doctorali, aliisque, quibus aliae uti solent academiae, iisque tandem sic promoti, omnibus et singulis Privilegiis, Praerogativis, Immunitatibus, Exemptionibus, Libertatibus, Antelationibus, favoribus, gratiis et Indultis, quibus alii in Universitatibus Studiorum Generalium Germaniae, Italiae, Hispaniae, Galliae, iuxta Illarum ordinationes, usus, mores et consuetudines promoti de iure vel consuetudine aut alias quolibet modo gaudent, non solum ad Eorum instar, sed pariformiter et aeque principaliter, absque ulla differentia, in omnibus et per omnia perinde ac si gradus in Universitatibus, Parisiensi, Bononiensi, Viennensi, Pragensi, Ingolstadiensi, Olomucensi, aut quavis alia per Germaniam, Italiam, Hispaniam, Galliam accepissent, uti, potiri gaudereque re et nomine possint ac debeant; Volumus etiam, ut quicunque in praedicta Universitate promoti fuerint, perinde in honore et pretio habeantur, tam in Actibus Scholasticis, quam in aliis quibuscunque sive Ecclesiasticis sive Politicis ac saecularibus, ac si in alia Universitate, sive illa sit Parisiensis, Patavina, Lovaniensis, Viennensis, Pragensis aut Olomucensis, sive quaelibet alia, in Germania, Italia, Hispania, Gallia promoti fuissent.

Ad haec decernimus et ex plenitudine potestatis Nostrae Imperialis Regiaeque mandamus, ut Testimonia Studiorum seu graduum ex iam saepe nominata Leopoldina Universitate Nostra Wratislaviensi legitime obtenta et Sigillo Academico debite signata debeant admitti a quibusvis Collegiis, Capitulis, Universitatibus ac Communitatibus, et iis, qui ea obtinuerint, omnino prodesse ac suffragari ad consequendos honores et dignitates tam Ecclesiasticas quam saeculares, et specialiter apud Ecclesias et Capitula, quae ad aliquam in eis dignitatem aut Canonicatum requirunt Triennale Studium. Proinde, quicunque Triennalis Studii in hac Universitate Nostra Wratislaviensi facti Testimonium attulerit, id ei non secus suffragetur, quam si ab alia quaecunque Universitate aut Studio Publico etiam Romano illud attulisset; Nec permittimus, ut, si aliud nihil obstet, ideo reiiciatur aut differatur.

Ut vero Collegium hoc Nostrum, Academia seu Universitas Leopoldina Wratislaviensis in dies maiora incrementa suscipiat, ac Bonum publicum, Religio, Pietas Scientiaque promoveantur, laudabilisque Disciplinae ordo servetur, districte inhibemus, ne quis Studiosos huius Collegii et Universitatis Matriculae inscriptos, sive hi gradum in aliqua Facultate habeant, sive non, quoquo modo praesumat turbare aut molestare. Imo volumus, ut Studiosi ab omnibus et singulis, cuiuscunque illi conditionis ac Ordinis sint, in honore ac existimatione habeantur, quo Nobiles ac honestae Personae haberi solent; Ipsi econtra Studiosi dabunt operam, ut nulli hominum iustam de se conquerendi occasionem dent, studebuntque impensissime, ut Patrum Societatis usitatae Disciplinae in Pietate Litteris ac bonis moribus, Instructioni Eorundem ac directioni per omnia sese conforment. Ac queadmodum Nostra haec Universitas Leopoldina ad Exemplum aliarum Universitatum exercitium Jurisdictionis in suos et Studiosos habere debebit, ita Commissionem Supremae Nostrae Curiae Regiae in Silesia dedimus, ut compositionem inter Patres Societatis, ac Senatum Wratislaviensem ratione huius exercitii tentet. Qua Commissione peracta et Relatione ad Nos facta, non deerimus etiam specialiter super hac Jurisdictione utraque Societatem Privilegio Nostro Clementissimo munire.

Ad extremum Reverendissimum ac Serenissimum Episcopum Wratislaviensem praesentem ac futuros, uti et Supremum utriusque Silesiae Nostrae Capitaneum aliosque tum Curiae Supremae tum Camerae Nostrae omniumque Ducatuum Silesiae Capitaneos, Officiales et Magistratus Nobis Fideles, nominatim vero Praesidem, Consules, Judices totumque Senatum Civitatis Nostrae Regiae Wratislaviensis serio monemus et hortamur, ut saepius nominatam Patrum Societatis Academiam seu Universitatem sub Indignatione Nostra gravissima foveant, promoveant, tueantur et defendant; Et si quando Rector Universitatis, aut alius Rectoris loco Bruchium Saeculare imploraverit, sive ad Studiosos, si qui Ipsis exstiterint refractarii, compescendos, sive ad iniuriam ab ipsis vel a Collegio et Universitate propulsandam, mandamus, ut iis oportunis et efficacibus auxiliis praesto sint; Nec Privilegia, Immunitates, aut Indulta, Libertates a Nobis tam Ipsi Universitati, quam iis, qui in ea student, aut ad eam pertinent, concessa a quocunque vel in minimo violari permittant.

Haec itaque omnia et singula praedicta, ex certa scientia Nostra, authoritate Imperatoria et Regia, tanquam Rex Bohemiae et Silesiae Utriusque Dux Patribus Almae Societatis Jesu, in Collegio Urbis Nostrae Regiae Wratislaviensis roborata et firmata declaramus, donamus ac erigimus, decernentes Nostro Postororumque Nostrorum futurorum Regum Bohemiae, ac Silesiae utriusque Ducum nomine, ut eadem omnia et singula inviolabile, perpetuumque robur omnibus temporibus futuris habeant; Statuentesque insuper, ut huius Nostrae Donationis ac Ratificationis nec non Erectionis Diploma omnium harum et similium, quae post has reperiri possent, Donationum, Erectionum, Confirmationum, Approbationum ac Ratificationum non tantum vires sed et effectus omnes ad plenum habeat, non obstantibus in praedictis omnibus aliis Legibus, Constitutionibus, Ordinationibus, Privilegiis, Pragmaticis, Decretis, Statutis vel Consuetudinibus et aliis quibusque in contrarium quocunque tempore facientibus. Quibus omnibus et singulis, in quantum praesenti Nostrae Erectioni, Donationi, Confirmationi et Approbationi obstant, seu in futurum obstare possent, ex plenitudine Nostrae Imperialis et Regalis potestatis derogamus et derogatum volumus per Praesentes, supplentes omnes et quoscunque defectus tum Juris quam facti, si qui in Praemissis omnibus et singulis intervenissent, seu dici vel allegari possent, quovis modo, consuetudine vel iure.

Nulli ergo, cuiuscunque ille Status, gradus, Ordinis, Conditionis aut Praeeminentiae exstiterit, liceat hanc Nostrae Erectionis, Donationis, Declarationis, Confirmationis paginam sub Indignatione Nostra et Successorum Nostrorum, Regum Bohemiae ac Silesiae Ducum Supremorum violare aut infringere, aut ei quovis ausu temerario contravenire. Si quis autem id attentare praesumpserit, praeter antedictam Nostram Indignationem gravissimam, Poenam Centum Marcarum Auri puri, quam medietatem Fisco seu Aerario Nostro, alteram vero medietatem Eidem Collegio et Universitati Leopoldinae Societatis Jesu Wratislaviensi, uti Parti laesae, toties, quoties contrafecerit, irremissibiliter pendendam se noverit incurrisse.

In quorum fidem et Testimonium haece Litteras manu propria subscriptas Sigilli Nostri Caesarei ac Regii appensione communiri iussimus, duoque eiusdem tenoris Diplomata fieri et expediri fecimus, easque Patribus Societatis dari et cousignari mandavimus.

Datae in Civitate Nostra. Viennae, die vigesima prima Mensis Octobris. Anno DOMINI Millesimo Septingentesimo Secundo, Regnorum Nostrorum, Romani Quadragesimo quinto, Hungarici Quadragesimo Octavo, Bohemici vero Quadragesimo Septimo.

Leopoldus.

Joannes Franciscus Comes a Wirben
Regis Bohemiae Supremus Cancellarius.

Ad Mandatum Sac. Caes. Regiaeque Ma'ttis proprium.
Joannes Wolffgangus Comes de Fraukenberg.
Daniel Jos. Ignatius à Krisch.

2.

12. Juni 1703. Beſtätigung und Erweiterung der Privilegien der Leopoldiniſchen Univerſität durch Kaiſer Joſeph I.

JOSEPH von Gottes Gnaden Erwehlter Römiſcher Kayſer, auch zu Hungarn und Böheim König ꝛc.

Hochwürdiger, Durchleuchtig-Hochgebohrner, Lieber Vetter und Fürſt, auch Wohlgebohrne, und Geſtrenge, Liebe Getreue;

Demnach Unſer Hochgeehrtiſter Herr Vatter, Wayland Kayſer Leopoldus Glorwürdigſten Andenkens, dem Collegio Societatis Jesu zu Breßlau eine Academiam, et Universitatem daſelbſt, vermög eines darüber den Ein und zwanzigſten Octobris Anno Siebenzehenhundert zwei ausgefertigten Diplomatis, aufzurichten allergnädigſt erlaubet, und darauf, ratione exercendae Jurisdictionis zwiſchen dem P:o Rectore Universitatis und Cancellario Eines- dann dem Breßlauer Stabt-Magiſtrat Andern Theils, ein Abkommen oder Vergleich, wie nemblich obgedachte Societät, oder Magistratus Academicus bemelte Jurisdiction exerciren, und die Stadt Breßlau in ihren Juribus darbey nicht gekränket, ſondern beyderſeits gute Verſtändnuß und Einigkeit erhalten werden könnte, getroffen, auch von der Regierenden Kayſer- und Königlichen Majeſtät nachgehends allergnädigſt confirmiret worden;

Als haben erſt Höchſtgedachte Ihre Kayſer- und Königliche Majeſtät gnädigſt vor gut angeſehen, ſolches Abkommen oder Vergleich in nachfolgenden Puncten gnädigſt verfaſſen zu laſſen, und zwar pro

Primo, daß Ihre Majeſtät die allergnädigſte Vorſehung thuen, damit durch Fundirung dieſer neuen Univerſität der Stadt Breßlau in ihren Privilegiis, et Juribus, und abſonderlich in der Religion Augſpurgiſcher Confession, und derſelben ruhigen Exercitio, wie auch ſonſten in ihren Kirchen und Schulen der geringſte Eintrag oder Turbation nicht wiederfahre, noch ſelbe durch ihre Studiosos auf einige Weiſe darinnen wider den Linzer Recess, wie auch den Pragueriſchen Neben Recess, und Oßnabrugiſchen Friedens-Schluß, weder directe, noch indirecte beſchweret, turbiret, oder Irr gemachet, ſondern barbey geſchützet, die Turbatores und Frieden-Stöhrer aber exemplariſch abgeſtraffet würden; Hingegen hat der Breßlauer Stabt-Magiſtrat denen Patribus Societatis in ihrem Gottes-Dienſt und Studio keinen Eintrag oder Hindernuß thuen zu laſſen, ſondern mit ihnen in Ruhe und Friebe zu leben, und was derne zuwiber, ſelt- lich abzuſtellen ſich anerbothen.

Secundo werden zu Erhaltung Fried und Einigkeit zwiſchen beyderley Religions-Verwandten alle Provocationes ad disputandum de Articulis fidei beyderſeits ernſtlich verbotten, alle anzügliche und ſcharffe Scripta abgeſtellet, das Scaliren und Refutiren ein- oder andern Theils Predigern auf der Cantzel unterſagt, (es wäre dann, daß der un-

Catholische Theil das Scaliren oder einige Unzüglichkeit veranlassete, und der beleidigte Theil die Refutation zu thun bemüssiget wurde) ingleichem denen Studiosis die Lutherische Kirch- und Schulbediente mit Worte oder Wercken auf einige Weise zu beleidigen inhibiret, auch denen Studiosis beyderseits aller Zanck, Händel, Läster-Worte, und Zunöthungen gegeneinand sich zu entschlagen injungiret, und wider die Auctores derselben mit unnachbleiblicher Straffe zu verfahren seyn.

Tertio wird denen Patribus Societatis oder Professoribus Universitatis nicht verwehret, die Kinder, so schon ihrer Vernunfft fähig seyn, und Annos discretionis haben, da sie sich ad Religionem Salvificam begeben wolten, an- und aufzunehmen, doch aber würden sie keine darzu zwingen.

Quarto solle kein Burger und Innwohner zu Einnehmung der Studenten in die Kost genöthiget: hingegen auch denen Burgern und Innwohnern web heimlich noch öffentlich die Studiosos freywillig anzunehmen verwehret werden.

Quinto wegen der zu dem Convict erkaufften drey Gärber-Häuser wäre die Sache abgethan worden, da Ihre Kayser- und Königliche Majestät den Kauff-Contract hierüber allergnädigst confirmiret haben.

Sexto die von denen Patribus Societatis aufzurichten verlangende Apothelen und Buchdruckerey betreffend, so seynd fast alle Collegia mit Apothelen versehen, und weil eine Buchdruckerey bei einer Universität nöthig ist, und in der Stadt daselbst nur eine sich befindet, so solle sowohl dem Collegio eine Apothelen zugelassen, als auch der Universität eine Buchdruckerey zu beeder Nothdurfft aufzurichten verstattet werden.

Septimo den Passum Jurisdictionis Criminalis belangend, so ist nicht mehr als billich, daß, nachdeme andere Universitäten mit solcher Jurisdiction privilegiret seynd, und der Linger Recess a Gymnasio ad Universitatem sich nicht extendiren lasset, dieser Breßlauischen neuen Universität das Exercitium Jurisdictionis Criminalis gleichfalls überlassen werde, und zwar folgender Gestalt: Daß Primo von dem Rectore Magnifico ein Judicium quasi delegatum constituiret, und Secundo selbtes mit fünff Personen besetzt, Tertio allezeit zwey Subjecta von dem Breßlauer Stadt-Magistrat, so derselbe zu denominiren haben würde, dazu gezogen, die übrigen drey nach Belieben des Rectoris Magnifici hierzu assumiret, und von diesen dreyen ein Praeses von dem Rectore constituiret, auch Quarto von diesen super causa criminali cognosciret, und darauf, ohne daß das Urtheil vorhero ad approbationem nach dem Kayserlichen Hof eingeschicket werde, in loco Universitatis, Salva appellatione gesprochen; diese Jurisdictio Criminalis aber Solum quoad immatriculatos, et actu Sudentes, aut illorum Jurisdictioni notorie Subjectos exerciret werden, und hiervon die Causae arduae, et Summo Principi reservatae, praeprimis Crimen laesae Majestatis Divinae et humanae, Dann Seditionis, et Turbationis pacis publicae eximiret sein sollen.

Octavo könnte es zwar wegen nicht Recipir- und Fovir- auch Absolgung der sich zur Universität salviren- den Delinquenten und bösen Schuldner quoad Jus Universitatis bey des Magistrats Verlangen bleiben, das Collegium aber sich diesfalls des Juris Asyli nicht begeben.

Nono sollen die Excessus derer Studenten bestraffet, und denen Burgern wider sie die Justiz administriret, die in Convict Befindliche bey der Nachtzeit innegehalten, denen armen Studenten das Nacht-Singen nicht gestattet, noch das Almosen von ihnen Uncatholischen zu sammlen zugelassen, sondern nur bey denen Catholischen Glaubens-Genossen in gewissen Tägen zweymahl in der Woche zu colligiren erlaubet werden; wobey Diejenigen, so bey andern geistlichen, und in denen Clöstern studiren, der Universität Privilegien und Exemptionum sich nicht zu erfreuen haben sollen.

Decimo sollen auch die Commercia und Bürgerliche Nahrungen von denen Studiosis in keine Weise turbiret, und die Excedirende und Tumultuirende durch die Wacht ad locum honestum Arresti gebracht, und sodan dem Patri Rectori abgefolget werden.

Undecimo die Immunitates et Privilegia Universitatis allen Studiosis tam Inferioribus, quam Superioribus actu Immatriculatis zu statten kommen: die Universität auch pro

Duodecimo sich in der Stadt Statum publicum et privatum nicht einmischen, sondern solchen dem Magistrat un-perturbirt führen lassen.

Decimo Tertio mit Arrestir-Absolg- und Gestellung der delinquirenden Studenten solle ex parte Magistratus, und ihrer Gerichts-Diener mit Observirung des Unterscheids, ob sie bey Tag oder Nacht in delicto aliquo betretten würden, also gehalten, daß, wann die Universität, oder der Rector Magnificus bey dem Stadt-Magistrat umb Entlassung derselben, oder Verleyhung der Stadt-Gefängnisse, derer Apparitorum et Executorum, oder andere Assistenz anhalten würde, Jhnen jene alsogleich abgefolget, diese aber gegen gewöhnlicher Bezahlung unweigerlich geleistet, wie nicht weniger, was zur Execution nöthig, auf gebührendes Ansuchen gewillfahret werden. Die Tantz- und Sprach-meister, auch Kupfer-Stecher sollen unter der Stadt-Jurisdiction, tam quoad onera realia, tum Personalia verbleiben; weilen die Universität mit allen Facultäten noch nicht versehen ist. Was die Lateral-Schulen anbelanget, sollen dieselben nicht allein zu Breßlau abgeschaffet, sondern auch wie es in Böhmen geschehen, in gantz Ober und Nider Schlesien eingestellet werden; Dahero dann denen Clöstern nur pro suis vermöge Ihres Instituti Schulen zu halten erlaubt- hingegen weltliche dorein ad Studia aufzunehmen gäntzlich verbotten seyn; indeme die Un-Catholischen Gymnasia ihre besondere Jura haben, und darunter nicht zu verstehen seyn.

Als haben Wir Euer Liebden, und Euch solches zu Dero, und Euerer, wie auch der Parthen Wissenschafft hiermit
allergnädigst bedeuten wollen. Und Wir verbleiben Euer Liebden benebenst mit Freundschafft Kayser- und Königlichen
Hulden und allem Guten förderist wohl beygethan, wie auch Euch mit Kayser- und Königlichen Gnaden wohlgewogen.
Geben in Unserer Stadt Wienn, den Zwölfften Monaths-Tag Junii, im Siebenzehenhundert Fünffsten, Unserer
Reiche des Römischen im Sechzehenden, des Hungarischen im Achtzehenden, und des Böheimbischen im Ersten Jahre.

Josephus

Wenceslaus Norbertus C. Kinsky
Regis Boëmiae Cancellarius.

Johann Wenzel Graf Bratislaw.

Ad mandatum Sac: Caes:
Regiaeque Ma'ttis proprium.
G: W: B: Schwalbenfeldt.

3.

26. Februar 1731. Bittschrift der Breßlauer Physici, Doctores Medicinae und Naturae Curiosi an Kaiser Karl VI. —
(Abgedruckt aus einer im Rathsarchiv befindlichen gleichzeitigen Abschrift.)

„Allerdurchlauchtigster, Grossmaechtigster, Unüberwindlichster Roemischer Kayser, auch in
Germanien, Hispanien, Hungarn und Boeheimb Koenig. Allergnaedigster Kayser, Koenig, Erblandes-
fürst und Herr, Herr.

Ew. Kayser- und Koenigl: Maytt: geruhen Allergnädigst, Sich, von denen Breßlauischen Physicis, Naturae
Curiosis, und Sämbtlichen Medicinae Doctoribus et Practicis alleruntertähnigst vortragen zu lassen, welchergestalten,
ein, bey Jahres Ablauff anhero gekommener Medicinae Doctor, Nahmens Franciscus Josephus Lindt, sub specie der
ex Authoritate Eines Hochlöbl. Königl. Ober-Ambts im Herzogthumb Ober- und NiederSchlesien, unter der Jurisdiction
außliesiger Löbl. Leopoldinischen Universität derer Wohlehrw. P. P. Societatis Jesu überkommenen Gewalt, Collegia
ex universa Medicina zu tradiren, Zweyen legitime promotis Medicinae Doctoribus et Practicis, zu Ende benahm-
ten Christian Ernst Steinbach und Balthasar Franciscus Preußner, die, von ihnen, einigen wenigen Chirurgiae Studiosis, zu Hause gegebene Manuductionem in Anatomicis et Chirurgicis, sub poena, tanquam ex Jure prohibendi,
Zeuge seines eingereichten Supplicatl, sub Lit. A. num. 1. zu inhibiren gesucht, und alß nach diesem, auf Veranlaßung
des ganzen Ordinis wie verordnete Physici, in dieser, zum allergrößsten Praeiudiz Selbten gereichenden Sache die
Rechtliche Nothdurfft Darwieder beförderet haben, ist auf Sein, deß Doctoris Lindt bei der Löbl. Universität gethanes
ferneres Sollicitiren, durch Erfolge es dahin gebührten, daß Hochgedachtes Hochlöbl. Königl. Ober Ambt, in einem, den
22. Decembris elapsi 1730 Anni datirten, den 10ten Januarii praesentis 1731 aber dem Ordini Medicorum publicirten Schreiben dem Löbl. Stadt-Magistrat anbefohlen worden, dem D. Preußner die hier incompetenter anmaßende
Profession abzulegen, und bey Straffe per Ein hundert Ducaten abzustellen, Zeuge deren Abschrifften sub Lit. B. n. 1.
von welcher poenalisirten Verordnung, da an Ew. Kayser- u. Koenigl. Maytt. einen Alleruntertähnigsten Recurs zu
nehmen, der ganze Ordo durch Uns Sich necessitiret befunden, auch intra fatale Decendii, den 20. Januarii solchen,
Zeuge Recognition Lit. C. würcklichen interponiret hat so führen nunmehro zu Prosequirung beßelben an

I

Daß obwohlen bey Ew. Kayser- u. Königl. Maytt. Herrn Vater, Divo Leopoldo I., Glorwürdigsten Andenkens, Der Erzl. WohlEhrwürdige P. Fridericus Wolff, Collegii Societatis Jesu Rector, in denen, pro impetranda
Universitate Aº 1695, allbereit angebrachten Precibus, zugleich die Errichtung derer beeden Facultäten Juridicae et
Medicae gesuchet, Allerhöchst Dieselben jedennoch, in der den 21ten Octobris 1702. Allergnädigst erfolgten Fundation
und darüber ertheiletem Diplomate, auch in Conformitate Dessen, an das Hochlöbl. Königl. Ober Ambt sub eodem
dato, ergangenem, u. dem Löbl. Magistrat der Stadt Breßlau den 2. Novembris Drauff insinuirten Allergnädigsten
Kayserl. u. Königl. Rescript nur allein

131

„Die Jura Canonica, Theologiam et Philosophiam, baſelbſt, jedoch in Collegio zu docirn, und in utra-
„que Facultate Honores et Gradus Academicos denen dignis zu conferiren,

Mithin Causa satis cognita, die Juridicam et Medicam Facultatem, auszunehmen allergnädigſt geruhet ge-
weſen, ja nachhero, alß auf die, den 15. Novembria geſchehene Inauguration ſothaner Löbl. Univerſität, der, von Seiten
der Stadt, dieſerhalben über dieſelben Aufheb- oder Transferirung in Locum Tertium nachmahlig allerunterthänigſt Vor-
ſtellung zu thun, Abgeordnete, geweſene Capl. Rath und hieſiger Syndicus, weyl Titl. Chriſtian von John den 23. Februarii 1703 Ein Abfertigungs Decret erhalten, und darinnen Allerhöchſt gedachte Kayser- und Koenigl. Maytt.
Sich allergnädigſt erklärt

„nicht abſehen zu können, wie durch die Einführung der beeden Facultäten, Theologicae et Philoso-
„phicae nehmlich, Gemeiner Stadt, einig Praeludix zuwachſen könnte,"
haben eo ipso dieſe zwey Facultates allein, keineswegs aber Juridicam et Medicam verſtattet geworden zu ſeyn, Aller-
höchſten Orteö nachmahlen Dieselben deutlich und klahr an den Tag gegeben, auſer welchen, berührter Löbl. Univerſität
ertheilten Privilegiis, ein mehreres promulgiret geworden zu ſeyn Uns nichts wiſſend, das angeführte aber publici Juris,
damit aber und dadurch von Allerhöchſt Gedachter Kayser- und Koenigl. Maytt. Glorwürdigſten Andenkens, die treu-
gehorſamſte Stadt Breslau von allem auf andere Weiſe, wie nun geſchehen will, erwachſen können möglichen Praeludis
Allergnädigſt vollkommen praeservirt worden iſt.   Gleichwie nun aber

II.

befandt, quod Privilegium quodcunque Strictissimi Juris ſei, u. tantum disponat, quantum loquatur, ja wenn ſchon
derley Begnadigungen largissimam Interpretationem erleiden möchten, ſolche jedoch bloß allein zu thun, quoad verba in
iis expressa, keineswegs aber, ultra oder ad Casus alios in iis non expressos nicht könne extendiret, ſonderlich aber
Potestas Privilegiandi Universitatem, tanquam unum ex Regalibus Majoribus, als ein, ad Jura Majestatica gehö-
riges Reservatum Sixtinus de Regal. C. 2. n. 21. durchgehends müſſe angeſehen werden, Alſo kan die, dem D. Linde,
bey hieſiger Löbl. Univerſität zu ertheilen intentionirte Professio Medica, u. ultra omnem Intentionem Augustissimi
Fundatoris vorzunehmen wollende Introducirung einer Facultatis Medicae, den ganzen Ordinem, in nichts anderes
alß in den tieffſten Herzens Kummer verſetzen.   Und da ferner

III.

Ein Hochlöbl. Königl. OberAmt in dem, den 27. Februarii 1730 ausgefertigten, der Beylage Lit. A. n. 2. annectir-
ten Receptions-Decreto Selbſten, Ihme, D. Lincke nur Collegia privata, denenjenigen, welche ſich freywillig bei
Ihme angeben würden, zu leſen, denen aber, ſo beſſen unbefugt, zu unterſagen verſtatten wollen, möcht nicht minder
dieſe ganz unverhoft nachdrücklich, in der, den 22ten Decembris 1730 ergangenen, Uns aber den 10ten Januarii 1731
publicirten sub Lit. B. num. I. hier anſchlüſſigen Verordnung enthalten; einen Zwang, und Jus prohibendi entgegen
die sub Jurisdictione civica ſtehende rechtmäßig creirte Doctores Medicinae, nach ſich ziehende Deutung höchſt beſtürzt
machen.   Denn es kan

IV.

Dieſer D. Lind, als ein einzelnes Individuum durch die überkommene OberAmtliche Licenz, Collegia Medica privatim sub Jurisdictione Academica zu leſen, dahero das Munus eines Professoris Publici zu haben, füglich nicht angeſehen werden, Da weder von Cw. Kayser- und Königl. Maytt. die Facultas Medica der Löbl. Univerſität concedirt, noch von dem Augustissimo Fundatore jemahlen introduciret worden, noch auch das Proprium eines Professoris an Ihme befindlich iſt, quum Professor dicatur Doctor, qui non pro mercede, uti Locatores, sed Salario
Publico, in Privilegiatis Academiis seu Universitatibus literariis docet.
Jo. Linnaeus Jur. Publ. Lib. VIII. C. 3. n. 1.
welche Salarii Constitutio, hier, ex Parte der Löbl. Univerſität aus denen Worten observatis observandis nicht erhellet, vielmehr will verlauten, daß Er Lincke, in der, den 21. Febr. 1730 ertheileten Schrifftlichen Erklährung, allerhand,
Professoratur Contraria einzugehen, alß trin Decanat, oder andere Honores zu verwalten, weniger jemanden zu conferiren, ſich habe reversiren müſſen, daß alſo bey der Licentirung privata Collegia zu leſen, und geſtalten Sachen
nach keineswegs eine Publica Professio eingeführet werden kan: Dannenhero denn auch ſo wohl Darumb ein Jus
prohibendi gegen den Ordinem exercieren zu wollendem D. Linde im geringſten nicht einräumen können, und derer
Zweyen Doctorum Quaestionis ihre Collegia, WinckelCollegia, Sie aber ClancularProfessores zu betiteln ganz in-
aequat iſt, als auch ferner,   und

V.

Dieſelben u. ein jeder alhieſiger Medicus legitime promotus, mit Conferirung deß erhaltenen Gradus, vorlängſten ver-
mittelſt der, Authoritate Imperatoria geſchehenen Renunciation, tanquam omnium Dignitatum Origine, utpote ex
quo, et in quem omnes Dignitates fluunt et refluunt, tanquam Flumina de Mari, et in Mare Limnaeus alleg.
loco num. 6.

Die Macht und Gewalt Universam Medicinam, so wohl docendi, als auch Praxin in Universa zu exerciren, oder wie es eigentlich heißet, Potentiam docendi tam proximam quam remotam, hoc est, Jus publice docendi, commentandi, disputandi, et de Professionis nostrae Negociis respondendi, solemni quo fieri potest, Ritu überkommen, und dadurch alberett, ein Jus plene quaesitum, erlanget haben, u. in Professione quieta deffen befindlich sind, Wie denn auch Schlüßlichen

VI

Ein Jus prohibendi adversus Doctorem promotum zu exerciren, oder privative derer Collegiorum sich anzumaßen, Communi Observantia zu wider lauffet, da auf allen Universitäten, so wohl inn als ausser Deutschland, wo auch schon beyde Facultäten, Juridica et Medica eingeführet ist, in diesen und übrigen Facultäten, ein jeder, der Gradum rechtmäßig erworben hat, frei und ungehindert Collegia daselbst halten mag, aus der itzt angeführten expressa, VI Renunciationis, Authoritate Caesarea, factae, ihme, obschon nicht in dem Loco, wo Er degiret, und sein Jus per Gradum aequisitum exerciret, ertheilten unbeschränkten Concession.

Wenn denn Allergnädigster Kayser, Koenig, Erblandes Fürst und Herr, Herr, aus diesen alleruntertähnigsten Gravaminibus klahr erhellet, daß das, von dem D. Linckt intendirte Jus prohibendi Uns und dem ganzen Ordini Medicorum zu nicht geringem Nachtheil gereichet, zugeschweigen, daß dadurch und mit gesuchter Einführung Einer Facultatis Medicae bey hiesiger Löbl. Leopoldinischen Universität dem ganzen Statui Publico wieder die Allergnädigste Intention des Augustissimi Concedentis das Größeste Praejudiz erwachsen muß, wie von uns, als Physicis, in so weit mit dem Corpore Civico concurriren, in einem, beym Löbl. Stadt Magistrat mit alleruntertähnigster Bitte, zu Ew. Kayser- u. Koenigl. Maytt. Allerhöchsten Gnaden Thron be ordert zu werden, eingerichteten Supplicat gleichfalls umbständlich deduciret worden: Als stehen Ew. Kayser- u. Koenigl.Maytt: fußfälligst an, Ew. Kayser- u. Koenigl. Maytt: geruheten aus angeflammter Weltgepriesener Erzherzoglich Österreichischen Clemenz und Justiz-Eiffer zu manutenirung Ew. Kayser- u. Koenigl. Maytt: Glorwürdigsten Herrn Vatern Maytt: Allergerechtester Dießfälliger Aufmessung, die alhiesigen sämbtlichen Medicinae Doctores et Practicos, mit allen intendirtem Juribus prohibendi und daher erwachsenden Praejudic allergnädigst zu verschonen, vielmehr bey denen Juribus Civitatis und ex concessis Privilegiis Doctoralibus, itemque Possessione quaesitis, Allergerechtest zu schützen, das Ober-Ambtliche Poenal-Interdictum allergnädigst aufzuheben, u. Alles circa Exercitium Praxeos Medicae in doerndo, auch ferner in statu pristino Allermildest zu laßen. Welche Allerhöchste Kayser- u. Königl. Gnade in allertieffest fußfälligster Devotion veneriren und davor lebenslang verharren werden

Ew. Kayser- und Koenigl. Maytt: 2 JA 64

Alleruntertähnigste

Andreas Köllichen Dr. Churfürstl. Maynzischer
Hoff-Medicus der Stadt Breßlau OberPhysicus.
Dr. Gottfried Milde, Physicus.
D. Samuel Graß Acad. Naturae Curiosus.
D. Tobias Ferdinandus Pauli A. N. C.
Johann George Brunschwitz D. A. N. C.
D. Joh. Christian Kundmann, Caes. S. R. J.
Academ. Nat. Curios. membr.
D. Johan Gottfried Hahn.
George Friedrich Steiner Dr.
D. Ignatz Frantz Raschke.

www.ingramcontent.com/pod-product-compliance
Lightning Source LLC
Chambersburg PA
CBHW020100170426
43199CB00009B/351